空襲
福爾摩沙

二戰盟軍飛機攻擊台灣紀實

張維斌 著

謝誌

本書幾乎完全建構在歷史檔案文件上，所以我要特別感謝當年在兵荒馬亂中仍盡責登錄記載的軍文職人員，也謝謝保存管理這些史料的單位，還有將歷史文件掃描、整理、上網的政府機關、非營利組織、商業機構、個人網站。如果沒有他們的努力，這本書絕對不可能寫成。

我也要感謝中央研究院人社中心GIS專題中心，他們執行的「臺灣文史資源海外徵集與國際合作計畫」取得大量美軍在太平洋戰爭時期從空中拍攝台灣的照片，讓我一腳跨入七十年前的時空，引起我對美軍空襲台灣行動的興趣。尤其要感謝人社中心廖泫銘先生的大力協助，根據我的需求一一提供珍貴的照片檔案，讓讀者能目睹當年台灣遭受轟炸的慘況。

謝謝甘記豪先生慨允出借多幅珍藏的原版轟炸任務照片，使本書生色不少。甘先生今年將他蒐集的美軍轟炸照片，集結成冊為《米機襲來：二戰台灣空襲寫真集》一書，讀者可以將其中的圖像結合本書的記述，更進一步認識美軍對台灣的空襲行動。

國立台灣師範大學地理學系洪致文教授經常提供二戰期間台灣飛行場及鐵道的專業諮詢，在此謹致謝忱。洪教授耗費二十年以上的時間蒐集飛行場的相關資料，於今年自費出版大作《不沈空母》，是研究日本時代台灣各地飛行場必備的重要參考著作。

感謝台電退休的歷史專家林炳炎先生，協助我認識日本時代的日月潭水力發電設施與第六海軍燃料廠等重大建設，並在本書寫作的階段中不斷的打氣。

另外要在此對廖妘甄小姐表達謝意，雖然最後未能合作，對於她在洽談過程中的熱心協助，我仍銘感於心。

最後要感謝前衛出版社林文欽社長、林君亭先生、陳淑燕小姐、余麗嬪小姐，願意在如此緊迫的時程下承接編輯出版的工作，讓本書能在二次大戰結束七十週年之際順利問世。

不應被遺忘的
台灣二戰空襲記憶

　　人的記憶是非常的奇怪，並不是越近的記得越清楚，反而是種跳躍式的選擇性。像我竟然可以失禮地完全忘記好多年前，曾搭過張維斌博士的車一起去參觀基地開放，卻又記得無數次在網路上，與他討論二戰時台灣島內飛行場及美軍轟炸台灣的事。

　　同樣的，每當我跟一些耆老談起二戰時的經驗，往往都可以聽到他們生動的描述，彷彿仍是昨日般的美軍「定期便」轟炸，以及周遭什麼地方被炸被毀，誰誰誰又因為防空壕塌了而遇難，或者是疏開到什麼地方去躲避空襲。

　　記憶，往往是可以穿越時空而存在，如果你我不準備「閉上眼睛就以為聽不到」的話。

　　那麼，台灣在二戰時經歷過的空襲記憶，究竟是後人杜撰的？是誇大的？是真實的？還是刻意被遺忘的？

　　張維斌博士這本書，就深入地解答了這些問題。

　　張博士並非傳統歷史學術背景出身，因此整理史料，組織歷史文獻，並加以詮釋的手法，自然與學院派的不完全相同。但這樣的切入觀點，反而提供了相當珍貴的歷史真相。

　　對於喜歡處理數據的「數據控」而言，拿到一大筆資料，裏面儘管是一大堆沒有註記的簡寫或標記，卻是最有挑戰性的樂趣所在。當別人覺得是天書般的一堆無意義數據，自己卻能夠讀懂，還知道背後的邏輯，甚至還可以幫忙挑錯。這種人間至高的數據解謎樂趣，我想只有樂在其中的人能夠理解。別問我為何如此知曉，因為我對於這種數

據吸引人的魔力，是完全可以體會。

　　台灣在二戰期間遭受到的空襲，在終戰七十年後的此刻，才開始逐漸受到重視。張維斌博士的這本書，以逐日記載的方式，整理了不同資料來源的轟炸記錄，並且重新考證了不同記錄者可能造成的記載謬誤。

　　因為二戰時台灣遭受空襲的這個議題不被廣泛注意，因此很多訛傳與誇大就很容易被不同的意識型態操弄而模糊焦點。例如美軍是否真的是「無差別轟炸」在空襲台灣城市？是否美軍只炸日本人區不炸台灣人居住區？是否只炸軍事相關建物而不炸百姓居所？是否整個城市被夷平的區域都是轟炸所致？

　　其實，有些不是史觀問題，而是相當客觀的歷史事實。只不過教科書不教，沒人深入研究，一些訛傳也就不斷被複製。

　　其實，這些戰爭期間的空襲記錄不止要看受害者方的記載，也要看出任務方的記錄。如果美軍根本沒有出動那麼多架的飛機到台北，那重複計算的可能性就存在。台灣總督府的空襲記錄，雖然詳細地記載台灣在二戰後期所遭受的空襲，但裡面有很多誤記，重複計算的錯誤，就跟美軍來炸台灣的轟炸報告，也可能根本連炸的地方都搞錯。所以史料的解讀，交叉比對，最後做到可能事實的還原，是非常重要的課題。

　　終戰七十年後的此時，政府除了紀念抗戰勝利，也該想想台灣這塊土地上，也曾有一群人經歷了完全不同的二戰經驗。其實，回歸歷史層面，尊重不同族群的歷史記憶，應該才是面對台灣島內你我不同過去的正面態度。希望張博士這本書的記錄，能讓所有這塊土地上受到空襲的死難者安息。但願和平降臨，不要再有戰爭。

洪致文
國立台灣師範大學地理學系教授

前言

　　本書所記載的空襲，是美國為首的同盟國飛機在太平洋戰爭期間，對日本統治下的台灣與澎湖發動的空中攻擊行動。除了由轟炸機群或掛載炸彈的戰鬥機所執行的轟炸（Bombing）任務之外，各型飛機在掃蕩（Sweep）、打擊（Strike）、目標區空中戰鬥巡邏（Target Combat Air Patrol）、夜間騷擾（Heckling）、佈雷（Mine-laying）、武裝氣象觀測（Armed Weather Reconnaissance）、武裝偵巡（Armed Search and Reconnaissance）等任務中攻擊台澎地區陸上目標與港口船隻的行動，皆屬於本書涵蓋的範圍。美軍飛機在海上搜索截擊日本航運的任務原則上不在此列，在空襲任務中與日軍飛機交戰的細節也不多作著墨。

　　雖然援助中華民國的蘇聯空軍志願隊（俄員隊）曾於1938（昭和13）年2月23日，跨海轟炸位於松山的台北飛行場及新竹州竹東街，但是這次空襲行動與後來同盟國的空襲有不同的時空背景，且彼此並無關連，故從本書略去。

本書的記述方式

　　從美國陸軍第14航空隊（14th Air Force）於1943（昭和18）年11月25日首次轟炸新竹飛行場開始，到1944（昭和19）年8月底為止，美軍對台灣的空襲相當零星。1944年10月間，美國海軍第38特遣艦隊（Task Force 38）雖然出動大批艦載機密集攻擊台灣各地，第20航空隊（20th Air Force）的B-29轟炸機也配合實施轟炸，但是在10月17日之後，美軍的對台空襲行動又再度停頓。對於前述兩個階段，本書僅針對空襲發生的日期

作記述。

　　不過從1945（昭和20）年1月3日第38特遣艦隊再度以艦載機大舉攻擊台灣開始，美軍飛機就幾乎天天空襲台灣。其間第5航空隊（5th Air Force）從1月中旬開始逐步成爲空襲台灣的主力，另有美國海軍的陸基型飛機在經常性的武裝偵巡任務中，對沿途發現的目標發動攻擊。第5航空隊在7月下旬從菲律賓移防到沖繩，因此暫停空襲台灣。第13航空隊（13th Air Force）於8月初接手空襲任務，直到日本在8月15日宣布投降爲止。本書對1945年1月到戰爭結束的七個多月期間是以逐日記載的方式編寫，對於沒有任何空襲行動的日期也盡量交代其原委，以完整呈現美軍在戰爭後期空襲台灣的脈絡。

　　本書盡可能涵蓋每一次空襲任務原定計畫空襲的目標、實際空襲的目標、執行的部隊番號、飛機的型號與架數、使用的彈藥種類等資訊。若同一天內有多次空襲行動，則大致按照發生的先後順序撰寫。這些資訊係以大量的美軍作戰任務報告、單位月報、戰後統計報告爲本，不足的部分再參考國外相關的書籍與論文。然而戰時的記載未必完全，檔案文件亦多有散佚，前述關於空襲的各項資訊難免仍有疏漏，尚祈讀者見諒。

　　比較不爲人所知的是，當時空襲台灣的飛機不限於美軍，澳洲皇家空軍、英國皇家海軍的飛機都曾零星的參與，編入第5航空隊的墨西哥空軍戰鬥機中隊亦曾出動飛機到台灣執行任務。因此本書也取得澳洲、英國的相關戰爭檔案，還原這一頁鮮爲人知的歷史。

　　以往有關台灣空襲的記載或回憶，甚少提及在夜間進行的部分。事實上，第5航空隊是以夜間騷擾轟炸展開空襲台灣的序幕，即使後來都集中在日間攻擊台灣，夜間轟炸任務依然持續進行。甚至在日間空襲受天候影響而取消的當天夜裡，執行夜間騷擾轟炸的飛機有時仍會出動，讓日軍與台灣民眾整夜不得安眠。台灣總督府統計各地空襲受災狀況的《臺灣空襲狀況集計》，在昭和20年1月及2月尚有晝、夜分

開記載的空襲統計，從3月起即無夜間空襲的記錄。本書等於補足了這方面的缺漏。

　　由於美軍所掌握的空襲目標相關情報主要來自對台灣的空中偵照，情報本身不一定正確，對每次空襲任務成果的判讀也可能有誤差。所以本書除了記述美軍每次任務規劃要空襲的目標之外，並且盡力參照日本方面的記錄，交叉比對出實際遭受空襲的目標及損害的狀況。為了能顯示美軍對情報的掌握程度，同時顧及閱讀上的便利，如果美軍在空襲當時已經掌握目標的功能與位置，本書即在正文中直接使用正確名稱；但若美軍對目標的判別錯誤，或根本炸錯目標，則在正文中以引號標示美軍的原始描述，另以註腳說明更正。

　　美軍飛機在執行空襲任務中拍攝的照片，也是構成本書的重要元素。美軍拍攝這些照片的本意，主要是用以評估空襲對目標所造成的損壞狀況，其次是蒐集新的情報。不過從史料的角度來看，這些照片卻意外的為台灣保留了當時的影像。為了配合本書編寫的體例，書中所有照片均有明確的拍攝日期，以便與文字敘述直接對照。對於部分在低空拍攝的照片，則特別考證出照片上景物的確實位置，並透過現今的地標作為說明的參考，讓讀者能穿越古今，與台灣空襲發生的時空建立更深的連結。

　　關於執行空襲任務的部隊單位，本書盡可能詳述到中隊（Squadron）的層級。不過因為美國海軍航空母艦上各型艦載機中隊的番號皆與所屬的艦載機大隊相同，為避免文字過於冗長累贅，本書均以艦載機大隊為代表，讀者可從機型直接判別參與的中隊。美國陸軍航空隊轟炸機部隊按其配備之轟炸機型大小，有極重型（Very Heavy）、重型（Heavy）、中型（Medium）、輕型（Light）等編制之分，本書為求簡明也將這些編制用語自部隊名稱中略去，讀者同樣可從執行任務的機種判別。

　　除非另有註明，書中所述的時間均以相關美軍檔案普遍使用的軍

用時區 I（Item）為準，相當於日本標準時間，比格林威治標準時間快9小時。

　　儘管各作戰部隊的任務報告及單位月報是本書的主要參考資料來源，但因數量龐大，本書並未按照學術規格將這些文件一一列舉在最末的參考文獻中，以免徒增篇幅卻無效益。有心的讀者仍可利用本書寫作的體例找出單位番號與任務日期，再循相關管道取得任務報告或月報。本書最後所列之參考資料僅有彙整式體裁的檔案文件，及相關的專書、論文、網站，其中幾個網站是研究太平洋戰爭的寶庫，非常值得深入探索。

空襲目標及使用武器

　　美軍在空襲台灣前通常會事先規劃當次任務預定要攻擊的主要目標（Primary Target），但由於任務中可能受到天候、故障、敵軍反擊等因素的影響而無法攻擊主要目標，所以往往還會指定第二順位的次要目標（Secondary Target），有時候甚至連第三順位或第四順位目標都會事先規劃好。部分任務僅指定主要目標，並未規劃第二順位及其後的預備目標，而是由執行任務的機員伺機選擇攻擊所謂的機會目標（Target of Opportunity）。特別的是，有少數台灣空襲任務的目的就是攻擊機會目標，所以連主要目標都沒有指定。

　　在1944年10月之前，第14航空隊對台灣的零星空襲以騷擾的性質居多，目標以飛行場與港口為主，但是對日軍造成的損害不大。

　　第38特遣艦隊在1944年10月及1945年1月兩度以艦載機大舉攻台，目的在阻斷日軍從台灣增援菲律賓，因此以飛行場、飛機、港口、船舶為主要攻擊目標。不過由於台灣在1月間的天氣不佳，所以常見改炸機會目標，甚至取消任務返航的情況。第20航空隊的B-29在這兩段期間的對台轟炸任務跟第38特遣艦隊的目的相同，主要也是轟炸飛行場與港口。雖然B-29經常在耆老的回憶口述中出現，事實上B-29

用於轟炸台灣的時期非常短暫，次數也不多，但可能是因為投彈量大、破壞力驚人，而讓長輩們印象深刻。

第5航空隊負責空襲台灣的期間長達六個多月，出動的飛機最多、投彈量最大。所以第5航空隊在戰爭結束後，對於在台灣地區出擊的飛機機型與架次、投下的炸彈型式與數量，根據空襲目標的類型按月作了非常詳盡的統計分析。

飛行場在前面四個月內都是第5航空隊最主要的空襲目標，不論是以出擊的飛機架次或以投下的炸彈噸位統計都是最高。這是因為美軍計畫於4月1日登陸沖繩，必須在登陸行動前先摧毀日後可能用來增援的日機和出動的基地。待登陸作戰發起後，又因日軍自殺飛機屢次攻擊美軍艦隊，所以再加強轟炸可能部署這些飛機的台灣飛行場。美軍在初期多以通用（General Purpose）炸彈轟炸飛行場，目的在摧毀棚廠與維修設施。但這些設施很快就遭破壞殆盡，所以後來破片殺傷彈（Fragmentation Bomb）成為最普遍用來對付飛行場的彈藥，透過密集的彈幕提高擊中日軍於周圍藏匿之飛機的機率。

房屋建築在1945年3月躍升為僅次於飛行場的主要空襲目標，到5月和6月更成為第5航空隊出動飛機架次最多、投彈噸位最高的空襲對象。美軍轟炸一般房屋建築的目的除了摧毀深入各地的小型軍事或工業目標，同時藉此削弱台灣從事生產的人力，並瓦解民眾的信心與意志。因為當時台灣有許多房屋為木造，第5航空隊在台灣所投下的燒夷彈（Incendiary Bomb）與汽油彈（Napalm Bomb）中，有半數以上用於轟炸房屋建築。但如以絕對數量來計算，用於轟炸房屋建築的彈種仍以通用炸彈為最多。

以第5航空隊出動的飛機架次或投彈噸位來論，台灣的工業生產設施是僅次於飛行場和房屋建築的第三位。美國海軍艦載機於1944年10月間即曾轟炸工業設施，但僅限於規模較大者。在各種工業生產設施中，製糖所由於可利用製程的副產品糖蜜生產酒精，作為燃料之

用，因此製糖所及其附屬的酒精工場遂成爲第5航空隊負責空襲台灣期間持續轟炸的工業目標，並發展出獨特的B-25雙機打擊戰術。以數量而言，用於轟炸工業生產設施的彈藥主要爲通用炸彈及傘降破壞彈（Parachute Demolition Bomb，或Parademo）兩種。

第5航空隊對港口設施的攻擊強度僅略低於工業生產設施。第38特遣艦隊在1945年1月攻擊台灣的行動中，多次聯合數艘航艦的艦載機密集轟炸高雄港，基隆港則因北部的天候持續不佳而倖免。第5航空隊開始空襲台灣之初，仍不時以高雄港爲轟炸目標。而由於高雄港位於美軍轟炸機返回菲律賓的必經之路，因故障而提前折返或完成任務後仍有炸彈卡在彈架上的轟炸機，經常在返航途中在此投下炸彈。估計在4月下旬左右，高雄港已失去大部分的船運功能。及至6月中旬，美軍研判基隆港已取代高雄港的運輸功能，因此連續數日猛烈轟炸基隆港。用於轟炸港口設施的彈藥中，以通用炸彈的數量最多。

第5航空隊在台灣的其他空襲目標包括鐵路運輸、防空陣地、煉油設施、補給設施等，但是攻擊的強度在整體上不如其他類型的目標。

在第5航空隊用於空襲台灣的各型飛機中，不管以出動的架次或投彈的總重來統計，B-24重型轟炸機都名列第一。在台灣戰場上，B-24主要是從高空轟炸大面積的目標，例如港口、飛行場、城市等。由於少數的B-24上加裝了H2X雷達，所以B-24也負責執行夜間騷擾轟炸。

B-25中型轟炸機出動空襲台灣的架次僅次於B-24，主要任務是在超低空對城鎮的房屋建築、工業生產設施、飛行場的飛機掩體、鐵路運輸設施進行轟炸及掃射。不過因爲B-25的載彈量較小，所以對台灣投下炸彈的總重還不如只短暫出現在台灣戰場的B-29。

P-38、P-47、P-51等戰鬥機除了爲轟炸機護航和執行掃蕩任務，有時也會掛載炸彈轟炸地面目標。如果與後期才加入台灣戰場的P-61夜間戰鬥機合併計算，這些戰鬥機執行轟炸任務的架次略少於B-25，主要轟炸的目標是房屋建築與飛行場。不過由於戰鬥機的載彈量很小，

所以投彈的總重量不到B-25的三分之一。

第5航空隊在台灣還使用過A-20輕型轟炸攻擊機，負責在超低空轟炸與掃射獨立的工業設施。A-20的後續機種A-26在戰爭結束前也加入台灣戰場，但出擊次數極少。

值得注意的是，第5航空隊在後期已經取得完全空優之後，也利用台灣作為測試新武器的場所。當時最新銳的B-32極重型轟炸機，即利用台灣進行大部分的實戰測試。造成羅東地區死傷最慘重的一次空襲，就是B-32實戰測試的最後一次任務。由於B-32的載彈量可媲美B-29，在台灣出動的架次雖然不到A-20的十分之一，投下的炸彈噸位卻直逼A-20。

第13航空隊的B-24在8月初接下空襲台灣的任務後，飛行場再度成為主要轟炸的對象。然而在短短兩周內，日本即宣告投降。

檔案文件 vs. 個人記憶

「躲空襲」是許多經歷過太平洋戰爭的台灣老一輩共同的記憶。以往記述台灣空襲的文字，也大多是基於耆老們的個人回憶。而過去因為不易取得戰爭史料，依據歷史檔案寫成的台灣空襲書籍非常稀少，從今天來看，這些書籍所呈現的樣貌也略嫌破碎、殘缺。人的記憶會隨著歲月的逝去而日漸模糊，殘缺的客觀記述則容易有想像的空間。於是我們看到的台灣空襲夾雜著無意與有意的錯誤，爭議開始出現，以訛傳訛的情況屢見不鮮。

本書選擇從空襲發生當時的戰爭檔案為起點，逐日、逐次的完整呈現空襲任務的細節，也許文字看來會較為冰冷，但應該可以據此建立起大家未來討論台灣空襲的基礎架構。從這個客觀架構出發，就比較容易釐清過去因資訊不足而產生的誤解，長輩們的個人記憶也可以找到其時空的位置，讓台灣空襲呈現出更為正確、豐富的樣貌。

舉例來說，文化部文化資產局及新竹市文化局的官方網站均有，

「二次世界大戰期間，新竹地區的落彈量排行全台灣第一名」的說明文字（於2015年7月10日瀏覽的結果）。但根據第5航空隊的統計，在新竹市的投彈噸位還不到高雄市的一半。如果再加上第5航空隊接手空襲台灣之前第14航空隊、第38特遣艦隊、第20航空隊的投彈量，以及之後的第13航空隊投彈量，高雄市的落彈量更遠遠超過新竹市。其實讀者只要從頭到尾看完本書，即使不用紙筆作精確的統計，也自然會對前述官方網站上的說法起疑。

網路上對於美軍是否曾經刻意以台灣民眾居住的城鎮為空襲目標有熱烈的討論。以往對台灣空襲的記載比較屬於概括的性質，很難用於釐清這個問題。但如果從每次任務的角度來看，就比較容易解決。當時的科技的確不易做到精確轟炸，炸彈因為投彈時的偏差而落到民眾居住的地區確實經常發生。然而美軍的任務報告也清楚顯示，有些任務就是把城鎮的建築列為主要目標，有時候則是因故無法轟炸列為主要目標的軍事或工業設施，而將民屋當作機會目標投下炸彈。

空襲任務出動的機種和掛載的炸彈類型也是重要的線索。如果聽到長輩回憶起B-29空襲台北的往事，或是B-24低飛下來掃射，我們就可以理解，這其中的錯誤訊息是因為他們並非軍事專家所造成的無心之過。當耆老們提起美軍飛機以燒夷彈轟炸麻豆，市場的人逃進旁邊的水溝卻被流進水溝的燒油燒死，我們也可以透過本書知道這確實曾經發生過。

謹以此書紀念第二次世界大戰結束七十週年。

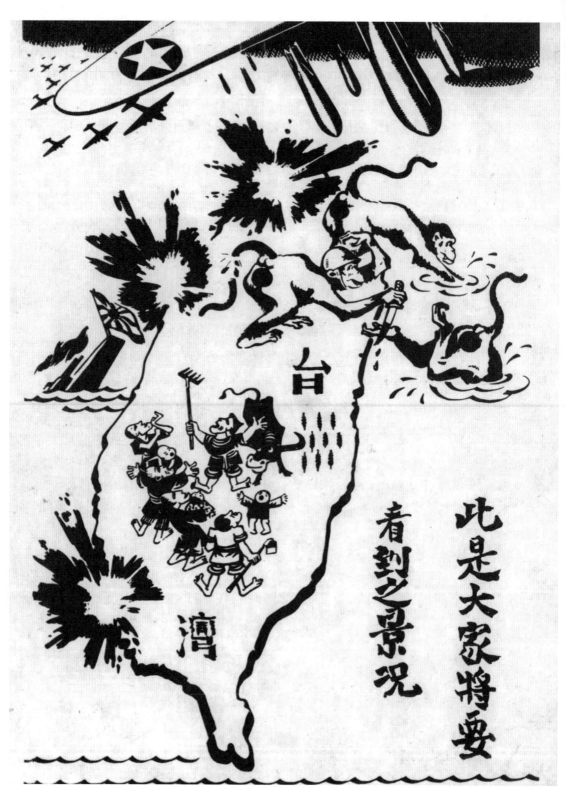

美軍飛機在台灣上空投放的傳單之一。

目錄 *Contents*

1943年11月至
1944年8月

昭和18～19年

　　美國陸軍第14航空隊第341轟炸大隊第11轟炸中隊的8架B-25，
與中美混合團（Chinese-American Composite Wing）第1轟炸大隊6架B-25，協
同美軍第51戰鬥機大隊第449戰鬥機中
隊的8架P-38，及擔任護航的第23戰鬥
機大隊第76戰鬥機中隊8架P-51，上午
從中華民國江西省的遂川機場起飛，前
往台灣轟炸新竹飛行場。一架P-51起飛
後因機械故障先行折返，其他飛機以超
低空飛越台灣海峽，至接近新竹外海再
爬升。正午時分，帶頭的P-38先與空中
的日機發生空戰，之後掃射地面停放的
日軍飛機，B-25接著投下集束破片殺傷
彈，殿後的P-51再以機槍掃射地面。這
是美軍在太平洋戰爭爆發後首次有規模
的對台空襲行動，參與的美軍飛機全身
而退，日軍則有多架飛機在空中或地面
遭到擊毀。

　　第14航空隊第308轟炸大隊第375
轟炸中隊的8架B-24與同大隊第373轟
炸中隊的3架B-24，傍晚自中華民國桂
林起飛前往高雄，預定由第375中隊的
飛機在夜間先轟炸日本鋁株式會社高雄

工場製造混亂，第373中隊再乘隙於高雄港外佈雷。不過由於天氣不佳，僅有6架第375中隊的B-24對日本鋁株式會社投下250磅炸彈，一架在小港飛行場投彈，另一架則改在中國的汕頭投彈，第373中隊的3架B-24於數分鐘後抵達進行佈雷作業。

新竹飛行場

美軍飛機在完成轟炸新竹飛行場的任務後，在高空拍下這張照片。（NARA via Fold3.com）

美國陸軍第341轟炸大隊與中美混合團第1轟炸大隊的B-25，協同第51戰鬥機大隊與第23戰鬥機大隊的戰鬥機，於1943年11月25日中午轟炸新竹飛行場，被炸中的日軍九六式陸上攻擊機冒出濃煙。（NARA via Fold3.com）

1944.6.29

第308轟炸大隊下午從中華民國成都派出3架B-24，到中國東南沿海搜索日本船隻，其中一架飛機以3枚500磅炸彈轟炸漁船後，飛往列為預備目標的高雄港，在午夜左右對碼頭設施投下剩餘的7枚500磅炸彈。

1944.8.14

第308轟炸大隊於傍晚派遣8架B-24從中華民國柳州起飛，各自前往中國東南沿海與台灣海峽搜索日本船隻。其中2架飛機由於未能發現任何海上目標，於夜間飛往列為預備目標的高雄港投下機上的500磅炸彈。另一架同樣未發現海上目標的B-24，則飛往另一預備目標馬公投下炸彈。

1944.8.31

第308轟炸大隊於傍晚出動12架B-24，從柳州起飛，前往高雄執行轟炸任務，另外4架B-24在半小時後起飛，接在轟炸任務後執行佈雷任務。一架執行轟炸任務的B-24起飛後不久即因發動機故障折返，其餘11架B-24從晚間8時至10時許，間歇對高雄港的碼頭與船隻投下500磅與1000磅炸彈。4架負責佈雷的飛機在轟炸任務結束後，分別於高雄港防波堤外海面投放5枚水雷。

1944年10月

昭和19年

　　美軍計畫在10月20日登陸菲律賓南部的雷伊泰島（Leyte），為了阻絕日軍從台灣增援的行動，美國海軍第38特遣艦隊旗下4個特遣支隊（Task Group）的航空母艦及其他各型艦艇，在凌晨抵達距離台灣東岸約90英里的海域，準備出動艦載機攻擊日軍在台灣的飛行場與飛機，並摧毀主要港口及船舶。各特遣支隊負責的目標區域及配置的航艦如下：

■ 第38.1特遣支隊負責台灣南部的南半邊，旗下有大黃蜂號（USS Hornet, CV-12）、胡蜂號（USS Wasp, CV-18）、考本斯號（USS Cowpens, CVL-25）、蒙特利號（USS Monterey, CVL-26）等4艘航艦。

■ 第38.2特遣支隊負責台灣北部，旗下有無畏號（USS Intrepid, CV-11）、碉堡山號（USS Bunker Hill, CV-17）、漢考克號（USS Hancock, CV-19）、獨立號（USS Independence, CVL-22）、卡伯特號（USS Cabot, CVL-28）等5艘航艦。

■ 第38.3特遣支隊負責台灣中西部和澎湖，旗下有艾塞克斯號（USS Essex, CV-9）、列克星頓號（USS Lexington, CV-16）、普林斯頓號（USS Princeton, CVL-23）、蘭利號（USS Langley, CVL-27）等4艘航艦。

■ 第38.4特遣支隊負責台灣南部的北半邊，旗下有勇往號（USS Enterprise, CV-6）、富蘭克林號（USS Franklin, CV-13）、貝露森林號（USS Belleau Wood, CVL-24）、聖哈辛托號（USS San Jacinto, CVL-30）等4艘航艦。

　　各航艦上的艦載機大隊由配備F6F的戰鬥機中隊、配備SB2C的轟炸機中隊、配備TBM的魚雷機中隊組成，但是輕航艦（CVL）的艦載機大隊編制僅有戰鬥機中隊及魚雷機中隊，艾塞克斯號與勇往號的艦載機大隊則增加一個夜間戰鬥機中隊的分遣隊（Detachment）。

清晨6時許,第38特遣艦隊發動第一波對台攻勢,先出動戰鬥機進行掃蕩,緊接以各型艦載機執行打擊任務。第38.1特遣支隊從大黃蜂號、胡蜂號、考本斯號3艘航艦出動飛機前往台灣,聯合掃蕩與攻擊高雄與屏東地區的飛行場。

大黃蜂號上的第11艦載機大隊派出8架F6F,執行戰鬥機掃蕩任務。第11艦載機大隊另外出動12架SB2C、7架TBM、16架F6F執行屏東飛行場的打擊任務。由於起飛集結過程的混亂,導致部分執行掃蕩的F6F混入胡蜂號執行打擊任務的隊伍。機群飛抵屏東飛行場後,空中僅有非常零星的日機試圖攔截,與F6F發生短暫空戰,之後機群分別以火箭、炸彈攻擊航空修理廠和地面的日機。

大黃蜂號上的第11艦載機大隊在1944年10月12日上午攻擊屏東飛行場,航空修理廠及南飛行場西北角的露天掩體一帶被炸中後冒出濃煙。(NARA via Fold3.com)

胡蜂號上的第14艦載機大隊在1944年10月12日上午轟炸小港飛行場，炸彈落在營舍區爆炸。
（NARA via Fold3.com）

　　胡蜂號上的第14艦載機大隊出動8架F6F執行戰鬥機掃蕩。機群飛抵台灣後與一架日機發生空戰，便逕行前往東港飛行場掃射地面的水上飛機，之後再到恆春飛行場掃射地面的日機。

　　第14艦載機大隊另外派出10架SB2C、4架F6F戰鬥轟炸機[1]、8架TBM，由10架F6F（其中一架為配備照相機的空照型）擔任掩護，前往小港飛行場執行第一次打擊任務。大隊長亦親駕F6F同行，由另外3架F6F護航。SB2C與F6F先轟炸小港飛行場的棚廠、營舍及露天掩體內的飛機，TBM再接續轟炸，其中一組F6F在結束掩護後前往恆春飛行場掃射地面日機。

　　考本斯號上的第22艦載機大隊出動8架F6F，原本要與大黃蜂號及

1　第14轟炸機中隊的編制除了SB2C之外，還配備執行戰鬥轟炸任務的F6F。

胡蜂號的F6F進行聯合掃蕩，但臨時改為獨立掃蕩屏東飛行場。機群先以火箭攻擊屏東飛行場西邊地面的日機，脫離爬升後與空中遭遇的日機發生空戰。

第22艦載機大隊另外出動8架F6F與8架TBM，協同其他兩艘航艦的飛機前往台灣執行第一次打擊任務。F6F率先以火箭攻擊小港飛行場地面的日機，並在空中與日機交戰，之後前往佳冬飛行場以火箭發動攻擊。TBM則轟炸小港飛行場的棚廠及露天掩體內的飛機。

第38.2特遣支隊由碉堡山號、漢考克號、無畏號3艘航艦的艦載機執行第一次戰鬥機掃蕩任務及打擊任務。

碉堡山號上的第8艦載機大隊首先派出15架F6F，執行戰鬥機掃蕩任務。機群於桃園飛行場附近上空與大批日軍飛機交戰。

第8艦載機大隊緊接出動12架SB2C、7架TBM、8架F6F，執行第一次打擊任務。F6F分成兩小隊，其中一隊掩護SB2C轟炸新竹飛行場的棚廠與露天掩體，之後接續投彈；另一小隊F6F掩護TBM前往基隆港，途中與遭遇的日機交戰。由於基隆港被雲層掩蓋，TBM未能進行攻擊，在拋棄空射魚雷後返航。

漢考克號上的第7艦載機大隊派出8架F6F執行戰鬥機掃蕩任務，其中4架起飛後被召回擔任艦隊防空。其餘F6F前往花蓮港，以火箭和炸彈攻擊日本鋁株式會社花蓮港工場，然後轉往石垣島掃射當地飛行場。

第7艦載機大隊另外由12架SB2C、8架TBM、8架F6F執行花蓮港的打擊任務。機群轟炸港區的倉庫、船隻及日本鋁株式會社花蓮港工場，並攻擊鄰近的花蓮港北飛行場[2]。

無畏號上的第18艦載機大隊出動16架F6F執行戰鬥機掃蕩任務。

2　現在的花蓮機場。

基隆港

無畏號上的第18艦載機大隊在1944年10月12日上午轟炸基隆港，仙洞町一帶的倉庫被炸中後冒出濃煙。（NARA via Fold3.com）

淡水飛行場

無畏號上的第18艦載機大隊在1944年10月12日上午除了轟炸基隆港，並轟炸淡水地區，炸彈在淡水飛行場爆炸。（NARA via Fold3.com）

機群轟炸新竹飛行場的棚廠後，於前往第二目標台北飛行場[3]的途中遭遇大批日軍飛機，雙方發生空戰。

第18艦載機大隊另出動12架SB2C、9架TBM、5架F6F，前往攻擊基隆港。因為基隆港籠罩在雲幕之下，僅有6架SB2C轟炸基隆港的倉庫。其他飛機轉往淡水，分別轟炸淡水地區的倉庫、儲油槽、船隻及淡水飛行場。機群在集結返航的途中遭到日機的突襲，隨即發生空戰。

第38.3特遣支隊從艾塞克斯號、列克星頓號、蘭利號3艘航艦出動機群，執行第一次戰鬥機掃蕩任務和打擊任務。

艾塞克斯號上的第15艦載機大隊派出16架F6F，執行戰鬥機掃蕩任務。大隊長也親駕一架F6F擔任空中協調指揮官，由另外3架F6F護航。機群於中台灣上空與大批日機進行空戰，之後前往北斗飛行場[4]掃射地面的日機。

第15艦載機大隊同時派出10架SB2C、8架TBM、8架F6F，前往公館飛行場[5]執行第一次打擊任務。由於雲霧遮掩，機群未能目視公館飛行場，最後發現虎尾飛行場，由F6F帶頭以火箭攻擊露天掩體內的日機，SB2C與TBM轟炸飛行場東南隅的棚廠與建築。

列克星頓號上的第19艦載機大隊由16架F6F（其中一架為空照型）執行戰鬥機掃蕩，在台灣中西部上空遭遇大批日機，F6F拋棄深水炸彈後與日機交戰，其中一組之後前往台中飛行場[6]掃射地面日機。

第19艦載機大隊另出動15架SB2C、9架TBM、12架F6F，前往攻擊馬公港灣內的船艦。F6F先在台灣上空與零星的日機交戰，飛抵澎湖

3　現在的松山機場。
4　位於現在的彰化縣竹塘鄉和埤頭鄉境內，已廢棄。
5　現在的清泉崗機場。
6　戰後成為水湳機場，現已廢棄。

後以機槍掃射馬公港內的船艦及澎湖飛行場[7]上的日機;SB2C在台灣本島與澎湖之間海域轟炸發現的船隻;TBM抵達馬公後,以空射魚雷攻擊港內的運輸艦。

　　蘭利號上的第44艦載機大隊出動8架F6F與9架TBM,前往台中飛行場執行打擊任務。4架F6F在途中與主機群失散,加入艾塞克斯號

7　戰後成為五德機場,現已廢棄。

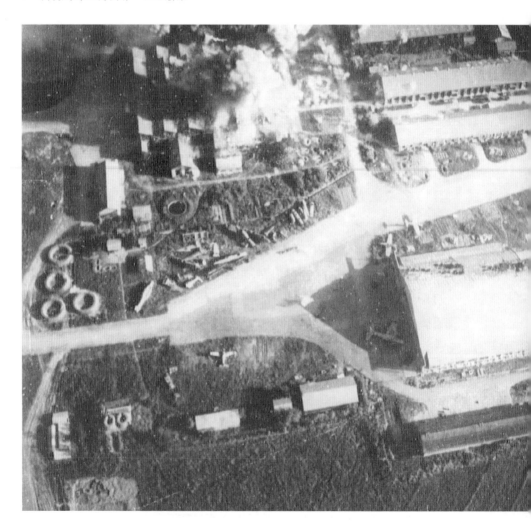

機群的攻擊行動。其他F6F與TBM在目視一座飛行場後，對其棚廠與設施投彈。不過第44艦載機大隊事後檢視任務中拍攝的照片，發現當天攻擊的並非原定的台中飛行場，而是嘉義飛行場。

第38.4特遣支隊從勇往號、富蘭克林號、貝露森林號3艘航艦分批出動艦載機，執行第一波攻勢的戰鬥機掃蕩任務和打擊任務。

勇往號上的第20艦載機大隊出動12架F6F執行戰鬥機掃蕩任務，

蘭利號上的第44艦載機大隊在1944年10月12日上午轟炸「台中飛行場」跑道東側的棚廠設施，事後發現當天攻擊的其實是嘉義飛行場。（NARA via Fold3. com）

另外由10架SB2C、8架TBM、12架F6F執行打擊任務。F6F在任務中遭遇大批日機後發生空戰；SB2C與TBM以炸彈轟炸台南飛行場地面的日機及安平港內的船隻。

富蘭克林號上的第13艦載機大隊出動12架F6F，執行戰鬥機掃蕩。機群在岡山飛行場附近上空與日機發生空戰，之後以機槍掃射岡山飛行場。

第13艦載機大隊另外出動15架SB2C、8架TBM、8架F6F，執行第一次打擊任務，目標是高雄到安平之間沿海的船隻。4架掛載火箭的F6F對左營北方海面的船隻發動攻擊；SB2C未在台南地區發現船隻，因此轉往轟炸高雄港內的船艦；TBM則以空射魚雷攻擊高雄港外海面的船隻。

貝露森林號上的第21艦載機大隊出動8架F6F執行戰鬥機掃蕩。機群在台南上空與大批日機發生空戰。

第21艦載機大隊另出動4架TBM，加入勇往號的機群執行打擊任務，以炸彈轟炸台南飛行場的棚廠與營舍。

———— ✈ ————

上午8時起，第38特遣艦隊發動第二波對台攻勢。第38.1特遣支隊從大黃蜂號與胡蜂號兩艘航艦出動各型飛機執行打擊任務。

大黃蜂號上的第11艦載機大隊出動10架SB2C、8架TBM、16架F6F，前往攻擊高雄港，4架F6F因故折返航艦降落。SB2C臨時應空中協調指揮官的要求前往轟炸位於屏東飛行場的航空修理廠，4架掛載炸彈的F6F也隨同轟炸[8]。其餘8架掛載火箭的F6F對高雄港內船隻發動攻擊，TBM則轟炸高雄港內的船隻、倉庫、日本鋁株式會社高雄工場、旗後地帶。機群結束攻擊半小時後，再接到空中協調指揮官的

8　第11戰鬥機中隊的作戰任務報告在攻擊目標的表格中記載這4架F6F轟炸小港飛行場，在文字敘述中卻又表示跟著SB2C一起俯衝轟炸棚廠，但是第11轟炸機中隊的記錄是轟炸屏東飛行場。

指示前往東港飛行場，以機槍及剩餘的火箭對停放的水上飛機發動攻擊。

胡蜂號上的第14艦載機大隊派出10架SB2C與4架F6F戰轟機、8架TBM、11架F6F（其中一架為空照型），前往轟炸高雄港。護航的F6F以機槍掃射小港飛行場的設施及高雄港內船隻，F6F戰轟機帶頭轟炸旗後地帶，SB2C接著轟炸港內船隻。由於高雄港船隻多已損毀，TBM轉往次要目標東港飛行場轟炸棚廠與營舍。F6F與SB2C結束攻擊高雄港的行動後，也轉往東港飛行場進行攻擊。機群在返航途中，掃射恆春飛行場及位於鵝鑾鼻的無線電站。

第38.2特遣支隊由無畏號、碉堡山號、漢考克號3艘航艦的艦載機執行當天的第二次打擊任務。

無畏號上的第18艦載機大隊出動12架SB2C、9架TBM、8架

小港飛行場

胡蜂號上的第14艦載機大隊在1944年10月12日上午拍攝小港飛行場的照片。營舍中央的廣場可見第一波攻勢造成的彈坑，廣場左側一棟營舍已被炸毀。（UC Berkeley典藏，中央研究院人社中心GIS專題中心提供）

胡蜂號上的第14艦載機大隊在1944年10月12日上午轟炸東港飛行場，地面與水上有數架飛機被炸中後冒出濃煙。（UC Berkeley典藏，中央研究院人社中心GIS專題中心提供）

東港飛行場

F6F，與碉堡山號的機群一同前往攻擊位於松山的台北飛行場。目標區雲層低掩，能見度極差，第18艦載機大隊的飛機先發動攻擊，以各型炸彈轟炸棚廠與營舍。機群結束攻擊後，與零星的日機發生短暫空戰，之後在回航途中掃射沿海船隻。

碉堡山號上的第8艦載機大隊出動12架SB2C、8架TBM、8架F6F，在無畏號的機群之後轟炸台北飛行場的棚廠設施及跑道。攻擊行動即將結束前，機群與前來的日機發生零星空戰。之後在往北海岸撤退時，順道攻擊淡水飛行場與無線電站，返航途中再掃射北海岸的船隻。

漢考克號上的第7艦載機大隊派出12架SB2C、8架TBM、8架F6F，前往花蓮港執行打擊任務。由於沿途天氣不佳，TBM與其他飛機失散，在沒有護航的情況下前往基隆港，轟炸北部火力發電所和港區的工場與船隻。SB2C沿東海岸往南搜索船隻，但未發現可攻擊的目標，因此折返至花蓮港轟炸港內船隻及東邦金屬製鍊株式會社花蓮港工場，稍後抵達的F6F轟炸日本鋁株式會社花蓮港工場與鐵路設施。兩架與編隊失散的F6F，加入無畏號和碉堡山號的機群，共同轟炸台北飛行場。

第38.3特遣支隊從艾塞克斯號、列克星頓號、蘭利號3艘航艦出動飛機，執行第二次打擊任務，主要目標是澎湖地區的船艦。

艾塞克斯號上的第15艦載機大隊出動10架SB2C、8架TBM、11架F6F。F6F轟炸馬公港內的船隻與澎湖飛行場停放的日機，SB2C分別對船艦及測天島海軍基地投彈，TBM則轟炸數艘從馬公港駛出的小型艦艇。

列克星頓號上的第19艦載機大隊出動10架SB2C、7架TBM、8架F6F（其中一架為空照型），蘭利號上的第44艦載機大隊派出8架F6F（其中一架為空照型）加入列克星頓號的機群。兩架F6F空照機與擔任掩護的

艾塞克斯號上的第15艦載機大隊在1944年10月12日上午轟炸澎湖地區的船艦，炸彈命中馬公港灣內一艘軍艦，引發劇烈爆炸。測天島基地位於照片下方。（NARA via Fold3.com）

列克星頓號上的第19艦載機大隊在1944年10月12日上午拍下日月潭第二發電所的照片。
（NARA via Fold3.com）

6架F6F在高雄附近脫離編隊，前往日月潭偵照。其餘飛機繼續前往澎湖，由SB2C與TBM轟炸港灣內的船艦。

　　第38.4特遣支隊從勇往號、富蘭克林號、貝露森林號3艘航艦出動機群執行第二次打擊任務，共同目標是岡山飛行場。

　　第20艦載機大隊派出10架SB2C、7架TBM、6架F6F，從勇往號起飛。由於天氣不佳，機群無法找到岡山飛行場，但是從雲層縫隙發現小港飛行場，以火箭及炸彈對飛行場的設施發動攻擊，位於小港飛行場西南方的台灣製糖株式會社後壁林製糖所也遭到轟炸。

　　富蘭克林號上的第13艦載機大隊出動15架SB2C、8架TBM、8架F6F。抵達目標區前，戰鬥機領隊指示所有的F6F先拋棄掛載的火箭準備接敵，不過任務進行過程中雖有零星的日機現蹤，卻未有接戰動

作。由於未能找到岡山飛行場，SB2C改對小港飛行場的棚廠與建築投下炸彈，TBM則轟炸跑道及後壁林製糖所。

　　貝露森林號上的第21艦載機大隊僅能派出兩架F6F掩護4架TBM，但其中一架F6F因故障折返。在任務指揮官的指示下，機群改為攻擊小港飛行場。TBM未能在小港飛行場地面發現任何日機，所以對後壁林製糖所投彈，僅有的一架F6F則以火箭攻擊小港飛行場掩體內的飛機。

　　第38特遣艦隊從上午10時25分左右開始，發動第三波對台攻勢，包括當天的第二次戰鬥機掃蕩任務及第三次打擊任務。

　　第38.2特遣支隊首先從碉堡山號與無畏號派出戰鬥機執行第二次掃蕩任務。

　　碉堡山號上的第8艦載機大隊出動16架F6F，其中一架由大隊長親自駕駛，到北台灣掃蕩。機群飛抵台北飛行場時，並未在空中發現任何日機。大隊長率領3架F6F前往基隆港觀測，並掃射該地的舢舨，之後沿西海岸南飛至後龍，與兩架日機發生空戰。其餘F6F後來在台北飛行場遭遇大批日機，雙方爆發激烈空戰，兩架F6F追逐日機到桃園飛行場，並掃射飛行場地面的日機。

　　無畏號上的第18艦載機大隊出動12架F6F，前往台北飛行場掃蕩。機群透過雲層的開口對鐵路松山驛和工場投彈後，空中出現數架日機，雙方因此發生空戰。

　　第38.2特遣支隊在戰鬥機掃蕩任務出動後半小時左右，從碉堡山號、漢考克號、無畏號3艘航艦出動飛機執行當天的第三次打擊任務。

　　漢考克號上的第7艦載機大隊派出11架SB2C及8架TBM，目標是花蓮港。碉堡山號上的第8艦載機大隊出動12架F6F，準備為漢考克號的飛機護航。但這些F6F抵達會合地區時未見漢考克號的機群，也無法聯繫上，因此逕自前往桃園飛行場掃射地面的日機。漢考克號的TBM

飛抵花蓮後，其中3架在天候不佳的情況下，對東邦金屬株式會社與日本鋁株式會社的花蓮港工場投下2000磅炸彈，另外5架TBM冒著惡劣天候北上，以2000磅炸彈轟炸基隆港的乾塢及船隻。SB2C也對前述兩座工場投彈，之後再前往花蓮港北飛行場及上午才發現的花蓮港南飛行場[9]進行掃射。

無畏號上的第18艦載機大隊出動10架SB2C、6架TBM、8架F6F，目標是基隆港。SB2C轟炸新岸壁的三層樓倉庫與牛稠港一帶的建築，TBM以火箭及半穿甲彈攻擊修理工場及社寮島[10]的兩座大型乾塢，並轟炸一艘大型貨輪，F6F跟在SB2C與TBM之後，對港內船隻投彈。

第38.4特遣支隊在這波攻勢中並未出動戰鬥機執行掃蕩任務，而是從上午11時開始，由勇往號、富蘭克林號、貝露森林號3艘航艦的艦載機執行第三次打擊任務。但由於原定目標區天氣不佳、雲層籠罩，空中協調指揮官命令所有機群改為攻擊高雄地區的船隻。

勇往號上的第20艦載機大隊出動9架SB2C、6架TBM、12架F6F，以火箭及炸彈攻擊左營軍港內外的船艦。

富蘭克林號上的第13艦載機大隊出動15架SB2C、8架TBM、12架F6F。SB2C與TBM對左營軍港內的船艦與岸邊倉庫投下炸彈，F6F以機槍、火箭攻擊多艘船隻。

貝露森林號上的第21艦載機大隊由8架F6F掩護4架TBM，跟在勇往號的機群之後攻擊左營軍港，TBM轟炸船隻與岸邊的倉庫，F6F以火箭進行攻擊。

9　位於現在的花蓮縣吉安鄉，已廢棄。
10　現在的和平島。

第38.1特遣支隊從上午11時20分開始，從大黃蜂號、胡蜂號、考本斯號3艘航艦分批出動機群，執行當天的第二次戰鬥機掃蕩任務及第三次打擊任務。

大黃蜂號上的第11艦載機大隊由7架F6F負責掃蕩，先至屏東飛行場以機槍掃射地面的日機，之後再前往虎尾飛行場掃射地面日機。

第11艦載機大隊同時出動10架SB2C、7架TBM、18架F6F，執行打擊任務。F6F以火箭或炸彈攻擊屏東飛行場的棚廠設施與掩體內的日機，之後前往高雄港攻擊碼頭設施及工業目標。SB2C在掩蓋高雄港地區的雲層之上盤旋許久，最後找到雲層的縫隙下降，轟炸旗後一帶的船隻、倉庫等機會目標。TBM雖然在高雄港內發現3艘貨輪，但是港內的水深不足以讓空射魚雷運作，港外則未見可攻擊的船隻，因此提前結束任務逕行返航。

胡蜂號上的第14艦載機大隊由7架F6F執行戰鬥機掃蕩，在抵達高雄地區後與日機發生空戰。

第14艦載機大隊在F6F起飛後緊接著出動10架SB2C、4架F6F戰轟機、6架TBM、10架F6F，前往高雄港執行打擊任務。SB2C與F6F戰轟機轟炸高雄港岸壁船舶、旗後地帶、苓雅寮。由於高雄港內水深不足，TBM改對防坡堤外一艘舢舨船及旗後半島外的一艘貨輪發射魚雷攻擊。F6F則在琉球嶼和高雄港掃射船隻，回航途中再掃射紅頭嶼[11]上一座疑似無線電站的設施。

考本斯號上的第22艦載機大隊出動4架F6F執行掃蕩任務。機群抵達高雄後，與大黃蜂號7架執行戰鬥機掃蕩的F6F一同前往嘉義飛行場[12]，以機槍掃射地面十多架雙發動機的日軍飛機。

11　現在的蘭嶼。

12　第22艦載機大隊作戰任務報告雖然記載當天攻擊的是嘉義飛行場，但是大黃蜂號第11艦載機大隊記錄的卻是虎尾飛行場。由於艾塞克斯號的飛機稍早也在虎尾飛行場發現十多架雙發動機的日機，因此筆者認為虎尾飛行場的可能性較高。

胡蜂號上的第14艦載機大隊在1944年10月12日的午後轟炸高雄港。照片左側的苓雅寮一帶被炸中後冒出濃煙，右側岸邊的大型工場建築是日本鋁株式會社高雄工場（上）。高雄港的岸壁倉庫與停泊的船隻也遭到轟炸（下）。（NARA via Fold3.com）

第22艦載機大隊另外出動8架TBM執行打擊任務，目標是小港、
東港、潮州等3座飛行場之一。這些TBM在高雄港上空遲未獲得空中
協調指揮官的指示，於是逕行前往攻擊小港飛行場，然而小港飛行場
完全在雲層籠罩之下，TBM轉向旗後地帶轟炸該處的海軍基地。

　　第38.3特遣支隊從上午11時25分開始，由艾塞克斯號、列克星頓
號、蘭利號的飛機執行第三次打擊任務，僅有艾塞克斯號派機執行戰
鬥機掃蕩。
　　艾塞克斯號上的第15艦載機大隊由10架SB2C、7架TBM、8架
F6F執行公館飛行場的打擊任務，負責執行戰鬥機掃蕩的10架F6F也一
同前往。但因公館飛行場被雲層掩蓋，所以轉往彰化飛行場[13]，以炸彈
及火箭攻擊飛行場西側的營房與設施。
　　列克星頓號上的第19艦載機大隊派出15架SB2C、8架TBM、16
架F6F，前往台灣中部地區的飛行場執行打擊任務。F6F在掩護TBM轟
炸公館飛行場[14]的過程中與日機發生空戰，之後以機槍掃射西部海域的
船隻。SB2C轟炸虎尾飛行場東南隅的建築與設施及西北方的一處疑似
營舍後，再對西邊約7英里的一座飛行場進行掃射[15]。TBM則對台中飛
行場東南方與西北方的建築與設施投下炸彈[16]。
　　蘭利號上的第44艦載機大隊出動7架TBM與8架F6F執行打擊任
務。機群飛抵台灣後，空中協調指揮官要求TBM前往轟炸台南港，

13　位於現在的彰化縣福興鄉，已廢棄。
14　雖然作戰任務報告中記載為公館飛行場，但也指出地點應該在公館的南方，可能是虎
　　尾飛行場或是其他的飛行場。
15　作戰任務報告中記載為虎尾飛行場，另外也表示因為不熟悉台灣西部的地理環境，無
　　法完全確認該座飛行場為何。由於虎尾飛行場的主要設施位於東南側，飛行場的西北
　　方外圍也有一處規劃整齊的房舍，筆者認為是虎尾飛行場的機率很高。至於作戰任務
　　報告所指西邊7英里處的另一座飛行場，則有可能是美軍將龍岩製糖所周圍規劃整齊的
　　大片農地誤認。
16　綜合前面的研判，筆者認為TBM所攻擊的應該也是虎尾飛行場。

但TBM領隊透過無線電誤聽為左營軍港，於是機群前往左營軍港，由F6F帶頭掃射，TBM接著轟炸港內的船艦及設施。

———✈———

下午1時15分起，第38特遣艦隊發動第四波對台攻勢。第38.2特遣支隊最先出動，從漢考克號、碉堡山號、無畏號3艘航艦派出飛機。

漢考克號上的第7艦載機大隊出動16架F6F，到台灣東部執行當天下午唯一一次戰鬥機掃蕩任務。因天候不佳，僅有5架F6F飛抵花蓮港，以火箭與炸彈攻擊鐵路與船隻，其他飛機均提前返航。

第7艦載機大隊另外出動12架SB2C、7架TBM、4架F6F，到花蓮港執行打擊任務。SB2C轟炸東邦金屬株式會社花蓮港工場及花蓮港南飛行場，TBM以2000磅炸彈轟炸日本鋁株式會社花蓮港工場與花蓮港南飛行場，F6F也用火箭與炸彈攻擊相同目標。第7艦載機大隊在這次任務後認為花蓮港地區已無值得攻擊的目標，因此建議第38.2特遣支隊將次日的攻擊目標從花蓮港轉移到基隆港。

碉堡山號上的第8艦載機大隊派出11架SB2C、7架TBM、12架F6F，前往攻擊台北飛行場。北台灣雲層密布，台北飛行場僅部分可見。SB2C首先俯衝，對飛行場的棚廠、建築、地面停放的飛機投彈，TBM利用雲層的開口以集束燒夷彈轟炸棚廠建築，F6F除了轟炸台北飛行場，也轟炸附近的工場與橋梁。機群脫離台北飛行場後前往淡水，再對淡水飛行場及當地的鐵路和倉庫發動攻擊。

無畏號上的第18艦載機大隊出動11架SB2C、8架TBM、12架F6F，前往台北飛行場執行打擊任務。由於沿途天氣不佳，未能保持編隊，僅有SB2C透過雲層空隙轟炸台北飛行場的棚廠與建築。TBM與F6F則以火箭及炸彈共同轟炸一座橫跨淡水河的橋梁，之後在往淡水方向撤退途中，以剩餘的火箭及炸彈攻擊淡水地區的倉庫、無線電站、飛行場。

第38.1特遣支隊從下午1時30分開始，由大黃蜂號與胡蜂號兩艘
航艦的艦載機執行第四次打擊任務。

大黃蜂號上的第11艦載機大隊出動8架SB2C、5架TBM、16架
F6F。機群抵達台灣南部後，領隊因遲未接獲空中協調指揮官的指示，
遂行命令4架SB2C前往攻擊由水上飛機使用的東港飛行場，但這些
SB2C誤將美軍地圖在小港一帶標示的「高雄水上飛行場」[17]當成攻擊
的目標，於是在雲層密布的情況下盲目對大致的方位投下炸彈。其他
4架SB2C利用雲層的縫隙下降，轟炸小港飛行場的棚廠及跑道。TBM
在發現屏東飛行場完全被雲層遮掩後，轉向到高雄地區，透過雲層開
口俯衝下降，轟炸小港飛行場跑道及後壁林製糖所。F6F以火箭和炸彈
攻擊屏東飛行場[18]掩體內的日機及航空修理廠，另有3架前往岡山飛行
場掃射地面的日機。

胡蜂號上的第14艦載機大隊出動7架SB2C與4架F6F戰轟機、8
架TBM、12架F6F，前往攻擊屏東飛行場。由於屏東飛行場在雲層籠
罩之下，機群在空中盤旋多時，最後透過雲縫目視左營海軍基地內有
一條過去未曾發現的跑道[19]。於是SB2C、F6F戰轟機、TBM對跑道及
兩側的建築投下炸彈，擔任掩護的F6F則以機槍掃射建築物及軍港內的
船艦。

第38.4特遣支隊在下午1時35分左右，陸續從富蘭克林號、貝露
森林號、勇往號3艘航艦出動飛機執行第四次打擊行動。

富蘭克林號上的第13艦載機大隊出動9架SB2C、8架TBM、16架
F6F，前往攻擊岡山飛行場。在天氣不佳的情況下，SB2C與TBM共同

17　美軍的情報有誤，這座設施事實上是尖尾艇庫。
18　第11戰鬥機中隊在作戰任務報告中敘述SB2C與TBM也在同時攻擊掩體內的日機，但第
　　11轟炸機中隊與第11魚雷機中隊的報告都說是攻擊小港飛行場，而且對目標的描述和
　　繪製的簡圖皆與小港飛行場的特徵符合，所以F6F轟炸的未必是屏東飛行場。
19　日軍稱之為F要地應急跑道。

胡蜂號上的第14艦載機大隊於1944年10月12日下午發現左營海軍基地內的F要地應急跑道，對其及周邊建築發動攻擊。（NARA via Fold3.com）

轟炸第六十一海軍航空廠及其他設施，F6F在掩護SB2C及TBM完成轟炸後，沿返航路線對台灣西南沿海發現的船隻進行掃射。

　　貝露森林號上的第21艦載機大隊派出4架TBM，由6架F6F擔任高空掩護。原定要攻擊台南市的鐵路及軍事設施，但因缺乏充分掩護，改為跟富蘭克林號的飛機一同攻擊岡山飛行場。TBM因為太晚開始俯衝動作而衝過頭，未能對岡山飛行場投彈，其中一架將炸彈投在附近一處村落，F6F則以火箭對棚廠與建築發動攻擊。

　　勇往號上的第20艦載機大隊出動10架SB2C、8架TBM、12架F6F，以火箭與炸彈攻擊台灣南部的船艦。

　　第38.3特遣支隊自下午1時55分起，從艾塞克斯號、蘭利號、列克星頓號3艘航艦出動機群執行當天的第四次打擊任務，主要目標是台

灣西海岸的船隻。

　艾塞克斯號上的第15艦載機大隊派出11架SB2C、5架TBM、12架F6F執行打擊任務，另有4架執行空照與掩護任務的F6F同時間出發。蘭利號上的第44艦載機大隊派出4架F6F加入艾塞克斯號的機群，共同執行任務。機群飛抵台灣後，空中協調指揮官指派F6F前往永康飛行場轟炸地面日機與棚廠。SB2C與TBM負責共同轟炸台南近海的一艘貨輪，由蘭利號的4架F6F擔任空中掩護。

　列克星頓號上的第19艦載機大隊派出13架SB2C、2架TBM、9架F6F（其中一架為空照型）。SB2C及TBM轟炸空中協調指揮官所指定的船舶目標，護航的F6F則以機槍掃射。F6F之後前往公館飛行場與「台中飛行場」[20]掃射地面飛機，並與一架日機發生空戰。一架未能對船隻投彈的SB2C，在返航途中轟炸鵝鑾鼻的一座無線電站。

20　任務中拍攝的照片顯示被攻擊的其實是彰化飛行場。

列克星頓號上的第19艦載機大隊於1944年10月12日下午轟炸「台中飛行場」。事實上這是彰化飛行場，照片最右側可以看見緊鄰飛行場的大興國民學校校舍。（NARA via Fold3.com）

　　凌晨3時45分，第38.2特遣支隊由獨立號航艦上的第41夜間艦載機大隊出動4架配備AIA空用攔截雷達的F6F-5N，及4架配備ASD空對地雷達的TBM-1D，由一架F6F搭配一架TBM，分成4組到台灣南部的飛行場執行夜間騷擾任務。第一組兩架飛機因天候惡劣而失散，TBM獨自轟炸小港飛行場及東港飛行場，F6F轟炸台南飛行場上的飛機後，再到岡山飛行場掃射地面飛機。第二組抵達小港後分頭進行攻擊，TBM轟炸小港飛行場的停機坪，F6F發現白天遭到攻擊的後壁林製糖所仍在燃燒，再對緊鄰的建築投下炸彈。第三組的TBM在東港飛行場上空遭遇一架日軍的二式飛行艇，但被第四組的F6F搶先將其擊落，這架TBM之後轉往旗後地帶投彈，第三組的F6F先轟炸鳳山的軍用倉庫，然後在東港上空擊落另一架二式飛行艇。第四組的飛機會合後失散，TBM在轟炸東港飛行場的棚廠後，往北尋找地圖上標記的「高雄水上飛行場」[21]，並投下其餘炸彈，F6F發現第三組TBM所遭遇的二式飛行艇並將之擊落，之後對東港飛行場棚廠投彈，返航前又於琉球嶼上空擊落一架二式飛行艇[22]。

　　清晨6時10分左右，第38特遣艦隊開始發動當天的第一波對台攻勢，從各航艦出動戰鬥機執行掃蕩任務。第38.1特遣支隊從大黃蜂號、胡蜂號、蒙特利號航艦派出飛機，到屏東一帶掃蕩。

　　大黃蜂號上的第11艦載機大隊出動8架F6F，飛抵台灣後，在屏東

21　其實是尖尾艇庫。

22　第41夜間艦載機大隊的作戰任務報告將這些被擊落的大型水上飛機記載為二式飛行艇，但是第11艦載機大隊幾小時後在東港飛行場拍攝到一架九七式飛行艇及另一架九七式飛行艇的殘骸照片，筆者認為美軍有可能在夜間誤認。無論是何種機型，美軍研判這些水上飛機可能剛結束偵察美軍艦隊的夜間任務，準備返回東港飛行場降落。

附近擊落一架試圖攔截的日機，任務中未再發現空中有其他日機。這些F6F在掃射屏東飛行場地面飛機後，前往岡山飛行場掃射，於返航途中再掃射東港飛行場的飛機。

胡蜂號上的第14艦載機大隊出動8架F6F（其中一架為空照型），機群在空中未遭遇任何日機，以機槍掃射屏東飛行場的地面飛機後，於返航途中再掃射鵝鑾鼻一帶的小船。

蒙特利號上的第28艦載機大隊派出8架F6F，到屏東飛行場掃蕩。機群以火箭及機槍攻擊北飛行場周圍掩體內的飛機，回程中再對東港飛行場的飛機發動攻擊。

第38.2特遣支隊由無畏號與卡伯特號上的戰鬥機共同前往北台灣掃蕩。

無畏號由第18艦載機大隊的9架F6F執行任務，卡伯特號上的第

大黃蜂號上的第11艦載機大隊於1944年10月13日清晨的掃蕩行動返航途中掃射東港飛行場。大坪上可以看到一架九七式飛行艇，在其前方還有另一架九七式飛行艇的主翼殘骸。（UC Berkeley典藏，中央研究院人社中心GIS專題中心提供）

29艦載機大隊出動16架未掛炸彈的F6F。台灣北端烏雲密布且有降雨，基隆港完全被雲層遮蔽，兩艘航艦的機群轉往新竹飛行場，由第18艦載機大隊的F6F對棚廠投下炸彈，第29艦載機大隊的F6F在空中擔任警戒。之後第29艦載機大隊的F6F兵分二路，分別到桃園飛行場與台北飛行場掃射地面飛機。

由於美軍飛機前一日上午在北台灣上空遭遇大批日機抵抗，所以第38特遣艦隊指揮官下令第38.3特遣支隊派出艾塞克斯號與列克星頓號的戰鬥機到北台灣，支援第38.2特遣支隊的戰鬥機掃蕩任務。

艾塞克斯號上的第15艦載機大隊出動16架F6F，到桃園飛行場掃射地面日機，雖在空中發現零星的日機，但是都避免與F6F正面交戰。

列克星頓號上的第19艦載機大隊出動16架F6F，到新竹飛行場掃射地面的飛機，在台北附近上空與一架挑戰的日機發生空戰。

第38.4特遣支隊從富蘭克林號、貝露森林號、勇往號等3艘航艦派出飛機，至台灣南部執行掃蕩任務。

富蘭克林號上的第13艦載機大隊出動12架F6F，至岡山飛行場進行掃蕩。兩架日機在空中出現，但與F6F交戰後逃逸無蹤，其他F6F以機槍掃射地面的飛機與設施。

從貝露森林號起飛的第21艦載機大隊8架F6F原定要到澎湖地區掃蕩，但在途中接獲勇往號機群領隊的指示，改留在台灣本島上空掩護掃蕩屏東飛行場的戰鬥機。這些F6F在掩護任務的過程中與兩架出現在屏東飛行場上空的日機短暫交火，之後掃射屏東飛行場的地面設施與飛機。

勇往號上的第20艦載機大隊出動12架F6F，對不明的飛行場[23]地

23　從第21艦載機大隊的作戰任務報告來研判，可能是屏東飛行場。

面上的飛機發動攻擊。

第38特遣艦隊從上午7時30分開始發動當天第一次打擊任務。第38.2特遣支隊領先出動，由碉堡山號、漢考克號、無畏號等3艘航艦的艦載機執行任務。

碉堡山號上的第8艦載機大隊出動12架SB2C、7架TBM、12架F6F，主要目標為台北飛行場。但因台北飛行場完全被雲層遮蔽，機群轉往列為預備目標的新竹飛行場。SB2C首先以炸彈與機砲攻擊飛行場南邊的修護工廠，一小隊的F6F跟SB2C同時俯衝掃射設施與掩體，TBM接在SB2C之後對修護工廠投彈，另一小隊的F6F在TBM攻擊後掃射飛行場外東邊的營舍。

漢考克號上的第7艦載機大隊出動12架F6F掩護12架SB2C，目標是基隆港。沿途天氣惡劣，機群以雷達接觸龜山島後，繼續透過雷達協助沿東北岸往北飛行至基隆港。由於基隆港完全在雲層籠罩之下，機群準備利用雷達的指引投彈，但因風速過大作罷。機群於是轉往花蓮港，SB2C與F6F共同轟炸東邦金屬株式會社花蓮港工場、日本鋁株式會社花蓮港工場及一座位於住宅區內，但未曾遭到攻擊的化學工場[24]。

無畏號上的第18艦載機大隊出動12架SB2C、6架TBM、8架F6F。由於基隆港和台北飛行場都被雲層籠罩，空中協調指揮官指示機群前往新竹飛行場，由SB2C帶頭轟炸跑道東南側的大型棚廠，TBM接著以火箭與炸彈攻擊這些棚廠及飛行場外的工業目標，F6F則轟炸棚廠與北方的工業目標。

---

24 綜合第7艦載機大隊的作戰任務報告對位置的描述及台灣方面的《空襲被害綜合情報》來研判，極可能是總督府專賣局花蓮港支局花蓮酒工場（戰後的花蓮酒廠）。

新竹飛行場

無畏號上的第18艦載機大隊於1944年10月13日上午攻擊新竹飛行場,位於跑道東南側的幾座大型棚廠遭到猛烈轟炸。(NARA via Fold3.com)

　　第38.1特遣支隊在上午8時左右,從大黃蜂號、胡蜂號、蒙特利號航艦出動機群執行第一次打擊任務。

　　大黃蜂號上的第11艦載機大隊出動9架SB2C、8架TBM、12架F6F,偕同胡蜂號的機群前往台灣南部。空中協調指揮官指派大黃蜂號的飛機攻擊屏東飛行場的航空修理廠,由SB2C先投下炸彈,TBM分成兩組,各由兩架掛載炸彈的F6F帶頭轟炸,TBM再接著投彈。SB2C於返航途中再掃射鵝鑾鼻的無線電站及燈塔。

　　胡蜂號上的第14艦載機大隊出動5架SB2C與4架F6F戰轟機、7架TBM、4架F6F(其中一架為空照型)。空中協調指揮官指示機群前往攻擊屏東北飛行場,SB2C與F6F戰轟機轟炸地面的飛機和設施,TBM對掩體區、跑道及南北飛行場之間的航空修理廠投下炸彈,擔任護航的F6F以機槍掃射地面日機,之後再前往東港飛行場掃射。

蒙特利號上的第28艦載機大隊出動4架F6F掩護8架TBM，目標是小港飛行場。F6F先以火箭攻擊飛行場南面的一座大型建築、後壁林製糖所、防空陣地，之後掃射地面的飛機，TBM接著轟炸跑道南側的營舍與設施。

第38.4特遣支隊也在上午8時從勇往號、富蘭克林號、貝露森林號3艘航艦出動飛機執行第一次打擊任務，共同目標是岡山飛行場。

勇往號上的第20艦載機大隊出動10架SB2C、8架TBM、8架F6F（其中一架為空照型），以火箭及炸彈攻擊緊鄰岡山飛行場的第六十一海軍航空廠。

富蘭克林號上的第13艦載機大隊出動12架SB2C、8架TBM、12架F6F。但是岡山飛行場受霧霾的影響，以致能見度極差，機群以火箭與炸彈向飛機掩體的大略位置發動攻擊。

貝露森林號上的第21艦載機大隊只能派出2架F6F與4架TBM。F6F以火箭攻擊岡山飛行場正東方的一大片營舍，兩架TBM對跑道東側的行政區及兩座鋸齒形屋頂的大型棚廠投彈，一架炸彈卡在彈架上的TBM在返航途中將炸彈對琉球嶼投下。

第38.3特遣支隊從8時20分起，由列克星頓號、艾塞克斯號、普林斯頓號3艘航艦出動機群，前往澎湖地區攻擊測天島海軍基地。

列克星頓號上的第19艦載機大隊出動14架SB2C、8架TBM、8架F6F（其中一架為空照型）。測天島幾乎完全被雲層遮蔽，在能見度不佳的情況下，F6F領頭俯衝以機槍掃射，TBM接著分成兩組先後對基地東南側的卸煤碼頭、倉庫及基地外的機會目標投下集束燒夷彈，奉命轟炸測天島基地乾塢內兩艘軍艦的SB2C也在視線不清的狀況下投彈。

艾塞克斯號上的第15艦載機大隊出動12架SB2C、8架TBM、8架F6F。飛機抵達澎湖後各自尋找雲層縫隙下降攻擊，SB2C分成兩組分

別轟炸乾塢北側與南側，F6F轟炸乾塢內的軍艦及漁翁島南岸的另一艘軍艦，TBM分成兩組先後下降攻擊，第一組對測天島基地、馬公飛行場及一處村落投下集束燒夷彈，第二組穿雲下降後發現偏離目標太遠而放棄攻擊。

第27艦載機大隊出動8架F6F掩護7架TBM，從普林斯頓號起飛。同樣受天候的影響，TBM在無法清楚目視目標的情況下對測天島基地與周邊的設施投下炸彈，F6F則以機槍掃射基地南面的一艘小型軍艦。

上午9時，第38特遣艦隊展開當天第二次打擊任務。首先由第38.4特遣支隊旗下的勇往號、富蘭克林號、貝露森林號3艘航艦派出飛機。

勇往號上的第20艦載機大隊出動8架SB2C、6架TBM、8架F6F，前往攻擊台南飛行場。機群以炸彈與火箭對飛行場設施及地面飛機發動攻擊，並與數架日機發生空戰。

貝露森林號上的第21艦載機大隊僅能派出2架F6F與3架TBM執行任務，由於缺少足夠的戰鬥機掩護，所以取消原定攻擊永康飛行場的計畫，改為協同勇往號的機群攻擊台南飛行場[25]，由TBM轟炸跑道東側的棚廠與營舍，F6F以火箭攻擊同一區域。

富蘭克林號上的第13艦載機大隊派出12架SB2C、4架TBM、7架F6F，前往攻擊左營海軍基地。當地天氣不佳，且有雲層遮蔽，SB2C在目標區上空盤旋後，利用雲層開口俯衝轟炸建築物及數艘小型船隻，TBM以2000磅炸彈轟炸倉庫及營舍，F6F掩護友機投彈後，以火箭攻擊軍港南岸的設施，並在回程途中掃射鵝鑾鼻的無線電站。

25　第21魚雷機中隊作戰任務報告在過程敘述中指出，當天是與富蘭克林號的飛機一同攻擊岡山飛行場，但是在報告的其他表格中卻又填載台南飛行場，第21戰鬥機中隊的作戰任務報告也記載為台南飛行場，所以是台南飛行場的可能性最高。

第38.2特遣支隊從碉堡山號、無畏號、漢考克號3艘航艦出動飛機，執行當天的第二次打擊任務。

碉堡山號上的第8艦載機大隊派出11架SB2C、6架TBM、12架F6F，目標是台北飛行場。機群發現台北飛行場在雲層籠罩之下，於是前往預備目標新竹飛行場。SB2C集中火力轟炸飛行場南邊的修護工廠，TBM兵分兩路，分別轟炸飛行場跑道西南側的營房和飛行場外一座工場，F6F除了轟炸飛行場設施，並與零星的日機發生空戰。

無畏號上的第18艦載機大隊出動10架SB2C、4架TBM、9架F6F。機群在發現台灣北端被雲層掩蓋後改往新竹，分成兩組分別攻擊新竹飛行場與一座位在飛行場東北方的車場。

漢考克號上的第7艦載機大隊出動9架SB2C、6架TBM、11架F6F，目標是基隆港。機群在途中接獲執行第一波任務的機群通知基隆港完全被雲層籠罩，因此直接飛往預備目標花蓮港。SB2C分成3組，分別轟炸東邦金屬株式會社花蓮港工場、鐵路設施、化學工場[26]，一架TBM以2000磅炸彈轟炸日本鋁株式會社花蓮港工場，另一架對港口倉庫投彈，F6F分頭以炸彈或火箭攻擊這些目標。一組F6F脫離後，在花東縱谷發現疑似工場建築，但因炸彈用盡，僅以機槍掃射。

第38.1特遣支隊僅由胡蜂號與大黃蜂號兩艘航艦派出飛機執行第二次打擊任務，攻擊南台灣的目標。

胡蜂號上的第14艦載機大隊出動5架SB2C與4架F6F戰轟機、3架TBM、4架F6F。機群飛抵台灣南部後，空中協調指揮官指派SB2C與F6F戰轟機前往攻擊屏東北飛行場，在低能見度的情況下轟炸地面飛機及棚廠。負責轟炸南飛行場上飛機的TBM因能見度不佳，以區域轟炸的方式沿跑道投下炸彈。擔任掩護的F6F前往東港飛行場掃射，之後

26　可能是指專賣局花蓮港支局花蓮酒工場。

再於鵝鑾鼻地區掃射車輛與船隻。

　　大黃蜂號上的第11艦載機大隊派出4架SB2C、5架TBM、12架F6F。機群在空中盤旋約半小時仍未見胡蜂號的機群前來會合，因此逕行前往台灣，透過雲層開口下降，對屏東飛行場的航空修理廠投彈。

　　第38.3特遣支隊在上午9時30分，從艾塞克斯號與列克星頓號兩艘航艦出動飛機執行第二次打擊任務，共同前往攻擊武界堰堤與日月潭第一、第二發電所。

　　艾塞克斯號上的第15艦載機大隊派出10架SB2C、7架TBM、11架F6F，負責攻擊武界堰堤與東北方的萬大發電所。在上午第一波攻勢中出發的第15艦載機大隊長原本是此次任務的空中協調指揮官，但因第一次與第二次任務的時間過於接近，無法及時趕到目標區。原定計畫是直接飛越中央山脈發動攻擊，由於天氣不佳，機群改為繞行南部再從西部北上。這些因素加上飛行員不熟悉台灣的地理環境，造成機群將嘉南大圳烏山頭貯水池誤認為日月潭，4架TBM因此對北面的一座堰堤投下空射魚雷，但可能因為水深不足而未擊中，一架TBM以2000磅炸彈轟炸，部分F6F跟著投彈。SB2C因為找不到發電所，改為轟炸一座在附近發現的製糖所，其他TBM與F6F亦對其投彈。第15艦載機大隊返航後分析發現誤炸烏山頭貯水池，並研判被炸的製糖所可能位於麻豆。

　　列克星頓號上的第19艦載機大隊出動13架SB2C、8架TBM、4架F6F執行打擊任務，另外由兩架F6F掩護一架F6F執行空照任務。執行打擊任務的機群跟隨艾塞克斯號的飛機，SB2C轟炸位於一個大型湖泊附近的發電所[27]，TBM轟炸一座製糖所，一架F6F以機槍掃射列車。執行空照任務的F6F順利飛抵日月潭，並且拍攝照片。第19艦載機大

27　可能是誤認。

列克星頓號上的第19艦載機大隊於1944年10月13日上午的第二次打擊任務中拍下這張照片。背景冒出濃煙的是鹽水港製糖株式會社新營製糖所的位置，道路匯集的廣場是新營驛前，左側是急水溪。（NARA via Fold3.com）

列克星頓號上的第19艦載機大隊於1944年10月13日上午順利拍攝日月潭第一發電所的照片。
（NARA via Fold3.com）

隊事後發現被攻擊的湖泊並非日月潭，研判SB2C所轟炸的位置大約是在玉井或旗山一帶，TBM轟炸的製糖所可能位於旗山一帶，F6F掃射的地點位在新營。

━━◆━━

第38.4特遣支隊在上午11時25分左右，由貝露森林號上的第21艦載機大隊出動4架F6F，準備與勇往號、富蘭克林號起飛的機群會合執行打擊任務，但是後兩艘航艦因故無法按計畫派出飛機，所以這4架F6F獨自前往岡山飛行場進行掃蕩，以火箭攻擊飛行場東側的營舍，在回程途中掃射鵝鑾鼻的無線電站。

━━◆━━

中午12時30分起，第38特遣艦隊發動當天的第三波攻勢。第38.2特遣支隊的碉堡山號、無畏號、漢考克號3艘航艦首先出動飛機，執行第三次打擊任務。

碉堡山號上的第8艦載機大隊派出11架SB2C、4架TBM、20架F6F，前往北台灣。台北飛行場依然在雲層籠罩之下，機群因此再度攻擊新竹飛行場。TBM領先下降對跑道東南邊的營舍投彈，SB2C轟炸跑道東南側的棚廠，兩組掛載炸彈的F6F轟炸棚廠及營舍，兩組F6F在上空警戒，其中一組F6F後來下降掃射飛行場東邊的營舍，一組未在新竹投彈的F6F在回程途中轟炸鼻頭角的燈塔。一架F6F前往後龍搜尋先前失蹤的隊友，中途與一架日機發生空戰。

無畏號上的第18艦載機大隊出動8架SB2C、4架TBM、18架F6F。機群在能見度不甚理想的情況下，以火箭與各型炸彈攻擊新竹飛行場的棚廠、營舍、維修設施。另有數架飛機前往新竹以南地區偵察，其中SB2C轟炸尖山、苗栗一帶的目標。

漢考克號上的第7艦載機大隊派出12架SB2C、8架TBM、16架F6F，前往攻擊基隆港。先前密布的雲層出現若干缺口，機群分組下降尋找目標攻擊，SB2C與F6F各以炸彈及火箭攻擊船隻與設施，TBM則

以2000磅炸彈轟炸。返航途中，3架SB2C再對北部火力發電所投下炸彈。

第38.1特遣支隊從胡蜂號與大黃蜂號兩艘航艦出動飛機，共同前往台灣南部執行打擊任務。

胡蜂號上的第14艦載機大隊派出6架SB2C、8架TBM、12架F6F（其中一架為空照型）。在發現屏東飛行場完全被雲層遮蔽無法攻擊後，機群轉往岡山飛行場對掩體內的日機實施轟炸。

大黃蜂號上的第11艦載機大隊派出9架SB2C、7架TBM、12架F6F。由於無法轟炸原定目標屏東飛行場，加上空中協調指揮官的無線電臨時故障，造成機群之間的混亂。TBM在4架F6F的掩護下，對台南飛行場的棚廠、設施、掩體投彈。其餘準備攻擊高雄市工業設施的F6F卻飛到岡山，領隊因此決定攻擊岡山飛行場掩體內的飛機及棚廠設施。SB2C後來終於接獲空中協調指揮官的指示，前往轟炸東港飛行場。

第38.4特遣支隊從勇往號、富蘭克林號、貝露森林號3艘航艦出動飛機，前往台灣南部執行當天的第三次打擊任務，共同目標為岡山飛行場。

勇往號上的第20艦載機大隊出動8架SB2C、6架TBM、10架F6F，另有一架F6F隨行照相。執行打擊任務的機群以機槍、火箭、炸彈攻擊第六十一海軍航空廠及岡山飛行場上其他的設施與飛機。

第13艦載機大隊出動8架SB2C、8架TBM、13架F6F（其中兩架負責照相），從富蘭克林號起飛。機群以火箭或炸彈合力攻擊第六十一海軍航空廠與棚廠，F6F在返航途中掃射台東飛行場。

貝露森林號上的第21艦載機大隊勉強派出2架F6F掩護4架TBM，隨同另兩艘航艦的機群前往岡山飛行場。TBM轟炸飛行場東北

岡山飛行場

第38.4特遣支隊在1944年10月13日下午出動勇往號、富蘭克林號、貝露森林號3艘航艦的艦載機聯合攻擊岡山飛行場。照片中央可見一座大型棚廠的鋸齒形屋頂已經破損。
（NARA via Fold3.com）

方的營舍與航空廠的大型棚廠，F6F以火箭攻擊飛行場東方的大片營舍區。

　　第38.3特遣支隊在下午1時15分左右，從艾塞克斯號、列克星頓號、普林斯頓號等3艘航艦出動飛機，前往台灣中部執行第三次打擊任務。

　　艾塞克斯號上的第15艦載機大隊派出10架SB2C、8架TBM，由11架F6F掩護，前往攻擊台灣中部的飛行場。空中協調指揮官指示機群攻擊嘉義飛行場，但因為能見度受到霧霾的影響，機群費了一番功夫才找到目標，以火箭及各型炸彈攻擊「嘉義飛行場」[28]的棚廠、設施及露天掩體內的日機。

艾塞克斯號上的第15艦載機大隊於1944年10月13日下午攻擊「嘉義飛行場」的棚廠與設施。
事實上這是台南飛行場。（NARA via Fold3.com）

　　列克星頓號上的第19艦載機大隊派出13架SB2C、8架TBM、8架
F6F，再度試圖攻擊日月潭的發電所，另外出動6架F6F掩護擔任照相
的一架F6F。為確保照相任務順利成功，於第二波行動中完成偵照日月
潭的F6F飛行員，在降落後立刻換乘另一架F6F起飛隨行。F6F飛抵目
標區上空後，穿越雲層間隙下降，以曳光彈射擊第一發電所及壓力水
管，引導其他飛機發動攻擊。大部分的SB2C俯衝轟炸第一發電所的建
築本體、壓力水管及對岸社宅街的建築群，另一架SB2C轟炸第二發電
所的變電設施。TBM的指定目標是兩座發電所的變電開閉設施，一架
掛載2000磅炸彈的TBM跟4架掛載500磅炸彈的TBM對第一發電所投

28　雖然作戰任務報告記載為嘉義飛行場，但是內容敘述機群脫離後在目標西方2英里的海
　　面上空會合，跟嘉義飛行場的地理環境不符。筆者根據任務中拍攝的照片確認當天被
　　攻擊的是台南飛行場。

彈，不過炸彈多落在對岸的區域；另外兩架TBM受地形限制無法按計畫對第二發電所的變電設施投彈，改為轟炸對岸的房舍。

　　普林斯頓號上的第27艦載機大隊出動8架F6F掩護4架TBM，同時出動兩架F6F掩護負責照相的另一架F6F。TBM偕同列克星頓號的飛機前往日月潭，轟炸日月潭第二發電所。F6F則跟艾塞克斯號的飛機前往掃射「嘉義飛行場」[29]地面的日機，脫離後主動與會合途中發現的零星日機接戰。

列克星頓號上的第19艦載機大隊於1944年10月13日下午轟炸日月潭第一發電所，炸彈在對岸的社宅街爆炸。第一發電所位於照片左上，已被灰白色的濃煙掩蓋。（NARA via Fold3.com）

　　第38特遣艦隊原定僅在12與13日兩天攻擊台灣，所以在第三次打擊任務的機群返回航艦後，即開始撤退。但是日軍飛機在傍晚對艦隊發動突襲，以空射魚雷重創第38.1特遣支隊的坎培拉號重巡洋艦（USS Canberra, CA-70），美國海軍第3艦隊司令隨即下令停止撤退，並且命令第38.1、38.2、38.3特遣支隊在14日上午出動飛機掃蕩台灣，第38.4特遣支隊掃蕩呂宋島北部。

1944.10.14

　　　清晨6時起，第38.1、38.2、38.3特遣支隊的機群陸續起飛，前往台灣執行前一晚臨時新增的特別掃蕩與打擊任務。

　　　第38.1特遣支隊從大黃蜂號、胡蜂號、考本斯號航艦出動飛機。

　　　大黃蜂號上的第11艦載機大隊派出24架F6F，掩護13架SB2C，攻擊高雄與屏東一帶的目標。SB2C兵分兩路，分別轟炸小港及屏東飛行場。F6F以機槍掃射屏東與岡山飛行場，並且與日機發生空戰。4架F6F前往左營對第六海軍燃料廠高雄施設 **30** 發射火箭攻擊，但未見引發爆炸。

　　　胡蜂號上的第14艦載機大隊派出13架SB2C與9架F6F。SB2C先轟炸岡山的第六十一海軍航空廠，隨後轉往轟炸台南飛行場。F6F以機槍掃射岡山飛行場上的飛

29　其實是台南飛行場。

30　第六海軍燃料廠共有高雄施設、新高施設、新竹施設等三個廠區，施設為日文用詞，意義與中文的設施相同。

機，並與日機發生空戰。

考本斯號上的第22艦載機大隊派出12架F6F到台灣南部執行掃蕩任務，但無攻擊行動。

第38.2特遣支隊由碉堡山號、漢考克號、無畏號3艘航艦的艦載機出動執行打擊任務。

碉堡山號上的第8艦載機大隊出動10架SB2C及23架F6F，前往台灣北端。由於基隆與台北都被雲層掩蓋，機群轉往列為預備目標的新竹飛行場，SB2C分別轟炸新竹飛行場及新竹驛扇形車庫，另一架在返航途中轟炸淡水的一座無線電站。F6F護送SB2C到新竹後，分批對新竹飛行場、防砲陣地、發電所、桃園飛行場掃射，返航前與日機發生空戰。

漢考克號上的第7艦載機大隊出動12架SB2C及11架F6F，轟炸桃園飛行場的設施與露天掩體內的日機。F6F後來與雲層上的多架日機遭遇，雙方發生空戰。

無畏號上的第18艦載機大隊出動12架SB2C與20架F6F，前往攻擊新竹地區。SB2C對新竹市內的扇形車庫、天然瓦斯研究所、第六海軍燃料廠新竹施設等目標投彈，F6F除了掃射新竹飛行場地面飛機，並前往後龍飛行場轟炸設施與飛機，之後在基隆一帶與空中的日機進行戰鬥。

第38.3特遣支隊從艾塞克斯號、普林斯頓號、列克星頓號等3艘航艦出動艦載機。

艾塞克斯號上的第15艦載機大隊派出17架SB2C與16架F6F，前往新竹地區。機群分成3組，各自以紅

毛[31]、新竹、後龍等3座飛行場為目標，由SB2C以炸彈實施轟炸，F6F以機槍或火箭攻擊。

　　普林斯頓號上的第27艦載機大隊派出8架F6F，協同艾塞克斯號的飛機實施轟炸。

　　列克星頓號上的第19艦載機大隊出動23架SB2C與16架F6F（其

31　位於現在的新竹縣新豐鄉，已廢棄。

新竹市天然瓦斯研究所

無畏號上的第18艦載機大隊於1944年10月14日上午轟炸新竹市，炸彈在照片中央的天然瓦斯研究所一帶爆炸，右上半的一大片扇形區域均為第六海軍燃料廠新竹施設的範圍。（NARA via Fold3.com）

中兩架負責照相）。機群抵達台灣中部後兵分二路，一批由17架SB2C和
10架F6F組成，攻擊公館飛行場的棚廠、營舍及地面的日機；另一批6
架SB2C在4架F6F的掩護下前往日月潭，F6F領頭掃射第一發電所，
SB2C接著俯衝投彈，但因當時天色未明，無法準確瞄準目標。另一架
未投彈的SB2C在脫離後，對台灣製糖株式會社的埔里社製糖所投下炸
彈。

　　蘭利號航艦上的第44艦載機大隊派出8架F6F，跟列克星頓號的機
群一同前往台灣，以機槍掃射公館飛行場。

第444、462、468轟炸大隊的B-29在1944年10月16日再度轟炸岡山的第61海軍航空廠。
（NARA via Fold3.com）

　　美國陸軍第20航空隊為了支援登陸雷伊泰的行動，原本計畫在第
38特遣艦隊攻擊台灣之前的10月11日及之後的14日兩天，出動旗下
B-29轟炸機轟炸位於岡山的第六十一海軍航空廠。不過在原定首次任
務的前一天，因預報顯示台灣的天氣不佳而將第一次轟炸任務延後到

14日執行，第二次任務跟著順延。

　　當天上午，第40、444、462、468轟炸大隊旗下合計130架B-29，分別自成都周圍的新津（代號A-1）、廣漢（代號A-3）、邛崍（代號A-5）、彭山（代號A-7）等4座機場起飛前往台灣。從中午12時45分開始，到下午1時5分為止，計有第40大隊28架、第444大隊26架、第462大隊27架、第468大隊22架B-29，在岡山飛行場上空投下1519枚500磅炸彈及1085枚500磅燒夷彈。另有第468大隊4架飛機在台中投彈。

1944.10.15

　　美軍當天無任何對台空襲行動。

1944.10.16

　　第20航空隊按計畫執行第二次轟炸第六十一海軍航空廠的任務，以完全摧毀這座設施。不過當天任務的組成與原定計畫略有不同，僅動用3個大隊的B-29，其中第444與第462轟炸大隊轟炸岡山，第468轟炸大隊則轟炸列為第二目標的屏東飛行場。第40轟炸大隊當天留在成都，準備在17日執行台南飛行場的轟炸任務。

　　第444、462、468轟炸大隊合計72架B-29，上午自成都周邊機場起飛。從中午12時35分開始，共有第444大隊的10架及第462大隊的18架B-29，加上第468大隊5架跟編隊失散的飛機，對岡山投下總計500枚500磅炸彈及335枚500磅燒夷彈。第468大隊的15架B-29，與原定轟炸岡山，卻因領航疏失而飛到屏東上空的第444大隊10架飛機，對屏東飛行場投下450枚500磅炸彈及187枚500磅燒夷彈。另有一架第468大隊的飛機在高雄投彈，一架第444大隊的飛機對左營海軍基地投彈。

第40轟炸大隊的30架B-29上午從新津機場起飛,前往台灣轟炸台南飛行場。首批13架飛機於下午1時過後飛抵台南飛行場時,因上

左營海軍基地

空被大片雲層掩蔽，所以轉向到高雄港投下218枚500磅炸彈及121枚500磅燒夷彈，不過絕大多數的炸彈都落入海中。後面10架飛機抵達台南飛行場時，大部分雲層已經消散，因此按計畫投下194枚500磅炸彈及56枚500磅燒夷彈。

第40轟炸大隊在1944年10月17日原定轟炸台南飛行場，但首先飛抵台灣的一批B-29，受到天候影響改為轟炸高雄港，多數炸彈落入海中。（NARA via Fold3.com）

一架第444轟炸大隊的B-29在1944年10月16日對左營海軍基地投彈。照片右上角可見3座大型儲油槽。（NARA典藏，中央研究院人社中心GIS專題中心提供）

1945年1月

昭和20年

　　為了確保美軍1月9日在菲律賓仁牙因灣（Lingayen Gulf）登陸的行動順利進行，美國海軍第38特遣艦隊與陸軍第20航空隊，計畫在登陸發起日前對台灣及呂宋島發動一連串攻勢，以防止日軍從台灣派出艦隊或飛機阻撓美軍的登陸行動。第38特遣艦隊旗下3個特遣支隊，於3日凌晨在台灣東方約100英里的海域就位，準備出動艦載機發動攻擊。各特遣支隊分派的責任目標區與配置的航艦如下：

- 第38.1特遣支隊負責台灣北部，旗下有約克鎮號（USS Yorktown, CV-10）、胡蜂號、考本斯號、卡伯特號等4艘航艦。
- 第38.2特遣支隊負責台灣南部及澎湖群島，旗下有大黃蜂號、列克星頓號、漢考克號等3艘航艦。
- 第38.3特遣支隊負責鹽水飛行場[1]到公館飛行場之間的台灣西部，旗下有艾塞克斯號、提康德羅加號（USS Ticonderoga, CV-14）、蘭利號、聖哈辛托號等4艘航艦。

　　為了對付日軍自殺飛機對艦隊船隻的威脅，胡蜂號與艾塞克斯號2艘航艦的艦載機大隊提高了戰鬥機的配置數量，並移除原有編制內的轟炸機中隊。配備F4U戰鬥機的海軍陸戰隊第124與第213戰鬥機中隊因此被部署到艾塞克斯號上。

———◆———

　　第38特遣艦隊當天的首要目的是摧毀日軍部署在台灣各飛行場的飛機。將近清晨6時，距離日出仍有一個多小時，第38特遣艦隊發動第一波對台攻勢。第38.1特遣支隊從考本斯號、胡蜂號、約克鎮號等3

1　位於現在的嘉義縣鹿草鄉與義竹鄉境內，已廢棄。

艘航艦派出飛機前往台灣。

考本斯號上的第22艦載機大隊出動4架F6F，前往台灣東部掃蕩。機群先以火箭攻擊花蓮港南飛行場的地面飛機及設施，之後向北飛往宜蘭飛行場掃射地面日機，並以火箭攻擊飛行場的設施。

胡蜂號上的第81艦載機大隊出動16架F6F。由於沿途氣象不佳，僅有5架飛抵預定的北台灣目標區，2架飛往花蓮港地區。5架F6F穿雲後發現新竹飛行場，以炸彈及機槍攻擊飛行場上的建築與掩體，其中兩架之後再到桃園飛行場掃射地面的日機。飛抵花蓮港的兩架飛機則以炸彈與機槍攻擊當地的工業設施。

約克鎮號上的第3艦載機大隊派出16架F6F，其中4架在起飛後未能與編隊會合而提前返航。機群飛抵北台灣後未在空中遭遇任何日機，先以火箭及炸彈攻擊台北市南邊一座鐵路橋梁與列車，再往南飛行至桃園飛行場以火箭攻擊地面的日機，之後轉向北飛，攻擊淡水飛行場的數架水上飛機，最後轟炸基隆港一艘貨輪，並掃射其他小型船隻。

第38.2特遣支隊旗下3艘航艦均出動機群，目標是台灣南部的飛行場。

列克星頓號上的第20艦載機大隊派出8架F6F，前往台東飛行場掃蕩。由於雲層濃厚，機群在空中等到天亮後才以機槍發動攻擊，之後再掃射鄰近地區的機關車。

大黃蜂號上的第11艦載機大隊出動8架F6F，前往台南地區的飛行場掃蕩。機群穿越雲層間隙下降，在高雄港內發現大批船隻，並在高雄港外西北方上空攻擊一架日軍水上飛機。機群後來前往台南與仁德兩座飛行場，但由於能見度太低，未在地面目視任何日機。

漢考克號上的第7艦載機大隊出動8架F6F執行掃蕩任務。機群於繞行台灣最南端北上的途中，在海口一帶海域發現一艘日軍軍艦，由

於北方的雲層濃密，領隊決定轟炸該軍艦後不繼續北上。隨後機群前往恆春飛行場，以火箭攻擊地面的日機。

第38.3特遣支隊在第一波攻勢中，由艾塞克斯號與提康德羅加號兩艘航艦出動飛機。

艾塞克斯號上的第4艦載機大隊派出8架TBM及8架F6F，前往攻擊嘉義飛行場。因為雲層濃厚，3架TBM在起飛後無法與主機群會合而提前返航，另有一架F6F與一架TBM在失散後加入提康德羅加號的隊伍。機群飛抵台灣後因雲層籠罩而無法確認所在位置，但是從雲層縫隙發現一座飛行場[2]，TBM下降高度投彈，F6F以機槍掃射。一個小隊的F6F之後繼續搜索目標，以機槍掃射虎尾飛行場。

提康德羅加號上的第80艦載機大隊出動8架TBM及8架F6F，目標是公館飛行場。然而由於天候不佳，機群放棄飛越中央山脈，改為攻擊東部的機會目標。機群透過雲縫發現蘇澳港後下降，TBM轟炸南方澳，F6F則轟炸台灣化成工業株式會社蘇澳工場，另有部分飛機轟炸南邊的一座公路橋。

2　TBM的飛行員認為是公館飛行場，但F6F的飛行員持不同意見。

提康德羅加號上的第80艦載機大隊於1945年1月3日上午攻擊蘇澳港地區，南方澳一帶被轟炸後冒出濃煙。（NARA via Fold3.com）

第38特遣艦隊從上午7時開始又發動第二波攻勢。第38.1特遣支隊旗下4艘航艦均派出飛機，攻擊台灣北部。

約克鎮號上的第3艦載機大隊派出多達26架F6F（一架為空照型），其中兩組各4架F6F分別掩護11架SB2C與11架TBM，3架掩護空照機，其餘F6F掛載火箭或炸彈執行打擊任務。機群在惡劣天氣中低空飛行至台灣東岸後兵分三路，各自前往指定目標。SB2C的主要目標是基隆港內的船舶，但因雲層過低，穿雲下降後的攻擊受限，多數SB2C轟炸社寮島上的設施，僅少數對船舶投彈。TBM受天候影響未能轟炸原定目標台北飛行場，轉向八塊飛行場[3]轟炸地面的日機，之後在回程中擊落一架日軍運輸機。執行打擊任務的F6F按原定計畫，以火箭及炸彈攻擊桃園飛行場地面日機，並攻擊回程中發現的列車與小船。負責掩護照相的一架F6F則掃射了淡水飛行場上的水上飛機。

胡蜂號上的第81艦載機大隊派出26架F6F與11架TBM，其中8架F6F掩護TBM前往新竹外海搜索船舶，4架F6F（含一架空照機）執行照相任務，其餘F6F執行目標區空中戰鬥巡邏及轟炸任務。TBM在海上的惡劣天氣中失散成3群，因此兵分三路轟炸蘇澳港、虎尾製糖所、虎尾飛行場。F6F也分散成3群，照相小組按計畫執行任務，另外4架F6F跟部分TBM會合後掃射蘇澳港的船隻，其餘18架F6F飛越北部山區後，以火箭與炸彈攻擊後龍飛行場的建築與設施，之後又攻擊在鐵路海岸線發現的兩列火車。

卡伯特號上的第29艦載機大隊派出8架F6F掩護7架TBM，在惡劣的天氣下低空飛行至花蓮港。由於當地值得攻擊的目標不多，TBM由一小隊F6F護航轉往宜蘭，其餘F6F先轟炸花蓮港內的貨輪，再到花蓮港南飛行場掃射地面飛機。前往宜蘭的機群發現宜蘭南飛行場上的

3　戰後成為八德機場，現已廢棄。

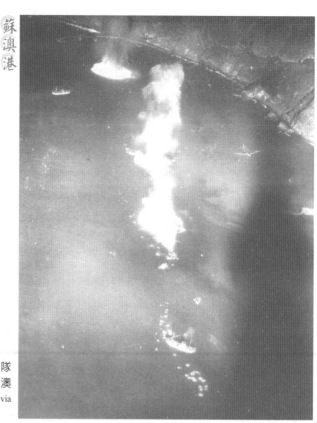

蘇澳港

卡伯特號上的第29艦載機大隊
在1945年1月3日上午攻擊蘇澳
港附近海面的船隻。（NARA via
Fold3.com）

飛機不適合由TBM轟炸，又轉往蘇澳港，由TBM對南方澳的倉庫設施
及船隻投下炸彈。F6F結束掩護任務後，再前往宜蘭南飛行場轟炸地面
日機與營舍，並於返回蘇澳港會合途中掃射數艘船隻。

　　考本斯號上的第22艦載機大隊派出3架F6F掩護一架空照型F6F，
執行宜蘭與花蓮港地區的照相任務。護航的F6F在過程中以機槍與火箭
攻擊宜蘭飛行場的地面飛機及附近站內的列車，返航途中再掃射花蓮
港驛內的機關車。

　　第38.3特遣支隊在第二波攻勢中，從聖哈辛托號、提康德羅加
號、艾塞克斯號等3艘航艦出動艦載機。

聖哈辛托號上的第45艦載機大隊出動12架F6F掩護9架TBM，前往攻擊台灣中部的飛行場。機群先抵達虎尾飛行場上空，由TBM轟炸掩體地區，F6F以機槍掃射。之後TBM由4架F6F護送返航，其餘F6F繼續掃蕩中台灣，以機槍掃射在北斗、彰化兩座飛行場地面及掩體內發現的數十架飛機。

提康德羅加號上的第80艦載機大隊派出14架SB2C、8架TBM、12架F6F，前往攻擊台中飛行場。6架SB2C起飛後受天氣影響未能完成集結而提前返航，另有一架F6F與2架TBM與編隊失散後加入其他航艦的隊伍。機群飛越中央山脈後，SB2C與F6F共同轟炸台中飛行場東南側的營舍與棚廠，TBM則對跑道投彈。

艾塞克斯號上的第4艦載機大隊出動7架TBM，由海軍陸戰隊第124戰鬥機中隊8架F4U掩護，前往攻擊嘉義飛行場，這是美國海軍陸戰隊的艦載機首次攻擊台灣。機群飛越中央山脈接近嘉義，由TBM轟炸嘉義飛行場跑道，F4U則以機槍掃射，攻擊過程中出現零星日機對TBM射擊，遭美軍還擊。

第38.2特遣支隊的第二波攻勢較晚發動，旗下3艘航艦均派出飛機參與，目標區為台灣南部。

漢考克號上的第7艦載機大隊派出21架F6F前往屏東，其中包括3架空照型與5架護航的F6F。機群在屏東遭遇空中巡邏的日機後發生空戰，之後以炸彈及火箭分別攻擊屏東、東港、潮州、佳冬等飛行場，及一艘在第一波行動中被同單位攻擊過的日本軍艦。

大黃蜂號上的第11艦載機大隊派出15架F6F，其中包括4架空照型。機群在惡劣的天候中失散，僅其中9架（含2架空照機）集結成隊，在完成台南地區的空照任務後前往澎湖，轟炸澎湖飛行場設施與馬公港內的船隻。其餘失散的飛機或提前返航降落，或各自尋找目標攻擊。

列克星頓號上的第20艦載機大隊出動16架F6F（其中包括2架空照

花蓮港南飛行場

考本斯號上的第22艦載機大隊在1945年1月3日上午拍攝花蓮港南飛行場的照片。正中央的建築在稍早的掃蕩任務中遭到攻擊,從破損的屋頂冒出煙來,最右側可見一架被擊毀的日機。(UC Berkeley典藏,中央研究院人社中心GIS專題中心提供)

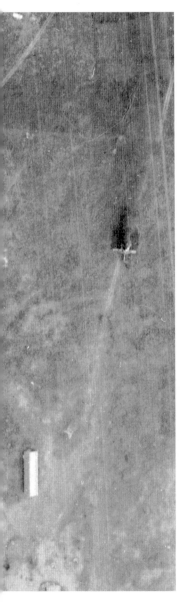

日本鋁株式會社與
東邦金屬製鍊株式會社之花蓮港工場

考本斯號上的第22艦載機大隊在1945年1月3日上午至花蓮港地
區執行照相任務。照片右側為日本鋁株式會社花蓮港工場，左側
則為東邦金屬製鍊株式會社花蓮港工場，兩者皆受損嚴重。（UC
Berkeley典藏，中央研究院人社中心GIS專題中心提供）

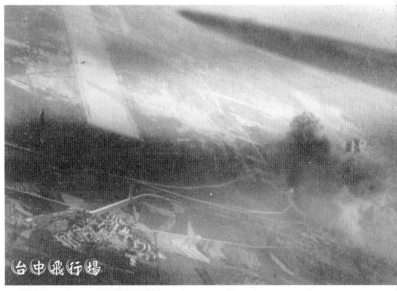

台中飛行場

提康德羅加號上的第80艦載機大隊，在1945年1月3日上午轟炸
台中飛行場東南側的營舍與棚廠。（NARA via Fold3.com）

型）。其中兩小隊共8架F6F前往高雄港與鄰近海域搜索日本船艦，另8架留在台灣南端上空警戒。前往高雄港的兩個小隊在途中與一架落單的日機交戰，隨後所有F6F在領隊指示下前往高雄海域會合，以炸彈與機槍攻擊該處的一支日本船隊。結束攻擊船隊的行動後，機群在會合返航前又先後攻擊兩架落單的日機。

上午8時40分左右，第38特遣艦隊發動第三波攻勢。第38.1特遣支隊從約克鎮號與胡蜂號兩艘航艦派出飛機，目標區為台灣北部。

約克鎮號上的第3艦載機大隊出動15架F6F，到北台灣執行目標區空中戰鬥巡邏。機群穿越惡劣天氣飛抵台灣北部後兵分二路，3個小隊轟炸台北飛行場掩體內的日機，脫離後再掃射台北市一座大型工場與一座橋梁上的機關車；另一個小隊以火箭及炸彈攻擊基隆港內的設施與船隻。機群在返航前再對基隆港外兩艘小型船隻發動攻擊。

胡蜂號上的第81艦載機大隊派出16架F6F，執行目標區空中戰鬥

約克鎮號上的第3艦載機大隊在1945年1月3日上午攻擊台北飛行場，照片左側露天掩體內的日機被炸中冒出濃煙。（NARA via Fold3.com）

巡邏任務。機群先以火箭及炸彈攻擊後龍飛行場，之後在沿途攻擊新竹、紅毛、八塊等3座飛行場。

在第三波攻勢中，第38.2特遣支隊的3艘航艦均出動飛機，共同前往攻擊稍早在高雄外海發現，由一艘登陸艦及兩艘運輸艦[4]、5艘護衛艦組成的船隊。

列克星頓號上的第20艦載機大隊派出7架SB2C、6架TBM、12架F6F（包括一架空照型）。目標船隊在高雄西方約15英里外海被發現，列克星頓號的機群負責攻擊航行在船隊前面的登陸艦，由SB2C以炸彈實施轟炸，TBM投放空射魚雷，但僅有炸彈命中目標，除了空照機及其掩護機未攻擊，其餘F6F均以火箭或炸彈攻擊船隊中的運輸艦或護衛艦。

大黃蜂號上的第11艦載機大隊出動9架SB2C、5架TBM、11架F6F（包括一架空照型）。機群飛抵台灣南端後兵分二路：連同空照機在內的7架F6F前往台南地區偵照當地飛行場後，以火箭攻擊台南飛行場的設施；其餘F6F掩護SB2C與TBM前往攻擊日本船隊，SB2C轟炸船隊中間的運輸艦，TBM以空射魚雷攻擊但未命中，F6F則混用炸彈及火箭攻擊護衛艦。

漢考克號上的第7艦載機大隊派出6架SB2C、6架TBM、14架F6F。機群飛抵台灣後，由6架F6F掩護SB2C與TBM前往攻擊船隊，SB2C首先轟炸船隊中的兩艘運輸艦，F6F則以炸彈與機槍攻擊護航的艦艇，TBM對船隊尾端的運輸艦投放空射魚雷但均未命中。其他8架F6F與主機群分道揚鑣後，前往台灣南部的飛行場掃蕩，不過因為雲層過於濃密，未發一槍一彈即返航。

第38.3特遣支隊在第三波攻勢中，從提康德羅加號、艾塞克斯

---

4 分別為神州丸船塢登陸母艦、吉備津丸、日向丸。

號、蘭利號3艘航艦出動飛機，前往台灣中部的目標區。

提康德羅加號上的第80艦載機大隊派出12架F6F，目標是公館飛行場。由於雲層濃厚、氣象不佳，其中兩架F6F落單後在台灣上空遭遇埋伏的日機，發生空戰。其餘10架F6F在台灣西部後龍一帶與日機進行空戰，未拋棄炸彈的F6F在空戰結束後轟炸後龍飛行場。機群在集結返航途中掃射新竹飛行場，之後於西部外海再度與日機發生空戰。

艾塞克斯號上的第4艦載機大隊派出12架F6F。由於天氣惡劣，機群起飛後無法順利集結，其中11架拋棄火箭或炸彈後返航降落，僅有一架F6F加入蘭利號的機群前往台灣執行任務。

蘭利號上的第44艦載機大隊派出9架TBM與12架F6F（其中一架為空照型），其中3架TBM未能與主機群會合而提前返航降落，3架與主機群失散的F6F則自成一組行動。其餘TBM飛抵台灣後，對北斗飛行場投彈，護航的F6F以機槍和火箭發動攻擊。TBM在攻擊結束後逕行返航，F6F繼續在中台灣掃蕩，以機槍及火箭攻擊鹿港與彰化飛行場地面的日機。跟主機群失散的3架F6F到公館飛行場與台中飛行場掃射地面日機後，於返航途中與零星的日機發生空戰。

———✈———

第38特遣艦隊從上午11時起發動當天第四波對台攻勢。第38.1特遣支隊從胡蜂號與卡伯特號兩艘航艦出動飛機執行任務。

胡蜂號上的第81艦載機大隊派出22架F6F，前往新竹地區執行目標區空中戰鬥巡邏。起飛後有4架飛機無法完成集結而返航，途中又有數架飛機故障，最後僅有15架F6F飛抵後龍飛行場，以炸彈與火箭發動攻擊，機群之後北上，穿雲下降攻擊桃園飛行場。

卡伯特號上的第29艦載機大隊出動7架F6F，其中一架與編隊失散後提早返航。機群轟炸花蓮港內的船隻後，前往掃射花蓮港南、北兩座飛行場，之後再對宜蘭南、北兩座飛行場的地面飛機與設施掃射，返航途中再掃射蘇澳港內的船隻。

蘭利號上的第44艦載機大隊在1945年1月3日上午轟炸北斗飛行場。緊鄰跑道的村落現在是彰化縣埤頭鄉的竹圍。（NARA via Fold3.com）

蘭利號上的第44艦載機大隊在1945年1月3日上午攻擊公館飛行場。（NARA via Fold3.com）

第38.2特遣支隊由漢考克號上的第7艦載機大隊派出7架F6F，掩護3架TBM。不過受惡劣的天氣影響，TBM未能飛抵目標區即提前返航。7架F6F在中途一度失散後於東港一帶會合，再轟炸東港飛行場。由於陸地上空都被雲層覆蓋，機群在台灣南端掃射海面上發現的船隻後返航。

因為氣象持續惡劣，第38特遣艦隊司令在下午1時，決定取消當天所有尚未執行的對台攻擊任務，數分鐘後再下令召回所有仍在途中的任務機。稍早從第38.2特遣支隊大黃蜂號起飛的第11艦載機大隊8架F6F與6架TBM，及第38.3特遣支隊聖哈辛托號航艦，在中午12時出動的第45艦載機大隊12架F6F與6架TBM，都在即將抵達台灣前被召回返航。各支隊的船艦在晚間往東南方向撤退。

———◆———

除了軍事設施之外，當天空襲中受損的主要工場與交通設施包括：台灣船渠株式會社社寮町工場、台北鐵道工場、松山煙草工場、台灣化成工業株式會社蘇澳工場、台灣興業株式會社羅東工場、蘇澳造船會社、日糖興業株式會社虎尾第二工場、鶯歌驛、山子腳驛[5]、二結驛、花蓮港驛、台東驛。台北與花蓮港之間、台北與新竹之間的電信及電話線中斷。

1945.1.4

第38特遣艦隊在凌晨航向戰鬥位置，但是受到天候的影響，原定在清晨5時30分發動的第一次任務被迫取消或延後至上午7時出發，因此當天的第一波攻勢實際包括延後的第一次任務與原定的第二次任

5　現在的山佳車站。

務。

　　第38.1特遣支隊旗下4艘航艦均派出飛機，前往北台灣的目標區。

　　約克鎮號上的第3艦載機大隊派出16架F6F，執行延後的第一次任務，其中一架與主機群失散後加入第二次任務的機群。北台灣幾乎完全被低垂的密實雲層覆蓋，領隊在基隆港穿雲下降觀察後，因能見度不佳決定放棄攻擊。機群後來在淡水一帶發現雲層開口，以炸彈及火箭對淡水飛行場發動攻擊。

　　第3艦載機大隊在50分鐘後出動12架SB2C、12架TBM、25架F6F，執行第二次任務。機群在北台灣的雲層之上利用TBM上的ASB-7雷達搜索基隆港的大略位置，然後在TBM領隊的號令下盲目投下掛載的炸彈及火箭，但仍有大約半數的F6F因通訊不良未投彈，改在返航途中拋棄。

　　胡蜂號上的第81艦載機大隊出動15架F6F執行第一次任務，中途有4架飛機因故障返航或失散。機群受天候影響無法飛越北部山區到新竹，改沿東北海岸飛行至基隆港，在能見度不佳的情況下以炸彈、火箭、機槍攻擊港內的船隻。

　　第81艦載機大隊的第二次任務原定派出20架F6F，其中8架掩護同單位的10架TBM，4架（含一架空照型）執行照相任務，8架負責目標區空中戰鬥巡邏，實際上有17架F6F起飛。TBM與其中14架F6F會合後，在往新竹方向飛行途中遇數架日機趁隙攻擊，由F6F交戰。但由於天氣極度惡劣，機群將炸彈拋棄後返航。F6F空照機與兩架護航的F6F在雲層中飛行到台中一帶，以炸彈及火箭攻擊台中飛行場。

　　考本斯號上的第22艦載機大隊派出4架F6F，前往花蓮港與宜蘭地區的飛行場掃蕩，另外出動3架F6F掩護一架F6F空照機執行照相任務。由於花蓮港兩座飛行場上空的雲幕過低，執行掃蕩的4架飛機轉往宜蘭南飛行場，以火箭攻擊地面飛機與設施及飛行場南邊的列車。照相任務因雲幕過低、能見度不佳而取消，擔任掩護的F6F以火箭攻擊花

蓮港的倉庫，然後在回程途中掃射蘇澳海面的小型船隻。

卡伯特號上的第29艦載機大隊出動7架TBM及6架F6F，至花蓮港地區執行打擊任務。F6F在確定無法攻擊花蓮港兩座飛行場後，其中3架對花蓮港內的設施與船隻投彈。TBM在F6F勘察飛行場時先掃射海上小型船隻，然後接在F6F之後轟炸花蓮港區。

第38.2特遣支隊的3艘航艦均在首波行動中出動艦載機。

列克星頓號上的第20艦載機大隊派出8架F6F，前往屏東地區上空執行延後的第一次掃蕩任務，兩架F6F中途折返。其餘F6F飛抵屏東後一直未在空中發現日機，於是穿雲下降對屏東北飛行場的地面日機進行掃射。

第20艦載機大隊同時派出12架F6F（其中2架為空照型）執行第二次任務，目標是屏東與岡山飛行場。機群飛抵台灣後發現屏東飛行場完全被雲層遮蔽，僅有4架F6F下降轟炸屏東驛。由於岡山飛行場同樣被雲層掩蔽，機群再北飛至台南，以機槍、炸彈攻擊一座車站及防砲陣地，回程途中在琉球嶼掃射小型船隻。

漢考克號上的第7艦載機大隊出動15架F6F，合併執行第一次與第二次任務，兩架飛機於中途折返。3架失散的F6F在東港一帶發現雲層開口，下降對東港飛行場的地面設施以炸彈、火箭攻擊。其餘F6F分成兩組各自尋找雲層開口下降，以炸彈與火箭攻擊屏東北飛行場的設施及地面日機。

大黃蜂號上的第11艦載機大隊出動8架F6F，前往台灣南端執行第一次掃蕩任務。機群飛抵台灣後沿西岸向北飛行，對鹿港飛行場中央僅有的一架日機掃射後，再南下到枋寮與佳冬飛行場[6]以機槍掃射地面的日機。

6　作戰任務報告雖然記載枋寮與佳冬兩座飛行場，但枋寮並無飛行場。

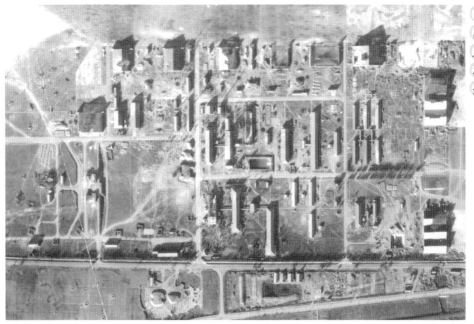

台南飛行場

大黃蜂號上的第11艦載機大隊於1945年1月4日上午拍攝台南飛行場的照片。最上方第一排的幾座大型棚廠已殘破不堪,左上角的地面可見大約10架日軍戰鬥機。（UC Berkeley典藏,中央研究院人社中心GIS專題中心提供）

　　第11艦載機大隊同時出動12架F6F（含2架空照機）執行第二次任務,其中4架未能完成集結而提前返航。機群在永康飛行場上空透過雲幕的開口下降,以機槍掃射地面飛機。隨後機群前往澎湖,但因當地完全被雲層遮掩,再折返至台南地區,以炸彈及火箭攻擊三崁店製糖所[7]與一座橋梁。

　　在當天的首波攻勢中,第38.3特遣支隊從艾塞克斯號、提康德羅加號、蘭利號3艘航艦出動飛機執行任務。

7　由於《臺灣空襲狀況集計》記載台灣製糖株式會社灣裡製糖所在這一天曾受空襲,但無三崁店製糖所遭到攻擊的記錄,加上這些F6F是先離開台灣後再返回攻擊,而且當天其他單位未有攻擊台南地區製糖所的報告,所以筆者推測遭受攻擊的可能是灣裡製糖所。

艾塞克斯號上的海軍陸戰隊第124戰鬥機中隊派出8架F4U，協同第4艦載機大隊11架TBM與8架F6F，前往攻擊嘉義飛行場，一架TBM起飛後折返。F6F與TBM在飛抵台灣前跟F4U失散，又因目標區完全被雲層遮蔽，無法找到嘉義飛行場，領隊於是下令攻擊一座疑似永康的飛行場[8]，由TBM下降對起降區投下炸彈，F6F留在高空警戒。失散的F4U在虎尾找到雲層的缺口，下降勘察虎尾飛行場後，並未在地面發現任何日機，機群在空中巡邏一個半小時後返航。

提康德羅加號上的第80艦載機大隊派出11架SB2C、15架TBM、16架F6F，前往攻擊公館飛行場，同時出發的尚有一架F6F空照機及兩架護航的F6F，一架SB2C因故障先行返航。由於公館飛行場與台中飛行場都被濃厚的雲層掩蓋，所以各自尋找機會目標進行攻擊。兩架SB2C透過短暫出現的雲層縫隙俯衝轟炸新社飛行場，其他SB2C未能及時俯衝，改向東勢一帶投彈。F6F在返航途中對可能是龜子頭[9]與名間的兩個地點投下炸彈，TBM也在疑似龜子頭的位置投彈。執行空照任務的F6F受雲層影響完全無法照相，無功而返。

蘭利號上的第44艦載機大隊派出9架TBM與12架F6F，前往台灣中部的飛行場掃蕩，其中一架TBM與機群失散後折返。機群在中台灣穿雲下降，經過二林[10]、鹿港、彰化3座飛

8　筆者根據任務中拍攝的照片確認為麻豆飛行場。
9　位於現在的國姓鄉境內。
10　位於現在的彰化縣芳苑鄉，已廢棄。

行場，均未發現地面飛機。最後對虎尾飛行場發動攻擊，TBM以集束破片殺傷彈轟炸掩體及棚廠設施，F6F以火箭與機槍攻擊，F6F隨後前往飛行場南方約10英里處攻擊一座無線電站。

上午9時左右，第38特遣艦隊再對台灣發動攻勢。第38.1特遣支

麻豆飛行場

艾塞克斯號上的第4艦載機大隊在1945年1月4日上午轟炸一座飛行場，在起降區造成X形排列的彈坑。美軍認為這裡可能是永康飛行場，但事實上是麻豆飛行場。照片下方的聚落現在是下營區的中營。（NARA via Fold3.com）

蘭利號上的第44艦載機大隊在1945年1月4日上午對虎尾飛行場發動攻擊。照片左側的雙併式掩體內可見日機停放。（NARA via Fold3.com）

隊由約克鎮號、胡蜂號兩艘航艦派出飛機執行任務。

　　約克鎮號上的第3艦載機大隊出動13架F6F，前往台灣北端。因為原定的目標區雲層濃厚，兩個小隊南下至新竹飛行場，轟炸跑道東側的設施及海邊的掩體區。另外兩架F6F轉往宜蘭，對北飛行場的跑道投彈，再掃射露天掩體內的飛機及鄰近的工場建築，返航途中再攻擊海面船隻。另外一個小隊始終未發現雲層缺口，最後拋棄炸彈返航。

　　胡蜂號上的第81艦載機大隊派出15架F6F，前往北台灣的西半部掃蕩，3架飛機提前折返。由於目標區被低垂的雲幕掩蔽，其間僅有兩架F6F下降掃射海面船隻，機群最後決定返航。

　　第38.2特遣支隊從列克星頓號及大黃蜂號兩艘航艦派出飛機，執行當天第三次任務。

列克星頓號上的第20艦載機大隊出動5架SB2C、7架TBM、11架F6F（其中一架為大隊長座機），前往攻擊屏東飛行場。但是屏東飛行場被雲層遮蔽，無法攻擊。大隊長座機在故障返航途中發現岡山飛行場一帶的雲層較為稀疏，於是指示機群前往。機群飛抵岡山飛行場後，SB2C俯衝轟炸兩座鋸齒狀屋頂的大型棚廠，TBM在雲層之上投彈，F6F則掃射地面飛機。

大黃蜂號上的第11艦載機大隊派出9架SB2C、6架TBM、8架F6F，前往攻擊台南飛行場，另外出動3架F6F掩護一架F6F空照機執行照相任務。台南飛行場被雲層掩蓋，一小隊F6F對飛行場的大略位置投下炸彈，另一小隊F6F與其他飛機透過雲層缺口發現位於安平的「製鎂工場」[11]，SB2C與TBM俯衝下降投彈轟炸，護航的F6F發射火箭攻擊。

第38.3特遣支隊由提康德羅加號、聖哈辛托號、艾塞克斯號3艘航艦在此波行動中派出飛機。

提康德羅加號上的第80艦載機大隊出動16架F6F，前往轟炸台中飛行場。機群先轟炸台中飛行場的設施，脫離後再掃射大肚山飛行場、彰化製糖所、彰化驛等目標。

聖哈辛托號上的第45艦載機大隊派出7架TBM與12架F6F，前往攻擊虎尾及附近地區的飛行場。因虎尾飛行場被雲幕遮蔽，機群轉向北飛，由TBM分成兩組各別轟炸彰化飛行場及鹿港飛行場，F6F之後到中部各飛行場勘察，以機槍與火箭攻擊草屯、北斗、虎尾等飛行場。

艾塞克斯號上的第4艦載機大隊出動12架F6F，前往台灣中南部，4架因故障提前折返。其餘F6F飛抵台灣後在雲層上搜尋嘉義、鹽水、

11　應該是鐘淵曹達工業株式會社台南工場。

北港三座指定的飛行場，最後發現北港飛行場 **12**，以炸彈或火箭對露天掩體內的飛機發動攻擊。

上午11時，第38特遣艦隊再對台灣發動第四波攻勢。第38.1特遣支隊由胡蜂號與卡伯特號兩艘航艦派機執行任務。

胡蜂號上的第81艦載機大隊出動24架F6F，但是在抵達台灣之前即因目標區的天氣太差而折返。

卡伯特號上的第29艦載機大隊派出6架F6F，轟炸花蓮港設施、船隻、日本鋁株式會社及東邦金屬株式會社的花蓮港工場，再到花蓮港南飛行場掃射露天掩體內的日機。機群之後前往蘇澳港及宜蘭，但因兩地天氣不佳，折返花蓮港掃射後返航。

第38.2特遣支隊旗下3艘航艦均在這波攻勢中出動飛機執行任務。

列克星頓號上的第20艦載機大隊派出5架SB2C、7架TBM、8架F6F。由於台灣西部的天候不佳，機群轉向至東部，透過雲層縫隙發現台東飛行場後，以火箭及炸彈攻擊設施與營舍。

漢考克號上的第7艦載機大隊派出6架F6F掩護7架TBM，其中3架TBM因故障折返。機群在屏東南方遭遇濃厚的雲層阻擋後轉向南飛，TBM投彈轟炸在恆春後灣仔海濱發現的船隻，F6F同以火箭及機槍攻擊，之後加入大黃蜂號的機群攻擊恆春飛行場附近的防空陣地。

大黃蜂號上的第11艦載機大隊派出8架F6F掩護7架TBM，前往攻擊台南飛行場。機群在台灣南端接獲通知取消任務，TBM與F6F在返航前對海口港及後灣仔的船隻投下炸彈，F6F並攻擊恆春飛行場附近的一座防空陣地。

12　位於現在的雲林縣水林鄉與北港鎮境內，已廢棄。

由於台灣地區的天氣狀況持續妨礙美軍的攻擊行動，第38特遣艦隊在中午決定取消所有預定在下午執行的對台攻擊任務。

　　本日因空襲受損的生產工場與設施包括：日糖興業株式會社彰化製糖所、台灣製糖株式會社灣裡製糖所、專賣局北門出張所、東邦金屬株式會社花蓮港工場、宜蘭變電所。台北與花蓮港之間、台中與新竹之間的電信及電話線中斷。

1945.1.5

　　配置夜間艦載機大隊的勇往號航艦加入第38特遣艦隊，並與同樣配置夜間艦載機大隊的獨立號航艦組成第38.5特遣支隊，在日間隸屬於第38.2特遣支隊，但入夜後則為獨立的特遣支隊，負責夜間作戰。

海口港

大黃蜂號上的第11艦載機大隊在1945年1月4日下午返航前，對海口港內的船隻投下炸彈。照片右側的道路現在成為屏鵝公路。（NARA via Fold3.com）

1945.1.6

第38特遣艦隊結束當天對呂宋島的攻擊行動後，於傍晚6時轉向北進，準備於7日再對台灣發動攻勢。不過由於第7艦隊在仁牙因灣執行岸轟與掃雷的船艦遭到日軍自殺飛機的猛烈攻擊，因此向第3艦隊求援，第3艦隊司令於晚間指示第38特遣艦隊取消在7日攻擊台灣的計畫，繼續以艦載機對呂宋島進行攻擊。

1945.1.7

美國陸軍第20航空隊原定計畫在美軍登陸仁牙因的前一天（1月8日），出動B-29轟炸基隆港。但是麥克阿瑟將軍在本日要求將轟炸的目標改為新竹飛行場，以阻斷日軍自殺飛機對仁牙因灣內美軍艦隊的攻擊，陸軍航空隊同意所請，指示第20航空隊更改目標為新竹飛行場。不過因為預報顯示8日的天氣不佳，所以轟炸任務延至9日執行。

1945.1.8

美國海軍第38特遣艦隊在下午完成加油及替補艦載機的作業後，開始向西北方航行，準備於次日再度攻擊台灣。

1945.1.9

第20航空隊除了將原定8日執行的轟炸任務延到本日，轟炸目標也再度變更。屏東飛行場成為目視轟炸的首要目標，新竹飛行場列為預備；但如遇氣象因素影響而必須以雷達輔助進行轟炸，則以基隆港為首要目標。

當天清晨，第40、444、462、468轟炸大隊合計46架B-29，分別自成都周邊機場起飛前往台灣。任務指揮官在途中接獲先遣的氣象觀測機回報後，決定以基隆港爲主要轟炸目標。上午8時過後，第40大隊11架、第444大隊10架、第462大隊9架、第468大隊9架B-29全部在雷達的協助下轟炸基隆港，總計投下564枚500磅炸彈及580枚500磅燒夷彈。

　　美軍訂於本日登陸仁牙因，日軍部署在台灣的飛機對美軍的登陸部隊構成嚴重的威脅，因此台灣的飛行場成爲美國海軍第38特遣艦隊當天攻擊的重點。清晨5時30分，位於紅頭嶼東方大約100英里海面的第38特遣艦隊發動當天的第一波對台攻勢。第38.1特遣支隊從約克鎮號、胡蜂號、考本斯號等3艘航艦出動艦載機執行任務。

　　約克鎮號上的第3艦載機大隊出動15架F6F，前往攻擊台灣北端的飛行場。但北台灣的主要目標均被雲層遮掩，其中5架提前返航，其餘飛機以火箭攻擊在東北海岸發現的船隻，並轟炸基隆南邊的一座「製糖工場」[13]。

　　胡蜂號上的第81艦載機大隊出動16架F6F，目標是台灣西北部的飛行場，其中兩架中途折返。由於受到濃厚的雲層阻擋，機群改於東岸尋找機會目標，宜蘭地區的北飛行場、列車、橋梁遭到轟炸或掃射，之後機群往南飛行，攻擊蘇澳港內的船隻與花蓮港地區的一座製糖工場。

　　考本斯號上的第22艦載機大隊出動4架F6F，前往掃蕩宜蘭及花蓮港地區的飛行場。由於能見度極差，機群以火箭對花蓮港飛行場上掩體的大略位置一次齊射後返航。

13　當地並無製糖工場，顯然這是誤判。

第38.2特遣支隊旗下的3艘航艦皆出動艦載機參與第一波攻擊行動。

列克星頓號上的第20艦載機大隊出動7架F6F。機群對小港飛行場上的飛機掃射後，兩架F6F離隊前往高雄港及岡山飛行場勘察，其餘飛機於返航途中掃射恆春海域的船隻。

漢考克號上的第7艦載機大隊出動6架F6F。機群以火箭與炸彈攻擊屏東飛行場的棚廠後兵分二路：一個小隊在東港飛行場上空攻擊一架水上飛機，再掃射海面船隻；另一個小隊則攻擊一架試圖從南灣海面起飛的水上飛機。

大黃蜂號上的第11艦載機大隊出動8架F6F，前往台南地區掃蕩飛行場，其中一架中途折返。其餘飛機在左營海域發現由數艘大型艦艇及護衛艦組成的船隊，以機槍發動數波攻擊。之後機群前往台南地區，由於雲層開始往歸仁飛行場上空移動，於是掉頭再度攻擊先前的船隊。

第38.3特遣支隊在第一波攻勢中以先島群島爲目標，並未攻擊台灣。

上午7時左右，第38特遣艦隊展開第二波攻勢。第38.1特遣支隊旗下4艘航艦都出動艦載機執行任務。

約克鎮號上的第3艦載機大隊出動9架TBM、10架SB2C、26架F6F，前往北台灣攻擊飛行場。沿途天氣惡劣，北台灣也遭濃厚的雲層覆蓋，機群在高空搜尋多時，依然無法找到任何雲層的縫隙，因此在台灣外海拋棄炸彈後返航。

胡蜂號上的第81艦載機大隊出動13架TBM與24架F6F（其中一架爲空照型），前往台灣西北部的目標區，同樣因爲雲層濃厚無法找到目標而折返。

卡伯特號上的第29艦載機大隊出動9架TBM與8架F6F。機群穿越惡劣天候飛抵花蓮港後兵分二路：4架F6F轟炸花蓮港的船隻與設施，再前往花蓮港南、北飛行場掃射；另外4架F6F護送TBM到蘇澳港，由TBM轟炸船隻與造船工場，F6F攻擊船隻與防空陣地後，再前往宜蘭南、北飛行場掃射掩體內的飛機。

考本斯號上的第22艦載機大隊出動一架空照型F6F，由3架F6F掩護，前往花蓮港與宜蘭地區偵照與攻擊飛行場。由於花蓮港的雲層過低，機群轉往宜蘭，以機槍與火箭攻擊宜蘭南飛行場掩體內的飛機及一輛機關車。機群之後再掉頭前往花蓮港，在途中掃射蘇澳港附近的船隻。

第38.2特遣支隊的第二波攻勢以海上搜索任務為主，旗下3艘航艦都出動艦載機到台灣西部海域搜索攻擊日軍船隻。僅有漢考克號上的第7艦載機大隊出動8架F6F攻擊陸上目標，這批F6F先轟炸屏東飛行場航空修理廠，接著在潮州、佳冬兩座飛行場以火箭與機槍攻擊飛行場上的建築物。之後前往恆春，掃射沿海發現的船隻及防空陣地後離去。

第38.3特遣支隊在第二波攻勢中，從艾塞克斯號、提康德羅加號、聖哈辛托號3艘航艦出動艦載機到台灣執行任務。

艾塞克斯號上的第4艦載機大隊派出13架TBM與9架F6F，前往攻擊嘉義飛行場。由於目標區被雲層遮蔽，機群轉向南飛，透過雲層開口發現台南飛行場，F6F集中火力以炸彈與火箭攻擊棚廠設施，TBM則對跑道投彈。F6F護送返航的TBM至台灣東部後，再轉向到高雄港外海掃射船隻。

提康德羅加號上的第80艦載機大隊派出15架SB2C、6架TBM、7架F6F，前往攻擊公館飛行場。因中部上空完全被厚實的雲層籠罩，機

屏東南飛行場

提康德羅加號上的第80艦載機大隊，在1945年1月9日上午轟炸屏東南飛行場南面的鐵道。
（NARA via Fold3.com）

群往南飛行找尋其他目標，在高雄地區上空透過雲層開口發現一座飛行場，F6F下降對地面的日機投彈，SB2C與TBM轟炸棚廠設施，另有兩架TBM對飛行場南面的鐵道投下炸彈。事後美軍根據任務中拍攝的照片，確認當天攻擊的是屏東飛行場。

聖哈辛托號上的第45艦載機大隊出動9架TBM與12架F6F，目標是台灣中西部的6座飛行場，同行尚有一架空照型F6F及3架護航的F6F。機群在濃厚的雲層中飛行到虎尾南方才目視地面，TBM分成3路：兩架失散的TBM轟炸嘉義北方一座不知名飛行場[14]的日機，另外3架轟炸彰化飛行場，其餘TBM與4架F6F合力以炸彈及火箭攻擊北港飛行場。另外8架F6F在同一時間攻擊虎尾飛行場，之後再前往彰化飛

14　根據作戰任務報告的描述，可能是大林飛行場。

行場掃射。

第38特遣艦隊從上午8時30分開始，發動當天第三波對台攻勢。第38.1特遣支隊由約克鎮號與胡蜂號兩艘航艦領先出動飛機。

約克鎮號上的第3艦載機大隊派出12架F6F，前往北台灣，其中兩架提前折返。北台灣依然籠罩在雲層之下，機群無法攻擊飛行場或基隆港，轉向至東北岸尋找機會目標，最後以炸彈、火箭攻擊蘇澳港的造船工場及港內小型船隻。

胡蜂號上的第81艦載機大隊出動16架F6F，目標是台灣西北部。機群在台灣東岸遭遇惡劣天氣，無法飛抵目標區，因此取消任務返航。

第38.2特遣支隊列克星頓號、漢考克號、大黃蜂號3艘航艦的艦載機，從9時10分開始陸續起飛前往台灣執行打擊任務。

列克星頓號上的第20艦載機大隊出動7架SB2C、6架TBM、7架F6F，前往攻擊台灣西南沿海的船隻。SB2C轟炸左營港外的一艘貨輪，TBM共同轟炸彌陀外海的一艘運油艦，F6F則分散以炸彈或火箭對大小船艦發動攻擊。

漢考克號上的第7艦載機大隊派出8架TBM與15架F6F，前往台灣南部。F6F分成4個小隊，各別執行任務：一個小隊掩護TBM轟炸佳冬飛行場的設施與營舍；另一小隊先轟炸屏東南飛行場跑道，再到潮州及佳冬飛行場掃射；其他兩個小隊完成偵照屏東地區飛行場的任務後，分別掃射建造中的里港飛行場及恆春沿海的小型船隻。

大黃蜂號上的第11艦載機大隊出動7架SB2C、9架TBM、8架F6F（其中兩架為空照型），前往台灣南部。兩架空照機由兩架F6F掩護，執行偵照飛行場的任務。4架TBM與主機群失散，往南對恆春一帶發現的小型船隻投下炸彈。主機群飛抵高雄港時，上空雲層正好移開，SB2C

漢考克號上的第7艦載機大隊在1945年1月9日上午，轟炸佳冬飛行場邊的設施與營舍。（NARA via Fold3.com）

大黃蜂號上的第11艦載機大隊在1945年1月9日上午轟炸停泊於高雄港內的中大型貨輪。
（UC Berkeley典藏，中央研究院人社中心GIS專題中心提供）

領頭轟炸港內的貨輪，TBM接著轟炸，最後由F6F以炸彈與火箭發動攻擊。

上午9時30分，美國陸軍第6軍團於呂宋島的仁牙因灣海岸登陸。在此同時，第38.3特遣支隊也陸續從艾塞克斯號、提康德羅加號、蘭利號3艘航艦出動艦載機，執行對台攻擊任務。

艾塞克斯號上的海軍陸戰隊第124及第213戰鬥機中隊分別出動4架與7架F4U，前往掃蕩台灣中部的飛行場。機群在雲層中僅發現一座可能是鹽水飛行場的目標，下降高度以機槍掃射露天掩體內的日機，之後機群於左營軍港外向多艘艦艇投下炸彈。

提康德羅加號上的第80艦載機大隊出動6架F6F，但未抵達目標即折返。

蘭利號上的第44艦載機大隊派出9架TBM與8架F6F，前往攻擊台灣中部的飛行場，一架TBM因未能會合而折返。4架F6F先前往台灣勘察，以機槍與火箭攻擊草屯、日月潭與霧峰間高壓送電線、虎尾製糖所鐵道。TBM與另外4架F6F在台灣上空的濃厚雲層中失散，5架TBM先後因結冰的問題折返。其餘飛機後來重新會合前往北港，F6F先以火箭攻擊北港製糖所，TBM接著轟炸後獨自返航，F6F之後前往北港飛行場掃射地面日機。

第38特遣艦隊在上午11時發動以台灣西南海面船隻為主要目標的第四波攻勢，僅有第38.2特遣支隊旗下3艘航艦的艦載機參與這次行動。

列克星頓號上的第20艦載機大隊出動8架TBM與8架F6F，前往彌陀外海，以炸彈或火箭攻擊在前一波行動中遭到轟炸的運油艦。

漢考克號上的第7艦載機大隊出動6架TBM與5架F6F，前往高雄港。5架TBM於途中進入雲層後與主機群失散，在沒有戰鬥機護航的

情況下決定放棄轟炸高雄港，南飛到鵝鑾鼻轟炸無線電站。F6F以炸彈及火箭圍攻錨泊在壽山旁海面的大型運油艦，另一架TBM以2000磅炸彈轟炸高雄港內的一艘大型船艦。

　　大黃蜂號上的第11艦載機大隊派出6架TBM與8架F6F。4架掛載炸彈的F6F前往台南地區勘察飛行場，掃射歸仁飛行場的地面日機及台南北方的列車後，再到彌陀外海對運油艦投下炸彈。TBM因僅有4架F6F護航，改往彌陀外海對運油艦投彈，護航的F6F則以火箭攻擊壽山外海上的貨輪。

───────────✈───────────

　　第38特遣艦隊從中午12時30分起，發動當天的第五波對台攻勢。第38.2特遣支隊領先從大黃蜂號、漢考克號、列克星頓號出動艦載機執行任務。

　　大黃蜂號上的第11艦載機大隊出動12架F6F（其中兩架為空照型），前往台灣南部。兩架空照機由另兩架F6F掩護，到鹽水飛行場上空照相，並掃射掩體內的日機，之後在嘉義、新營、曾文溪橋等地掃射列車。其餘8架F6F在台南外海發現一艘運輸艦，以火箭與機槍發動攻擊。

　　漢考克號上的第7艦載機大隊出動12架F6F。其中4架以炸彈及火箭攻擊鵝鑾鼻的無線電站，其他F6F攻擊東港飛行場的設施。

　　列克星頓號上的第20艦載機大隊出動12架F6F（其中兩架為空照型），前往台灣南部。機群在高雄港與左營軍港內外發現大批船艦，除了無武裝的空照機，其餘F6F選定壽山外海的3艘船艦以炸彈、火箭發動攻擊。兩個小隊的F6F之後轉進內陸勘察飛行場，並掃射小港飛行場地面的日機。

　　第38.3特遣支隊由艾塞克斯號、聖哈辛托號、提康德羅加號等3艘航艦在這一波攻勢中出動艦載機執行任務。

艾塞克斯號上的第4艦載機大隊出動10架TBM與12架F6F，目標
是嘉義飛行場，途中各有一架F6F與TBM折返。由於嘉義飛行場被雲
層遮蔽，機群往北尋找其他目標，透過雲層開口發現公館飛行場。F6F
帶頭轟炸設施與掩體內飛機，TBM則對起降區投下炸彈。

　　聖哈辛托號上的第45艦載機大隊派出7架TBM與8架F6F，前往
攻擊台灣中部的飛行場。機群於途中遭遇惡劣天氣，TBM與5架F6F
因此折返。其餘3架F6F在雲幕底下飛行至虎尾飛行場，以炸彈及火箭
攻擊飛行場的設施。

　　提康德羅加號上的第80艦載機大隊出動14架SB2C、11架TBM、
12架F6F，前往攻擊公館飛行場，同時起飛的另有一架F6F空照機與3
架護航的F6F。機群在雲層中失散，4架TBM提前返航。其餘TBM跟
兩個小隊的F6F在花蓮港一帶穿越雲幕開口下降，共同轟炸日本鋁株式
會社及東邦金屬株式會社的花蓮港工場，F6F並掃射花蓮港北飛行場。

鹽水飛行場

大黃蜂號上的第11艦載機大隊於1945年1月9日下午至鹽水飛行場上空偵照。鹽水飛行場有
南、北兩座跑道，此為北跑道，照片左下角的聚落為現在嘉義縣鹿草鄉的龜佛山，其周邊至少
可看到5座露天掩體。（NARA via Fold3.com）

另一個小隊的F6F失散後在雲層中飛行到西部，公館飛行場上空的雲層正好散開，4架F6F利用機會投下炸彈。SB2C機群在東部未發現任何雲層開口，繼續飛行至台灣西部，在雲層之上對公館飛行場的大略位置盲目投彈。

在這波攻勢中最晚出動的第38.1特遣支隊，自下午1時10分左右起，從約克鎮號、胡蜂號、考本斯號等3艘航艦出動飛機攻擊台灣。

約克鎮號上的第3艦載機大隊派出10架SB2C、12架TBM、19架F6F，前往台灣北端。機群在雲幕之下低空飛行至基隆港，3架SB2C率領6架TBM低空進入基隆外港，以火箭及炸彈攻擊港口設施與船隻，其餘飛機在基隆港北方數英里海面合力轟炸一艘落單的護衛艦。

胡蜂號上的第81艦載機大隊出動8架TBM與23架F6F，前往台灣西北部的目標區。由於氣象不佳，改往東北海岸搜索船隻目標。機群於蘇澳港內發現大批小型船隻，由TBM投彈轟炸，F6F則以炸彈及火箭攻擊船隻與造船工場。之後F6F繼續北上，以火箭攻擊宜蘭南飛行場上的設施與飛機。

考本斯號上的第22艦載機大隊派出9架TBM及8架F6F，目標是花蓮港與宜蘭地區的飛行場及蘇澳港內船隻。F6F先以炸彈及火箭攻擊花蓮港飛行場，之後與TBM會合北上，共同以火箭與炸彈攻擊宜蘭飛行場的設施及掩體內飛機，F6F另外攻擊一座工場及宜蘭無線局。最後機群再往南飛行至蘇澳港，由TBM轟炸船隻。

在這一天的空襲中受損的主要生產工場與交通設施包括：台灣化成工業株式會社蘇澳工場、蘇澳造船工場、台灣煉瓦株式會社宜蘭工場、日糖興業株式會社北港製糖所、日本鋁株式會社花蓮港工場、東邦金屬製鍊株式會社花蓮港工場、專賣局布袋出張所、宜蘭驛、斗南驛、新營驛、東花蓮港驛、宜蘭無線局。台南與高雄間、高雄與屏東

間、屏東與恆春間的電信與電話線中斷，台北與花蓮港間、花蓮港與新城間的電話線亦中斷，天送埤與八堵之間、日月潭與霧峰之間的高壓送電線斷線。

1945.1.10

第38特遣艦隊原定於本日再度攻擊台灣，但是在清晨接獲第3艦隊的命令取消任務。

1945.1.11

當天晚間，美國陸軍第5航空隊旗下第43轟炸大隊第63轟炸中隊的2架B-24轟炸機，與第90轟炸大隊[15]的一架B-24，從菲律賓的獨魯萬（Tacloban）機場起飛，前往屏東飛行場進行夜間騷擾轟炸。第63轟炸中隊的一架飛機因為發動機故障而折返，其餘2架B-24在屏東飛行場上空各投下3枚1000磅炸彈和若干集束燒夷彈，揭開第5航空隊轟炸台灣的序幕。

1945.1.12

第43轟炸大隊第63轟炸中隊與第90轟炸大隊各派出一架B-24，再次執行轟炸屏東飛行場的夜間騷擾任務，2架飛機各投下6枚500磅炸彈和若干集束燒夷彈，鹽埔庄有民宅遭到波及。

15　第43轟炸大隊第63轟炸中隊專精於夜間轟炸任務，第90轟炸大隊於1月初調派10架配備H2X雷達的B-24與機組員至第43轟炸大隊的駐地，向第63轟炸中隊學習夜間轟炸的戰術，並共同執行任務。

當天晚間，第43轟炸大隊第63轟炸中隊派出3架B-24，以500磅炸彈和集束燒夷彈轟炸屏東飛行場和屏東市。

第20航空隊第40、444、462、468轟炸大隊合計82架B-29，上午分別自成都周邊機場起飛，準備從新竹飛行場、嘉義飛行場、屏東飛行場、高雄港等4個目標中擇一轟炸。任務指揮官在途中根據先遣氣象觀測機的回報，決定以嘉義飛行場爲主要轟炸目標。計有第40大隊8架、第444大隊20架、第462大隊14架、第468大隊12架飛機在上午10時50分至11時50分之間，對嘉義飛行場投下1076枚500磅炸彈、179枚500磅燒夷彈及240枚500磅集束破片殺傷彈。

不過部分飛機因爲通訊不良誤以爲屏東飛行場是主要目標而飛往屏東，其中第40大隊9架、第444大隊3架、第462大隊3架飛機，卻又因爲導航的誤差飛到台中飛行場投下炸彈。但先前的氣象觀測機已驚動台中飛行場的日軍，所以絕大多數駐於當地的日機在B-29機群抵達前已經起飛到外海避敵。第40大隊另外一架誤解主要目標是屏東飛行場的B-29，在晴空萬里的天候下對屏東投下30枚500磅集束破片殺傷彈。

此次空襲造成台中與台南之間的電信線與電話線中斷，嘉義與水上間的送電線被切斷。

入夜之後，第43轟炸大隊第63轟炸中隊的2架B-24和第90轟炸大隊的一架B-24，前往轟炸岡山飛行場，其中2架飛機在雲層之上以H2X雷達輔助，投下集束燒夷彈與集束破片殺傷彈。

美國海軍第38特遣艦隊於傍晚完成加油整補作業後，連夜航向台

第40、444、462、468轟炸大隊的B-29在1945年1月14日上午分批轟炸嘉義飛行場。照片中的爆炸集中在跑道東側的棚廠及營舍區,跑道上可見當天稍早飛抵的B-29所炸出的彈坑。
(NARA via Fold3.com)

灣西南方海域，準備於次日對台灣及香港發動攻擊。

　　第38特遣艦隊在鵝鑾鼻西南西方約170英里處就位多時，但因氣象不佳，原定清晨5時30分展開的第一次戰鬥機掃蕩任務延遲到上午7時30分，與第一次打擊任務幾乎同時發動。

　　第38.1特遣支隊由約克鎮號與胡蜂號派出戰鬥機執行第一次掃蕩任務。

　　約克鎮號上的第3艦載機大隊出動12架F6F，前往掃蕩台灣北部的飛行場與港口。台灣北部幾乎完全被雲層覆蓋，機群未能目視任何飛行場。基隆港上空低垂的雲幕也不利機群下降高度攻擊港內船隻，僅由6架飛機朝碼頭發射火箭。機群對基隆港外發現的兩艘小型船隻以炸彈、火箭攻擊後離去。

　　胡蜂號上的第81艦載機大隊出動12架F6F，目標是新竹飛行場。機群穿過雲層下降，在濃霧籠罩的情況下，以炸彈、火箭、機槍攻擊沿海岸建置的露天掩體內飛機。

　　第38.1特遣支隊在執行掃蕩任務的戰鬥機起飛後，隨即發動當天第一次打擊任務，由胡蜂號、卡伯特號、約克鎮號的艦載機協同攻擊高雄港。

　　胡蜂號上的第81艦載機大隊出動11架TBM與13架F6F。因高雄港上空雲層濃厚、能見度低，空中協調指揮官指示暫緩攻擊，機群轉往北邊的左營軍港勘察，從雲層縫隙發現軍港出口的一艘運油艦，F6F領先以炸彈及火箭攻擊，TBM在後接續轟炸。

　　卡伯特號上的第29艦載機大隊出動7架TBM與8架F6F。機群在

高雄港西北上空盤旋四十分鐘仍未能與空中協調指揮官建立連繫，領隊決定逕行攻擊高雄港內的船隻。TBM發現雲層開口後下降，轟炸港內船舶與周圍的建築及設施。F6F跟隨下降，但轉向左營軍港，其中4架F6F對船艦投下炸彈，另外4架受雲層干擾，未能找到機會攻擊。

　　約克鎮號上的第3艦載機大隊出動12架SB2C、11架TBM、13架F6F。機群在烏雲密布的高雄港上空盤旋等待雲層裂口的出現，其間兩架SB2C冒險穿雲下降攻擊，其他飛機最後都在雲層之上對高雄港的大略位置投下炸彈。

　　第38.2特遣支隊的第一次戰鬥機掃蕩任務在上午7時30分左右展開，旗下3艘航艦均出動戰鬥機。

　　列克星頓號上的第20艦載機大隊派出8架F6F，前往台灣南部的飛行場掃蕩。其中6架進到內陸勘察屏東、小港、岡山等飛行場，但因雲層遮掩而未發動攻擊，在返航途中以火箭攻擊琉球嶼附近船隻。另外兩架F6F沿海岸搜索船隻，在高雄外海對小型船隻發動攻擊後，因能見度太差轉往澎湖，在當地與一架日機發生空戰。

　　漢考克號上的第7艦載機大隊出動8架F6F，前往台灣西南部的飛行場掃蕩。由於目標區的雲底過低，機群以火箭與機槍攻擊海面船隻後返航。

　　大黃蜂號上的第11艦載機大隊出動8架F6F，前往掃蕩台南地區的飛行場。機群於永康飛行場下降掃射地面飛機，之後再掃射機關車及三崁店製糖所。

　　在執行掃蕩任務的戰鬥機起飛的同時，第38.2特遣支隊旗下3艘航艦出動其他機群聯合執行當天第一次打擊任務，共同目標是高雄港內的船隻。

　　列克星頓號上的第20艦載機大隊派出8架SB2C、8架TBM、8架

第38.2特遣支隊列克星頓號、漢考克號、大黃蜂號等3艘航艦的艦載機，於1945年1月15日上午大舉轟炸測天島海軍基地的艦艇。（NARA via Fold3.com）

F6F；漢考克號上的第7艦載機大隊出動4架SB2C、8架TBM、15架F6F；大黃蜂號上的第11艦載機大隊出動6架SB2C、7架TBM、8架F6F，另有一組4架F6F執行照相任務。第20艦載機大隊長親自駕駛一架F6F，擔任空中協調指揮官，由另外3架F6F掩護。不過因為台灣本島地區濃雲密布，空中協調指揮官下令機群轉往澎湖。馬公地區的雲底較高，但能見度依然不佳，3艘航艦的機群在混亂的情況下對馬公港灣與測天島基地內的艦艇投下各型炸彈。

第38.3特遣支隊的第一次掃蕩任務最晚出發，艾塞克斯號及提康德羅加號兩艘航艦上的戰鬥機在上午8時左右起飛執行任務。

艾塞克斯號上的第4艦載機大隊出動8架F6F，前往掃蕩台灣中西部的飛行場。因目標區被低垂的雲幕掩蔽，北斗、虎尾、北港等飛行場均無法目視。4架F6F在南飛途中透過雲層縫隙目視火光，降低高度後發現是一座被攻擊後燃燒中的製糖工場[16]，於是以機槍掃射。另一個小隊無法找到任何目標，無功而返。

提康德羅加號上的第80艦載機大隊出動8架F6F，到台灣西部的飛行場進行掃蕩。由於目標區被雲層遮蔽，機群繼續往北飛行，透過雲層開口發現一座大型飛行場後，下降以炸彈與火箭攻擊飛行場東南側的棚廠。之後機群前往掃射後龍飛行場地面設施及附近地區列車與海面船隻。成員返航後根據照片確認當天攻擊的是新竹飛行場。

第38.3特遣支隊在半小時內，接著再由旗下4艘航艦出動艦載機執行當天的第一次打擊任務，目標是高雄港的船隻。

艾塞克斯號上的第4艦載機大隊出動12架TBM及9架F6F。由於高雄港地區的天氣不利攻擊，機群由空中協調指揮官指示轉往澎湖。

16　可能是稍早遭到第11艦載機大隊攻擊的三崁店製糖所。

第38.3特遣艦隊的艦載機在1945年1月15日上午對高雄港發動多次攻勢，但高雄港上空濃雲密布，不利於機群的攻擊行動。（NARA via Fold3.com）

F6F飛抵後兵分二路，其中4架以炸彈與火箭攻擊馬公的港口設施，其他F6F以船艦為攻擊目標，TBM也對船艦投彈。

提康德羅加號上的第80艦載機大隊出動14架TBM與12架F6F。機群在雲層中以儀器飛行，進入台灣陸地的位置較預定偏北，在修正航向的途中目視台南飛行場，但猛烈的日軍防空砲火迫使機群轉向閃避，僅有兩架F6F以炸彈及火箭攻擊防空陣地。之後TBM轟炸一座在附近發現的大型工場，其他F6F跟著以炸彈及火箭攻擊。美軍事後根據任務中拍攝的照片，確認遭到攻擊的大型工場是位於安平的「製鎂工場」[17]。

蘭利號上的第44艦載機大隊出動5架TBM與8架F6F。機群飛抵台灣前由空中協調指揮官指示往高雄以北飛行，其中4架F6F前往台中地區勘察飛行場，在過程中以火箭攻擊彰化驛，並掃射台中、彰化地區的列車。所有飛機之後會合前往虎尾飛行場，由TBM轟炸飛行場東南隅的設施，F6F對有蓋掩體及露天掩體發射火箭。TBM結束攻擊後先返航，F6F繼續攻擊虎尾製糖所、斗南驛及數輛機關車。

聖哈辛托號上的第45艦載機大隊出動7架TBM與2架F6F空照

17　其實是鐘淵曹達工業株式會社台南工場。

提康德羅加號上的第80艦載機大隊在1945年1月15日上午轟炸位於安平的一座大型工場。美軍認為這是一座製鎂工場,但其實是鐘淵曹達工業株式會社台南工場。戰後這座工場改為台灣鹼業安順廠,照片背景中的宿舍群位於鹿耳門天后宮前,近年來成為攝影勝地。(NARA via Fold3.com)

蘭利號上的第44艦載機大隊在1945年1月15日上午攻擊彰化驛。照片左側可以看到月台的遮棚及跨線橋。(NARA via Fold3.com)

機，由8架F6F護航，其中一架與機群失散的F6F提早返航。原本機群要與蘭利號的隊伍會合並接受其領隊指揮，但受天氣影響，僅有一架F6F成功會合。其餘飛機在左營軍港外發現一艘運油艦，TBM發動攻擊前正巧被雲層遮掩，因此轉向高雄港轟炸碼頭與船隻，僅一架TBM轟炸左營港內軍艦，F6F則利用機會對前述運油艦以火箭攻擊。

從上午9時開始，第38特遣艦隊發動當天第三波攻勢。第38.1特遣支隊從約克鎮號及胡蜂號兩艘航艦出動飛機執行任務。

約克鎮號上的第3艦載機大隊派出16架F6F，目標是北台灣的飛行場與基隆港。由於氣象不佳，機群途中分成兩組各自前往台灣北部與南部。北部的飛行場與基隆港依然雲層籠罩，於是5架F6F再對稍早被攻擊過的港外兩艘小型船隻以炸彈、火箭發動攻擊，另兩架轟炸在西北海岸發現的一座無線電站。前往南部的飛機也受低雲影響，未能順利攻擊高雄港，轉而轟炸一座大型工場。

胡蜂號上的第81艦載機大隊派出11架F6F，前往台灣西北部，其中一架因故障折返。新竹地區能見度略有提升，機群以炸彈及火箭攻擊新竹飛行場的設施與飛機，返航途中對虎尾飛行場發射剩餘的火箭，並掃射近岸的小型船隻。

第38.2特遣支隊由大黃蜂號、漢考克號、列克星頓號的艦載機協同執行第三波攻擊，目標是高雄港內的船舶。

大黃蜂號上的第11艦載機大隊出動5架SB2C、5架TBM、8架F6F；漢考克號上的第7艦載機大隊出動6架SB2C、6架TBM、8架F6F；列克星頓號上的第20艦載機大隊出動6架SB2C、6架TBM、10架F6F（其中一架為空照型）。沿途雲層濃厚，機群飛抵高雄前即由空中協調指揮官指示轉往澎湖，但是澎湖地區雲量甚多，3艘航艦的機群在擁擠又視線不佳的空域中，自行尋找機會以火箭及炸彈攻擊馬公港灣內

的艦艇及陸上設施。

第38.3特遣支隊從上午9時30分起，從艾塞克斯號、提康德羅加號、聖哈辛托號3艘航艦出動機群進行第三波攻擊。

艾塞克斯號上的海軍陸戰隊第124與第213戰鬥機中隊各出動4架F4U，前往攻擊高雄港。兩個中隊在惡劣的天氣中失散，第124中隊的F4U越過高雄港，對小港飛行場旁的後壁林製糖所投彈；第213中隊的其中兩架飛機則以機槍與炸彈攻擊高雄港南面一艘小型艦艇。

提康德羅加號上的第80艦載機大隊派出13架SB2C與8架F6F，目標同樣是高雄港。機群因無法與空中協調指揮官建立通訊，爬升到雲層之上尋找可利用的開口。之後F6F與SB2C在穿雲下降的過程中分開，F6F在壽山外海以火箭及炸彈圍攻一艘驅逐艦，SB2C分頭轟炸高雄港外一艘運輸艦及左營軍港外兩艘運油艦。

聖哈辛托號上的第45艦載機大隊出動8架F6F，前往台灣中西部各飛行場上空執行目標區空中戰鬥巡邏任務。機群從鹽水飛行場開始，一路前進嘉義、北港、虎尾、北斗、彰化、鹿港、二林、公館、新社等飛行場，以火箭或機槍攻擊在地面發現的日機。

由於台灣上空的天氣始終未能好轉，第38特遣艦隊在上午11時37分決定取消後續的兩波攻擊行動。

當天在空襲中受損的主要生產工場與交通設施包括：專賣局鹿港製鹽工場、台灣製糖株式會社三崁店製糖所、鐘淵曹達工業株式會社台南工場、日糖興業株式會社虎尾製糖所、台灣製糖株式會社後壁林工場、台灣酒精輸送會社、台灣鐵工所東工場、東亞製紙工業、高雄製冰會社、新埔驛、台中驛、彰化驛、斗六驛、斗南驛、高雄港驛、基隆港第四岸壁、國際無線電崙坪受信所。台南至新營的電信線中

斷，新竹與台中之間、斗六與嘉義之間、三叉[18]與新竹之間、高雄市內電話線中斷，鐘淵曹達台南工場附近一處高壓送電線切斷。

当天晚間，第43轟炸大隊第63轟炸中隊派出2架B-24轟炸岡山飛行場，由於目標區上空有雲層遮掩，所以在雷達輔助下以500磅炸彈和集束燒夷彈實施轟炸。

1945.1.16

第5航空隊原先計畫在這一天對台灣進行首次大規模日間轟炸，目標是屏東飛行場，但因天氣不佳而取消。

美國海軍第71巡邏轟炸中隊在傍晚派出一架PBY-5巡邏轟炸機，從仁牙因灣的基地起飛，到台灣執行夜間武裝偵巡任務。在晚間11時前飛抵高雄時，發現當地的日軍開始警戒，因此轉往東港飛行場。駐守的日軍可能誤以為是友機而開啟基地照明，並以燈號詢問。這架PBY-5先投下一枚照明彈，然後再投下一枚100磅集束燒夷彈，日軍立即開啟探照燈搜索，PBY-5馬上脫離現場。十分鐘後，同一架PBY-5再返回東港投下另一枚100磅集束燒夷彈，日軍開火還擊，PBY-5閃避脫離後繼續執行偵巡任務。

第43轟炸大隊第63轟炸中隊再度於晚間出動2架B-24轟炸岡山飛行場，以目視方式投下集束燒夷彈和破片殺傷彈。

1945.1.17

第20航空隊第40、444、462、468轟炸大隊合計92架B-29，清晨

18　現在的三義。

第40、444、462、468轟炸大隊的B-29於1945年1月17日上午轟炸新竹飛行場，在新竹市上空投下炸彈，照片左上方與右上方的道路分別為現在的北大路與東大路。（NARA via Fold3.com）

B-29投下的大量炸彈落在新竹飛行場跑道東南側的棚廠與修護工場區爆炸。（NARA via Fold3.com）

自成都周邊機場起飛，準備從4個位於台灣的預定目標擇一轟炸。任務指揮官在途中根據先遣氣象觀測機的回報，選定新竹飛行場作為轟炸目標。從上午10時到11時35分為止，共有第40大隊18架、第444大隊21架、第462大隊21架、第468大隊17架B-29，對新竹飛行場投下總計1459枚500磅炸彈、459枚500磅燒夷彈及210枚500磅集束破片殺傷彈。

本次空襲造成新竹市內電話線切斷，新竹飛行場附近的電話線、高壓電線、水道鐵管也被破壞。

當天晚間，第43轟炸大隊第63轟炸中隊派出2架B-24，以500磅炸彈對岡山飛行場實施騷擾轟炸。

1945.1.18

第43轟炸大隊第63轟炸中隊的一架B-24於晚間對岡山飛行場投下破片殺傷彈，同行的第90轟炸大隊的2架B-24則對屏東飛行場投彈。

1945.1.19

入夜後，第43轟炸大隊第63轟炸中隊出動3架B-24，以破片殺傷彈轟炸屏東飛行場。

1945.1.20

美國海軍第38特遣艦隊在中午航經台灣與呂宋島之間的巴士海峽，前往台灣東部海域的戰鬥位置，準備在21日對台灣發動攻擊。

傍晚6時45分，第38.5特遣支隊從勇往號與獨立號兩艘航艦出動艦載機，到台灣南部飛行場上空執行終昏的目標區空中戰鬥巡邏。

勇往號上的第90夜間艦載機大隊出動4架配備雷達的F6F(N)，分成兩組各別前往東港飛行場與屏東飛行場。負責東港飛行場的兩架飛機對棚廠發射火箭攻擊，返航途中再對恆春飛行場發射火箭。負責屏東飛行場的兩架飛機分頭前往屏東與高雄，其中一架對屏東飛行場的棚廠發射火箭，另一架無功而返。

獨立號上的第41夜間艦載機大隊出動4架F6F(N)，飛行到台南與麻豆一帶，未發現任何日機。

晚間9時15分，勇往號上的第90夜間艦載機大隊再出動4架F6F(N)，到台灣南部執行夜間騷擾任務。其中兩架前往台南地區，對台南北邊的探照燈位置[19]及台南飛行場發射火箭；另外兩架飛機前往東港飛行場，因能見度不佳，對飛行場的大略位置發射火箭攻擊。

美國陸軍的第43轟炸大隊第63轟炸中隊與第90轟炸大隊在晚間各出動2架B-24，於午夜過後間歇以1000磅炸彈轟炸高雄港。

1945.1.21

美國海軍第3艦隊司令在20日晚間，命令第38特遣艦隊在21日的攻擊行動中，以台灣地區的船舶作為最優先攻擊對象。上午6時50分起，第38特遣艦隊於台灣東方約100英里處對台灣發動攻勢，先以戰鬥機掃蕩並回報狀況，再由打擊任務接續。第38.1特遣支隊旗下4艘航艦都出動艦載機參與這一波行動。

約克鎮號上的第3艦載機大隊出動16架F6F，前往台灣北部掃蕩，另有2架SB2C同行，擔任F6F與艦隊之間的通訊中繼，將前方的訊息轉達給後續執行打擊任務的機群。台北飛行場上空無雲，F6F分成兩批

---

19 《臺灣空襲狀況集計》記載美軍飛機在夜間對鐘淵曹達株式會社的工場投彈，可能就是這一波的火箭攻擊。

桃園飛行場

約克鎮號上的第3艦載機大隊在1945年1月21日上午掃蕩桃園飛行場，胡蜂號的第81艦載機大隊也在同時攻擊，露天掩體內被擊中的日機冒出濃煙。（NARA via Fold3.com）

輪流以火箭及炸彈攻擊棚廠設施，SB2C也投彈轟炸。F6F之後轉往桃園飛行場，以機槍與火箭攻擊塔台及掩體內的日機，其中一架將剩餘的炸彈投在附近的鐵路車場。

　　第3艦載機大隊緊接在戰鬥機掃蕩之後出動9架SB2C、11架TBM、25架F6F（包括一架空照機及3架掩護），執行打擊任務。其中10架F6F抵達原定目標基隆港之前遇到雲層阻擋，轉向沿東岸南下到台灣南端，以炸彈及火箭分別攻擊恆春、潮州、佳多等飛行場，並在恆春一帶上空攻擊一架日機。另外11架F6F護送SB2C與TBM前往高雄港，SB2C分頭轟炸港內的船隻，TBM則對船隻與港口設施投彈，F6F以炸彈及火箭發動攻擊。

　　胡蜂號上的第81艦載機大隊出動10架TBM及23架F6F（包括一架空照型），其中3架F6F故障提前返航。8架F6F前往新竹飛行場，以火箭

及炸彈攻擊設施與掩體。TBM由另外7架F6F護送前往高雄港,由空中協調指揮官指示轉往左營軍港。5架F6F先以火箭或炸彈轟炸一艘出港的運油艦,TBM再接續轟炸,另外兩架F6F則攻擊岸上設施。

　　第81艦載機大隊另外出動15架F6F執行目標區空中戰鬥巡邏,在打擊任務的機群之後起飛,前往台灣西北部。機群在天氣晴朗的目標區發現一座飛行場,以火箭及炸彈攻擊掩體內的十餘架飛機。不過第81艦載機大隊事後發現攻擊的是桃園飛行場,而非原先認為的紅毛飛行場。

　　考本斯號上的第22艦載機大隊派出4架F6F,到台灣東部進行掃蕩,同時間起飛的另有一架F6F空照機及3架擔任護航的F6F。因花蓮港地區被雲層遮蔽,機群轉往宜蘭,以火箭攻擊南飛行場掩體內的飛機及地下設施的出口。照相小組完成宜蘭與花蓮港地區的照相任務後,4架F6F以機槍掃射宜蘭南、北飛行場之間露天掩體內的飛機,其中2架並轟炸地面建築,返航途中再掃射羅東的列車。

蘭陽高等女學校

考本斯號上的第22艦載機大隊在1945年1月21日上午轟炸宜蘭飛行場,一座建築物遭炸中而冒出濃煙。美軍以為這是日軍的行政用廳舍,但實際上是蘭陽高等女學校(今蘭陽女中)的校舍。(NARA via Fold3.com)

卡伯特號上的第29艦載機大隊出動7架TBM及8架F6F，前往攻擊高雄地區的船隻。SB2C與F6F同時轟炸高雄港內十餘艘船艦，一個小隊的F6F之後前往恆春飛行場，因未發現地面飛機，改對附近岸邊的船隻投下剩餘的炸彈。

第38.2特遣支隊旗下3艘航艦均出動艦載機，執行第一波攻勢中的掃蕩任務及打擊任務。

列克星頓號上的第20艦載機大隊出動8架F6F，前往掃蕩台灣南部的飛行場，其中一架在途中失散後加入漢考克號的機群。7架F6F先以火箭攻擊小港飛行場的棚廠，之後到大崗山飛行場[20]掃射地面日機，返航途中再掃射台東飛行場地面日機與火燒島[21]上的燈塔。

漢考克號上的第7艦載機大隊出動8架F6F執行掃蕩任務，目標區是台灣南部。7架飛抵台灣的F6F先轟炸高雄港內的船隻，然後前往屏東飛行場以機槍及火箭攻擊棚廠設施，再到東港飛行場掃射防空陣地。

大黃蜂號上的第11艦載機大隊出動8架F6F，到台南地區的飛行場執行掃蕩任務。機群在掃射永康飛行場地面的日機及台南北方的列車後，前往澎湖，但因澎湖地區天候不佳，又回到台南一帶掃射鹽水飛行場掩體內飛機。

第38.2特遣支隊的第一次打擊任務由3艘航艦的艦載機聯合執行，目標是高雄港內的船舶，漢考克號上第7艦載機大隊長擔任空中協調指揮。

列克星頓號上的第20艦載機大隊派出6架SB2C、7架TBM、16架F6F（其中2架為空照型）。兩組F6F由空中協調指揮官指派，以火箭及炸

20　位於現在的高雄市阿蓮區，目前為天山營區。

21　現在的綠島。

彈攻擊壽山上防空砲火，另一組F6F攻擊高雄港內船隻。SB2C集中火力轟炸船隻，TBM除了對船隻投彈，並轟炸岸壁倉庫及南邊的「水上飛行場」[22]。兩組F6F之後前往小港飛行場與大崗山飛行場攻擊棚廠及地面飛機，返航途中再掃射台東的貨運列車。

漢考克號上的第7艦載機大隊出動4架SB2C、7架TBM、12架F6F，其中8架F6F擔任戰轟機，4架為空中掩護。SB2C帶頭轟炸高雄港內的貨輪，擔任戰轟機的F6F接著以炸彈或火箭攻擊，TBM除了轟炸船隻，其中兩架並轟炸港區旁的日本鋁株式會社高雄工場。4架F6F結束掩護任務後以火箭或炸彈發動攻擊，撤退返航途中在紅頭嶼附近攻擊一架日機。

大黃蜂號上的第11艦載機大隊出動8架SB2C、6架TBM、12架F6F，另有一組4架F6F執行空照任務。空中協調指揮官指派8架F6F，以火箭與炸彈壓制壽山上的防空砲火，另外4架F6F協同SB2C、TBM對港內船隻投下炸彈。SB2C與TBM結束轟炸離去後，4架F6F掩護空照小組執行照相任務，並掃射永康飛行場上飛機，之後跨海到澎湖，因當地雲層濃密再折返永康掃射三崁店製糖所。

第38.3特遣支隊旗下4艘航艦從上午7時起，陸續出動飛機執行掃蕩及目標區空中戰鬥巡邏任務。

艾塞克斯號上的第4艦載機大隊出動8架F6F，前往台灣中西部的飛行場掃蕩。機群在嘉義飛行場掃射跑道東側已嚴重破壞的設施，接著到北斗飛行場掃射地面的飛機及兩條跑道之間的建築。

艾塞克斯號上的海軍陸戰隊第213戰鬥機中隊出動6架F4U，前往台灣中西部飛行場上空執行目標區空中戰鬥巡邏。機群僅在北港飛行場上發現有日機停放，下降以機槍掃射，之後再掃射北港的一座工

22　事實上是尖尾艇庫。

場。

提康德羅加號上的第80艦載機大隊派出8架F6F，前去掃蕩台灣北部的飛行場。3架F6F先對鶯歌東北方約6英里處一座大型工場[23]投下炸彈，其餘F6F轟炸八塊飛行場及南邊的村落。

第80艦載機大隊同時出動另外8架F6F，到台中地區的飛行場執行目標區空中戰鬥巡邏，其中兩架提前折返。機群在台中飛行場轟炸棚廠建築，再前往大肚山飛行場掃射地面的日機。

蘭利號上的第44艦載機大隊出動8架F6F，前往台灣中部執行目標區空中戰鬥巡邏。機群穿雲下降後發現位置偏離到台灣北部，先對台北飛行場南面的跑道發射數枚火箭，之後飛抵八塊飛行場，以火箭攻擊露天掩體內的日機。機群繼續飛行到疑似湖口的飛行場[24]，再對地面日機以火箭與機槍攻擊。

在戰鬥機出動的同時，第38.3特遣支隊旗下4艘航艦也派出飛機執行第一次打擊任務，目標是高雄地區的船艦。

艾塞克斯號上的第4艦載機大隊派出11架TBM及8架F6F。機群飛抵高雄港後，以炸彈及火箭攻擊港內船隻。

提康德羅加號上的第80艦載機大隊派出12架SB2C、12架TBM、8架F6F。TBM轟炸左營軍港內外的船艦，SB2C接續投下炸彈，F6F隨同SB2C一起以火箭或炸彈攻擊。F6F脫離左營後分成兩組，各別前往小港飛行場與屏東飛行場，以機槍掃射地面日機。

蘭利號上的第44艦載機大隊出動8架TBM與4架F6F。機群在高雄港區上空等待其他航艦飛機完成攻擊行動後，仍未接獲空中協調指揮官指示，領隊決定逕行發動攻擊。F6F以火箭攻擊高雄港內船隻及防

23　《臺灣空襲狀況集計》記載總督府專賣局樹林酒工場在當天的空襲中受損，應該就是這座大型工場。

24　作戰任務報告的文字對位置的敘述與湖口飛行場吻合，但是對飛行場配置的敘述和所附的手繪簡圖卻與湖口飛行場頗有出入。

空陣地，TBM對船舶投彈。F6F在TBM脫離返航之後前往琉球嶼，對島上的建築設施及鄰近海面小型船隻發動火箭攻擊，後於返航途中合力攻擊一架日機。

聖哈辛托號上的第45艦載機大隊同時出動6架TBM及4架掩護的F6F，與蘭利號的飛機會合之後前往高雄。空中協調指揮官指示機群自行尋找目標，由於高雄港內的船隻多已受損，領隊決定轉往小港飛行場，由TBM對跑道、掩體、棚廠建築投下炸彈，F6F以火箭與機槍攻擊地面的日機。

———✈———

第38特遣艦隊從上午8時30分開始，發動當天的第二波對台攻勢。第38.1特遣支隊首先從約克鎮號與胡蜂號兩艘航艦出動艦載機執行任務。

約克鎮號上的第3艦載機大隊派出10架F6F，前往台灣北部攻擊飛行場。機群在台北飛行場以火箭及炸彈攻擊棚廠區，並掃射地面飛機，然後以相同方式攻擊樹林口飛行場[25]，之後再於桃園飛行場對露天掩體投下一枚炸彈。

胡蜂號上的第81艦載機大隊派出11架F6F，到台灣西北部執行目標區空中戰鬥巡邏。機群從蘇澳港南方橫越中央山脈後，發現一座過去未知的飛行場[26]，以炸彈及火箭發動攻擊。之後機群向北飛行，原定要攻擊的後龍與新竹飛行場都因當地大雨而放棄，最後在八塊飛行場掃射地面的日機。

第38.2特遣支隊在9時正發動第二波攻擊行動，旗下3艘航艦均派艦載機參與，由大黃蜂號上的第11艦載機大隊長指揮，目標仍是高雄

---

25 位於現在的新北市林口區，已廢棄。
26 作戰任務報告所列的座標位置（24-25 N, 120-47 E）上雖無飛行場，但是卓蘭飛行場距此僅有幾英里。

第38.2特遣支隊在1945年1月21日上午的第一波攻勢中，出動大批艦載機轟炸高雄港。照片中除可看到港內的船隻及爆炸激起的水花，遠處十字形運河左下方岸邊的日本鋁株式會社高雄工場一帶也冒出濃煙。（NARA via Fold3.com）

港的船隻。

　　大黃蜂號上的第11艦載機大隊派出6架SB2C、6架TBM、12架F6F。空中協調指揮官指示機群改以左營軍港為主要目標，由F6F帶頭以火箭攻擊左營軍港內的艦艇，SB2C與TBM再投下炸彈。僅有一個小隊的F6F轟炸高雄港的船隻。部分F6F在攻擊行動結束後到屏東飛行場勘察，並掃射屏東西北方一座飛行場[27]上的飛機。

　　漢考克號上的第7艦載機大隊出動6架SB2C、6架TBM、20架F6F，其中8架F6F掛載炸彈執行轟炸任務，4架F6F擔任掩護，其餘8

27　作戰任務報告指出這座飛行場位於屏東西北方約5英里處，跑道大致呈南北走向，掩體位於跑道與山丘之間。燕巢飛行場與此描述大略吻合，僅距離稍遠。

架F6F起飛後分道揚鑣到宮古島執行照相任務，途中2架SB2C故障折返。機群由空中協調指揮官指示轉往左營軍港，SB2C、TBM、F6F戰轟機均對船艦投彈。SB2C脫離左營後，前往東港飛行場投下剩餘炸彈，再轉往屏東、潮州、恆春等飛行場掃射，途中攻擊一架飛行中的日機。

列克星頓號上的第20艦載機大隊派出7架SB2C、5架TBM、12架F6F（其中2架為空照型），在另外兩個艦載機大隊之後抵達左營。SB2C及TBM集中轟炸軍港內兩艘軍艦，F6F以火箭及炸彈發動攻擊。

第38.3特遣支隊也在上午9時正，從艾塞克斯號、提康德羅加號、聖哈辛托號3艘航艦出動艦載機，執行第二次目標區空中戰鬥巡邏任務。

艾塞克斯號上的海軍陸戰隊第124與第213戰鬥機中隊分別派出4架與2架F4U，前往台灣中南部的飛行場。機群先轟炸虎尾飛行場，其中兩架飛機的炸彈卡在掛架上，後來在新營上空對扇形車庫及一座大型工場投下。

提康德羅加號上的第80艦載機大隊出動8架F6F，前往台灣西部，其中2架因故障中途折返。機群未在目標區的飛行場發現任何日機，遂飛往新營對一座大型工場與倉庫投下炸彈，並以火箭攻擊。

聖哈辛托號上的第45艦載機大隊出動8架F6F，前往台灣中西部。機群先飛抵虎尾飛行場，以火箭攻擊棚廠及防空陣地，之後對彰化、北斗飛行場進行火箭攻擊，最後再回到虎尾飛行場以炸彈與火箭發動攻擊。

第5航空隊之下的第22轟炸大隊於上午出動B-24，從菲律賓薩馬島（Samar）的基萬（Guiuan）機場起飛，執行在16日被取消的屏東飛行場日間轟炸任務。其中一架B-24在起飛過程中，撞擊到地面停放的一架

海軍陸戰隊F4U後墜毀，轟炸任務因此再度取消。原定為B-24護航的第8與第49戰鬥機大隊的P-38則仍按計畫在上午起飛，到高雄與屏東一帶執行戰鬥機掃蕩任務，過程中並未遭遇日軍飛機。

第38特遣艦隊從上午10時50分開始，由第38.2與第38.3特遣支隊發動第三波對台攻勢，第38.1特遣支隊未出動。

第38.2特遣支隊的3艘航艦均出動戰鬥機執行掃蕩，主要目的在摧毀前波行動中發現的地面飛機，並且避免日軍利用攻擊的空檔增援。

列克星頓號上的第20艦載機大隊派出8架F6F前往高雄港。機群在轟炸港內的船舶之後，其中6架轉往岡山飛行場掃射棚廠建築。

漢考克號上的第7艦載機大隊出動8架F6F，前往台灣南端的飛行場掃蕩。機群首先以炸彈、火箭攻擊恆春飛行場地面的日機，再到潮州飛行場掃射地面飛機。之後在屏東飛行場以火箭與機槍攻擊該處數

漢考克號上的第7艦載機大隊在1945年1月21日上午攻擊左營軍港。照片中央的Ｆ要地應急跑道邊冒出濃煙，右上角的空中可以看到防空砲火的硝煙。（NARA via Fold3.com）

十架日機，直到陸軍航空隊的P-38出現才撤退。機群在返航途中再攻擊東港飛行場及附近的防空陣地。

大黃蜂號上的第11艦載機大隊出動8架F6F（其中一架為空照型）。機群在屏東北方上空與6架日機遭遇，部分F6F拋棄炸彈進行空戰。之後機群前往左營軍港，發現陸軍航空隊的P-38正在進行攻擊，尚未拋棄炸彈的F6F接在P-38之後轟炸港內船艦。機群離開左營後在佳里附近以火箭攻擊一座工場[28]，再到嘉義飛行場掃射地面的日機。

第38.3特遣支隊從上午11時起，陸續從艾塞克斯號、蘭利號、提康德羅加號等3艘航艦出動飛機執行第三次目標區空中戰鬥巡邏任務。

艾塞克斯號上的海軍陸戰隊第124與第213戰鬥機中隊分別派出3架與5架F4U，前往台灣中西部的飛行場。機群僅在北港飛行場的地面發現疑似堪用的飛機，但是在發動攻擊前將同時抵達的第44艦載機大隊F6F誤認為日機，因此拋棄炸彈準備接戰，最後只能以機槍掃射地面的日機。

蘭利號上的第44艦載機大隊出動8架F6F，同樣到台灣中西部的飛行場執行任務。機群在幾座飛行場上均未發現堪用的日機，轉至北港飛行場掃射地面上的日機。之後機群再前往虎尾飛行場轟炸棚廠設施，並掃射掩體內的日機。

提康德羅加號上第80艦載機大隊的8架F6F在這波行動中最後起飛，前往台灣西部。機群從屏東飛行場開始北上，除在小港飛行場掃射地面飛機，一路飛到台中地區均未發現可攻擊的目標。之後機群飛越中央山脈前往花蓮港地區，掃射花蓮港北飛行場上僅有的一架飛機後，以炸彈及火箭攻擊已嚴重受損的日本鋁株式會社花蓮港工場，隨後再攻擊汽車與鐵路。

28　可能是明治製糖株式會社蕭壠製糖所。

嘉義飛行場

鹽水港紙漿工業株式會社

大黃蜂號上的第11艦載機大隊於1945年1月21日中午通過新營一帶時,拍下鹽水港紙漿工業株式會社正在燃燒的照片。中央的溪流是急水溪,背景的聚落是新營的市街。(NARA via Fold3.com)

大黃蜂號上的第11艦載機大隊在1945年1月21日中午掃射嘉義飛行場。照片可見B-29在1月14日轟炸所造成的大量彈坑。(NARA via Fold3.com)

接近中午時，第38.3特遣支隊透過雷達發現不明飛機接近。12時7分，蘭利號航艦被一架日機投下的炸彈命中前方飛行甲板。3分鐘後，同一支隊的提康德羅加號航艦遭到一架日軍自殺飛機撞擊，這架日機穿透飛行甲板後，掛載的炸彈在機庫中爆炸。12時58分，提康德羅加號航艦右側接近艦島處再被一架日機撞上，機上掛載的炸彈爆炸造成提康德羅加號嚴重損毀。

第38特遣艦隊從中午12時45分左右開始，對台灣展開當天的第四波攻勢。第38.2特遣支隊旗下3艘航艦均派機共同前往高雄港執行打擊任務。

漢考克號上的第7艦載機大隊出動4架SB2C、5架TBM、10架F6F；列克星頓號上的第20艦載機大隊出動4架SB2C、5架TBM、12架F6F（包括一架空照型）；大黃蜂號上的第11艦載機大隊出動8架SB2C、6架TBM、12架F6F（包括4架空照型）。機群飛抵高雄港後，一部分的F6F先以炸彈及火箭壓制壽山上的防空砲火陣地，接著按照漢考克號、列克星頓號、大黃蜂號的順序轟炸高雄港內船隻。SB2C與TBM結束轟炸後，由部分F6F護送返航。漢考克號的F6F轉往小港與屏東北飛行場掃射；列克星頓號的F6F到屏東北飛行場掃射日機與營舍；大黃蜂號的F6F跨海前往澎湖，因為未在飛行場發現日機，以火箭攻擊馬公港內軍艦，之後回到台灣，掃射歸仁與仁德飛行場上的日機。

第38.1特遣支隊從中午1時開始，從旗下4艘航艦出動艦載機進行第四波攻勢。

卡伯特號上的第29艦載機大隊出動6架TBM與6架F6F，前往攻擊基隆港內船隻。TBM與4架F6F飛抵後對數艘大型船舶投下炸彈，之後機群前往宜蘭，由F6F掃射南、北飛行場之間的建築及掩體，一架F6F對掩體投彈。機群再到蘇澳港掃射港內船隻，然後前往花蓮港掃射北飛行場地面的日機。

　　約克鎮號上的第3艦載機大隊派出8架SB2C、6架TBM、22架F6F（其中4架執行空照任務）。兩個小隊的F6F到台北、桃園、樹林口等飛行場

基隆港

約克鎮號上的第3艦載機大隊在1945年1月21日下午轟炸基隆港內船隻，位於入口的一艘運油艦被多架飛機圍攻後爆炸，濃煙直竄天際。（NARA via Fold3.com）

掃射，並對桃園飛行場的營舍投下兩枚炸彈。空照小組到台北飛行場時，護航的F6F將一架剛起飛的雙發動機日機擊墜。其他飛機前往攻擊基隆港，F6F除了以火箭壓制防空砲火，也加入SB2C與TBM攻擊船隻的行動。

胡蜂號上的第81艦載機大隊出動11架TBM及21架F6F，目標是基隆港，另有一架F6F空照機及3架掩護的F6F同時出發。機群在途中接獲命令改為攻擊新竹飛行場，但飛抵時發現跑道與各項建築設施都已明顯受損，F6F仍依命令以炸彈及火箭攻擊棚廠設施，TBM也投下炸彈。攻擊結束後，部分F6F護送TBM返航，8架F6F前往後龍飛行場掃射，另外3架掃射紅毛飛行場。

考本斯號上的第22艦載機大隊出動6架TBM與8架F6F，目標同樣為基隆港。但是機群於途中接獲命令改為攻擊宜蘭與花蓮港的飛行場，F6F先以機槍與火箭攻擊宜蘭飛行場，TBM對掩體投彈。機群隨後轉往花蓮港，因有雲層遮掩，並未發動攻擊。

第38.3特遣支隊因遭到日軍飛機攻擊，受創的提康德羅加號與蘭利號無法派出飛機，僅由聖哈辛托號與艾塞克斯號在下午1時35分之後出動艦載機進行第四波攻勢。

聖哈辛托號上的第45艦載機大隊派出6架TBM與8架F6F，前往攻擊台灣中西部的飛行場，原本要執行目標區空中戰鬥巡邏的另4架F6F臨時奉命加入。這些飛機與艾塞克斯號第4艦載機大隊的10架TBM及5架F6F會合後，在台灣的空中協調指揮官告知目標改為左營軍港。但因左營軍港內的船艦僅剩4艘，只有第4艦載機大隊的TBM投彈轟炸。其餘飛機轉向高雄港，F6F以火箭、炸彈攻擊船隻，第45艦載機大隊的TBM對船隻及倉庫投彈。所有TBM在攻擊結束後由部分F6F護送返航，7架第45艦載機大隊的F6F再前往北港、虎尾、北斗等飛行場掃射，然後以剩餘的火箭及炸彈攻擊梧棲海面的一艘運油艦。

下午1時28分，一架參與第二波攻勢的第7艦載機大隊TBM返航降落在漢考克號航艦時，彈艙內的500磅炸彈意外掉落引發爆炸，漢考克號因此受損，無法參與後續的對台攻擊行動。

由於艦隊遭到日軍飛機的攻擊，第38特遣艦隊司令向第3艦隊司令請求，將攻擊台灣的重心從港口的船舶改成飛行場的飛機，這項請求獲得核准。從下午3時起，第38特遣艦隊由第38.2與第38.3特遣支隊的艦載機發動當天最後一波大型攻勢。

第38.2特遣支隊因漢考克號受損，只能由兩艘航艦出動飛機執行打擊任務，而且因時間緊迫，部分飛機未能及時更換炸彈，仍以攻擊船舶的掛載出動。

列克星頓號上的第20艦載機大隊出動3架SB2C、3架TBM、11架F6F（其中2架為空照型）；大黃蜂號上的第11艦載機大隊出動6架SB2C、5架TBM、12架F6F（其中一架為空照型），但有2架F6F起飛後迫降。兩艘航艦的機群會合後，前往屏東飛行場，以火箭及炸彈攻擊露天掩體內的飛機。攻擊結束後，機群前往潮州與佳冬飛行場攻擊在當地發現的飛機。

第38.3特遣支隊有兩艘航艦受損，僅由聖哈辛托號上的第45艦載機大隊出動8架F6F，到台灣中西部的飛行場執行目標區空中戰鬥巡邏。機群先在彰化一帶掃射列車，再與前一波出動的同中隊F6F聯合攻擊梧棲海面的一艘運油艦。機群之後前往彰化、北斗、虎尾飛行場掃射地面設施與飛機。

第38.5特遣支隊在下午4時50分從勇往號與獨立號航艦出動艦載機，到台灣南部執行終昏時間的目標區空中戰鬥巡邏任務。

勇往號上的第90夜間艦載機大隊派出6架F6F(N)，與獨立號上第41夜間艦載機大隊出動的4架F6F(N)會合。第90大隊的飛機分成3組，第一組在台南飛行場及高雄港上空均未發現任何日機，於是前往東港飛行場掃射棚廠；第二組在台南同樣未發現日機活動，轉往屏東飛行場對棚廠設施掃射；第三組先前往台南飛行場，在天色昏暗的情況下掃射一回，再到永康飛行場掃射。

第41大隊的4架飛機在目標區上空飛行大約半小時均未發現日機，下降至大崗山飛行場對地面日機掃射，然後轉往小港飛行場掃射。

傍晚6時10分，勇往號上的第90夜間艦載機大隊再出動2架F6F(N)與一架TBM，前往台南飛行場執行夜間騷擾任務。途中TBM因發動機故障，由一架F6F(N)護送返航。單獨行動的F6F(N)發現台南飛行場有燈光亮起並有兩架日機降落，稍後在空中發現第三架日機，F6F(N)將其擊落後，以火箭攻擊台南飛行場的塔台。

───✈───

這一天在空襲中受損的主要生產工場與交通設施包括：日本鋁株式會社高雄工場、鹽水港紙漿工業株式會社、台灣鐵工所本社工場及東工場、專賣局樹林酒工場、松山煙草工場及嘉義酒工場、明治製糖株式會社南靖製糖所、蒜頭製糖所與蕭壟製糖所、鹽水港製糖株式會社新營製糖所及高雄倉庫、台灣石油田町倉庫、基隆港岸壁倉庫、宜蘭驛、基隆驛、嘉義驛、大園標識局等。台北與花蓮港之間的電信線與電話線中斷，嘉義與大埔美之間、日本鋁株式會社高雄工場、東港街的送電線斷線，基隆市、嘉義市、高雄市的水道鐵管被破壞。

───✈───

午夜過後，第43轟炸大隊第63轟炸中隊2架B-24與第90轟炸大隊的3架B-24，以500磅燒夷彈對屏東飛行場實施間歇性騷擾轟炸。

美國海軍第71巡邏轟炸中隊傍晚出動一架PBY-5，從東部以逆

時針方向環繞台灣巡邏。在次日凌晨接近高雄地區準備轟炸地面目標時，正好一架B-24也飛抵當地，驚動日軍開啓十多具探照燈對空搜索，因此這架PBY-5轉向到東港飛行場，投下2枚250磅炸彈和2枚100磅集束燒夷彈。

1945.1.22

第38.5特遣支隊勇往號航艦上的第90夜間艦載機大隊於凌晨2時出動7架TBM，前往基隆港攻擊先前發現的十餘艘貨輪，其中一架在起飛後因發動機故障折返。6架TBM從凌晨4時30分開始，輪流以炸彈及火箭攻擊唯一留在港內的一艘貨輪及碼頭、倉庫、探照燈等設施，時間長達一小時。

上午7時，第22轟炸大隊第2、19、33、408轟炸中隊的22架B-24，從菲律賓的基萬機場起飛前往台灣，再度嘗試兩度遭取消的屏東飛行場日間轟炸任務，由第8和第49戰鬥機大隊合計49架P-38負責護航。B-24先沿台灣東部海岸飛行，再飛越中央山脈，以1000磅炸彈轟炸屏東飛行場，完成第5航空隊首次日間轟炸台灣的任務，過程中日軍飛機並未交戰。

入夜之後，第43轟炸大隊第63轟炸中隊的一架B-24，與第90轟炸大隊的3架B-24分批起飛前往高雄。從午夜前開始，陸續以500磅燒夷彈對日本鋁株式會社高雄工場發動間歇性騷擾轟炸，第90轟炸大隊的其中一架飛機因雷達故障未在行動中投彈。

第71巡邏轟炸中隊晚間出動一架PBY-5，執行中國沿岸的夜間武裝偵巡任務。由於未發現可攻擊的船隻，所以在次日凌晨返航途中，向澎湖測天島的海軍基地投下4枚250磅炸彈和2枚100磅集束燒夷彈。第71巡邏轟炸中隊另一架執行夜間武裝偵巡任務的PBY-5則轟炸台東。

1945.1.23

　　當天晚間，第43轟炸大隊第63轟炸中隊與第90轟炸大隊各派出3架B-24，以500磅炸彈和小型燒夷彈轟炸日本鋁株式會社高雄工場及鄰近的油庫與化工場。

　　第71巡邏轟炸中隊在晚間派出一架PBY-5沿台灣東岸往北巡邏，於次日凌晨2時30分發現基隆港內有多艘疑似貨輪和運油船，並對其中一艘投下4枚250磅炸彈，離去前再對入口的一座小島投下2枚100磅集束燒夷彈。

1945.1.24

　　當天晚間，第43轟炸大隊第63轟炸中隊與第90轟炸大隊各派出3架B-24分批前往高雄港，其中5架B-24在長達4小時的行動中，輪流以500磅炸彈對港區的倉庫群及油庫進行間歇性轟炸。

　　第71巡邏轟炸中隊傍晚出動一架PBY-5，於晚間11時對台南安平運河口一艘貨輪投下4枚250磅炸彈和3枚100磅集束燒夷彈，並以機槍掃射另外兩艘小型船隻及陸上一座疑似營舍。

　　後續起飛的另一架第71巡邏轟炸中隊的PBY-5，在結束夜間武裝偵巡任務前仍未發現值得攻擊的船舶目標，因此於次日凌晨5時返航之前，以2枚250磅炸彈和一枚100磅集束燒夷彈轟炸恆春大樹房一帶，二十分鐘後再對同一目標投下2枚250磅炸彈。

1945.1.25

　　當天晚間，第43轟炸大隊第63轟炸中隊與第90轟炸大隊一共出動7架B-24，目標是高雄港區的化工場與軍用倉庫。其中3架因爲雷達或

無線電故障，將炸彈丟棄海上或改炸呂宋島上的目標，其餘4架B-24以45分鐘的間隔，陸續以500磅燒夷彈轟炸目標。

第71巡邏轟炸中隊一架PBY-5，在台灣東部外海的夜間武裝偵巡任務中未發現可攻擊的船隻，返航前決定攻擊台灣的陸上目標。於次日凌晨，先以3枚250磅炸彈和一枚100磅集束燒夷彈轟炸花蓮港一處疑似營區，後來再對火燒島上的燈塔投下剩餘的一枚250磅炸彈和一枚100磅集束燒夷彈，但未命中燈塔。

另一架第71巡邏轟炸中隊的PBY-5，在午夜前對停泊在枋寮岸邊的一艘戎克船投下2枚250磅炸彈，之後曾試圖攻擊高雄港和基隆港內的船隻，都因為被日軍探照燈照射而放棄。次日清晨5時40分，這架PBY-5於結束任務前在恆春一帶投下2枚100磅集束燒夷彈。

1945.1.26

第43轟炸大隊第63轟炸中隊2架B-24與第90轟炸大隊的一架B-24在晚間起飛，目標是澎湖飛行場，其中一架飛機因為漏油而折返。由於天候不佳，在H2X雷達的輔助下以集束燒夷彈和集束破片殺傷彈實施轟炸。

1945.1.27

當天晚間，第43轟炸大隊第63轟炸中隊與第90轟炸大隊各出動3架B-24，目標是嘉義飛行場，第43轟炸大隊的其中一架飛機因無線電故障而提早返航。由於嘉義上空的天氣不佳，僅有一架B-24按計畫轟炸嘉義，另外4架B-24改對高雄港投下集束燒夷彈和集束破片殺傷彈。

　　第43轟炸大隊與第90轟炸大隊首次在夜間騷擾轟炸任務中兵分兩路，第63轟炸中隊的3架B-24以集束破片殺傷彈轟炸高雄港區的油庫，第90轟炸大隊的3架B-24則轟炸嘉義飛行場。

　　第71巡邏轟炸中隊晚間出動一架PBY-5，執行武裝偵巡任務。在次日凌晨4時15分對停泊澎湖島北岸的船隻投下4枚250磅炸彈，隨後再以2枚100磅集束燒夷彈轟炸岸邊的倉庫。

　　第5航空隊第二度對台灣發動日間轟炸，由駐防在菲律賓明多羅島（Mindoro）聖荷西（San Jose）機場的第90轟炸大隊負責執行。擔任護航的第49戰鬥機大隊和第13航空隊旗下第18戰鬥機大隊的P-38，在轟炸機飛抵前先進行空中掃蕩，與日軍飛機發生空戰。第90轟炸大隊的第320、321、400轟炸中隊一共出動18架B-24，其中17架以集束破片殺傷彈轟炸屏東飛行場。

　　入夜後，第43轟炸大隊第63轟炸中隊與第90轟炸大隊的B-24再次共同執行轟炸任務，其中一架以燒夷彈轟炸高雄港的油庫及工場，另外4架轟炸嘉義飛行場。

　　第71巡邏轟炸中隊執行夜間武裝偵巡任務的一架PBY-5，於午夜發現蘇澳港內有船隻停泊，於30分鐘內發動三波攻擊，投下3枚100磅炸彈和一枚100磅集束燒夷彈。

　　第18戰鬥機大隊的P-38，協同第35戰鬥機大隊第39與第40戰鬥
機中隊的17架P-47，到台灣西部執行空中掃蕩任務，與日機發生空
戰。

　　當天夜間，第43轟炸大隊第63轟炸中隊的3架B-24與第90轟炸
大隊的B-24，從11時開始間歇以500磅燒夷彈轟炸高雄港的倉庫及工
場，最後一架B-24直到次日凌晨3時才脫離現場。

　　第90轟炸大隊第319、320、321、400轟炸中隊合計出動24架
B-24，以集束破片殺傷彈轟炸主要目標屏東飛行場，佳冬飛行場、鳳
山、旗山、潮州等地同遭轟炸。負責為B-24護航的第18戰鬥機大隊的
P-38對南部的交通運輸目標進行掃蕩，並且與日軍飛機發生空戰。

　　入夜之後，第90轟炸大隊再派出5架B-24轟炸台南飛行場。

　　第71巡邏轟炸中隊傍晚出動一架PBY-5，執行夜間武裝偵巡任
務。經過一夜搜索均未發現船舶目標，在次日凌晨3時30分，對花蓮
港東北方的一座大型工場投下4枚500磅炸彈和2枚100磅集束燒夷
彈。

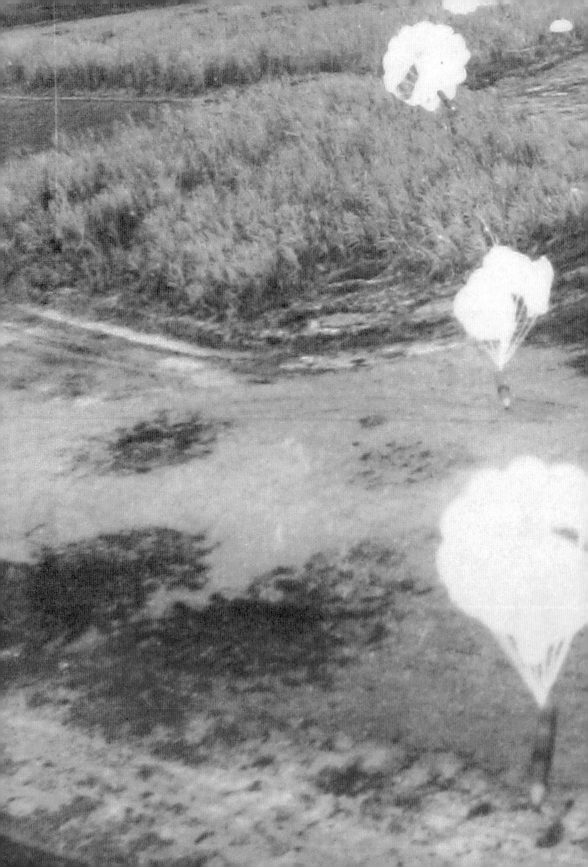

1945年2月

昭和20年

1945.2.1

第90轟炸大隊第319、320、321、400轟炸中隊各派出6架B-24，以集束破片殺傷彈轟炸東港飛行場及周邊地區。

入夜後，第43轟炸大隊第63轟炸中隊出動3架B-24，對岡山飛行場進行騷擾轟炸。其中2架飛機投下集束燒夷彈和260磅破片殺傷彈，另一架因雷達故障而將炸彈拋棄。第90轟炸大隊也派出3架B-24轟炸岡山飛行場，其中2架順利在目標上空投下炸彈，另一架飛機因雷達故障改為目視轟炸高雄。

1945.2.2

第90轟炸大隊於上午再度出動，第319、320、321、400轟炸中隊各6架B-24以集束破片殺傷彈轟炸岡山飛行場。

當天晚間，第43轟炸大隊第63轟炸中隊的3架B-24與第90轟炸大隊的2架B-24繼續對岡山飛行場進行騷擾轟炸。第90轟炸大隊的其中一架飛機因漏油而折返呂宋島轟炸預備目標，其餘4架飛機在雲層之上對大高雄地區投下500磅燒夷彈和集束燒夷彈。這是第43轟炸大隊與第90轟炸大隊最後一次在夜間並肩作戰。

1945.2.3

第43轟炸大隊第63轟炸中隊在夜間派出2架B-24轟炸台南飛行場，第一架飛機在深夜11時左右對棚廠與營舍投下500磅燒夷彈和集束燒夷彈，另一架在午夜投下炸彈。

第5航空隊原定在上午由第38轟炸大隊出動B-25轟炸潮州飛行場，第13航空隊第18戰鬥機大隊的P-38擔任護航，另由第35戰鬥機大隊的P-47掩護的B-24轟炸台南飛行場，但是這些任務後來都因故取消。

入夜之後，第43轟炸大隊第63轟炸中隊以3架B-24轟炸台南飛行場，在有部分雲層遮掩的狀況下投下500磅燒夷彈。第90轟炸大隊第321轟炸中隊也在夜間出動2架B-24，在濃厚的雲層之上對基隆港投下集束破片殺傷彈。

第5航空隊的B-24轟炸機全力支援美軍在菲律賓的戰役，大舉轟炸克里基多島（Corregidor），因此日夜都未空襲台灣。

第5航空隊的B-24白天持續支援美軍在克里基多島的戰事，因此沒有規劃日間對台轟炸任務。

到了夜間，第43轟炸大隊第63轟炸中隊出動B-24轟炸高雄，前2架飛機分批在雲層上以雷達輔助投彈。另一架飛機因為機首砲塔破損提前返航，機員登上預備機後再度出發，於次日凌晨3時抵達高雄轟炸。第90轟炸大隊第321與第400轟炸中隊也各派出一架B-24，在高雄地區分別投下集束破片殺傷彈和500磅燒夷彈。

　　第90轟炸大隊的B-24原定在P-38的掩護下轟炸小港飛行場，不過因為目標區天氣不佳，第319、321、400轟炸中隊合計14架B-24改在屏東飛行場及屏東市區上空投下集束破片殺傷彈。P-38在結束掩護任務後，對交通運輸目標進行掃蕩。

　　第3空中突擊大隊第3與第4戰鬥機中隊的P-51，在完成掩護第38轟炸大隊18架B-25在台灣西南海域的船隻掃蕩任務後，前往小港飛行場掃射地面目標。一架P-51在攻擊行動中被日軍地面砲火擊落。

　　入夜之後，第43轟炸大隊第63轟炸中隊派出3架B-24前往轟炸台南飛行場，但其中2架飛機因機械故障而折返，僅有一架在次日凌晨2時10分對棚廠、營舍投下500磅和1000磅炸彈。

1945.2.8

　　美軍在當天日間無任何對台空襲行動。

　　入夜後，第43轟炸大隊第63轟炸中隊出動4架B-24前往小港飛行場，其中3架飛抵目標投下集束燒夷彈和260磅破片殺傷彈。

1945.2.9

　　第5航空隊的B-24繼續猛轟克里基多島，因此沒有在白天轟炸台灣的計畫。

　　入夜之後，第43轟炸大隊第63轟炸中隊出動3架B-24，以集束燒夷彈和260磅破片殺傷彈轟炸屏東飛行場。

1945.2.10

第35戰鬥機大隊第39戰鬥機中隊出動8架P-47到台灣執行掃蕩任務，其中3架飛機因故障提前返航，另外5架在台灣中部上空與日機發生空戰。

第43轟炸大隊第63轟炸中隊在夜間出動2架B-24，以集束燒夷彈和260磅破片殺傷彈轟炸屏東飛行場。

1945.2.11

第18戰鬥機大隊上午出動8架P-38，從香港往東北方向到台灣進行空中掃蕩，與日機發生空戰。

第35戰鬥機大隊的32架P-47下午完成掩護第38轟炸大隊的B-25掃蕩台灣海峽船隻後，飛到台灣上空進行掃蕩，潮州、鳳山、東港一帶的軍事設施與鐵公路交通遭到掃射。

1945.2.12

第3空中突擊大隊上午出動16架P-51，到台灣上空執行掃蕩任務，以機槍對台南與高雄地區的軍事設施及鐵公路交通掃射。

1945.2.13

由於情報顯示嘉義飛行場的露天掩體內有多達90架飛機，第38轟炸大隊奉命派出所有妥善的飛機前往轟炸，旗下第71、405、822、823轟炸中隊總計30架B-25在上午從仁牙因起飛，由第35戰鬥機大隊32架P-47護航。中午12時40分起，各中隊的B-25輪流以一字排開的

隊形，超低空飛越嘉義飛行場，總共投下一千多枚23磅傘降破片殺傷彈。這是第38轟炸大隊首度空襲台灣的陸上目標。

第35戰鬥機大隊的P-47在結束掩護任務後，轉為執行戰鬥機掃蕩任務，並跟日軍飛機發生空戰。

1945.2.14

第18戰鬥機大隊上午分兩批各出動16架與8架P-38，第35戰鬥機大隊也在中午派出16架P-47，到台灣上空執行掃蕩任務，攻擊佳冬飛行場及高雄、台中地區的交通運輸。

1945.2.15

第38轟炸大隊的第71、405、822轟炸中隊各派出4架B-25，分別

第38轟炸大隊的B-25於1945年2月13日轟炸嘉義飛行場。照片中的23磅傘降破片殺傷彈在一座露天掩體的出入口落下，右上角的掩體內可見一架已損壞的雙發動機日機。（AFHRA典藏，中央研究院人社中心GIS專題中心提供）

掛載2枚破壞力強大的1000磅炸彈，前往轟炸橫跨曾文溪的鐵橋，由
16架第35戰鬥機大隊的P-47擔任護航，目的是要切斷南北往來的鐵路
運輸。由於目標區一帶雲層低垂，只有4架B-25穿越雲層開口對鐵橋
投下炸彈，另外2架轟炸鐵橋以東的公路橋，3架改在鄰近地區找尋目
標投彈，其餘3架B-25因為找不到合適的轟炸目標，而將炸彈拋棄或
在回程改炸呂宋島上預備目標。除了曾文溪鐵橋和鐵軌略有受損，位
於新化郡的台南水道水源地、山子頂變電所，和嘉南大圳的曾文溪灌
溉水路也都遭到破壞。

　　第35戰鬥機大隊出動P-47到台灣西岸進行掃蕩，中部地區多處鐵
路設施與列車遭到攻擊，台中的第一筏子溪鐵橋受損，烏日驛南方的
電信線與電話線被切斷，美軍則有2架P-47在台中飛行場附近上空被
擊落。

曾文溪公路橋

第38轟炸大隊的B-25於1945年2月15日轟炸橫跨曾文溪的鐵橋，少數飛機對鐵橋以東的公路
橋投彈。照片右上方可見炸彈擊中公路橋，左下角的橋頭已被炸出一個彈坑。（AFHRA典藏，中
央研究院人社中心GIS專題中心提供）

第3空中突擊大隊出動32架P-51掃蕩交通運輸，但因為天氣不佳，僅能在台灣南部上空活動，高雄與屏東多處地區遭到機槍掃射。

因為克里基多島戰事而中斷多日的B-24日間對台轟炸任務，隨著美軍部隊登陸克里基多島後恢復進行。當天的計畫是由第43轟炸大隊的B-24轟炸岡山飛行場，殿後的第22轟炸大隊B-24轟炸屏東飛行場，第35戰鬥機大隊的32架P-47負責掩護，其中16架P-47在B-24轟炸任務結束後繼續執行掃蕩任務。

B-24機群飛抵台灣時，作為目標的兩座飛行場正好都被雲層遮蔽，無法以目視轟炸。因此部分飛機配有H2X雷達的第43轟炸大隊轉向到高雄市，第64、65、403轟炸中隊的14架B-24，由雷達前導機指示投下集束破片殺傷彈和260磅破片殺傷彈，第22轟炸大隊第2、19、33、408轟炸中隊的24架B-24也在第43大隊飛機的引導下，以500磅炸彈轟炸高雄市。高雄製鐵所的第一號與第二號鎔鑛爐大破，台灣木材統制會社高雄製材所、拓南合板工業會社工場、日本下水道管會社高雄工場皆被炸受損，高雄市的日月潭系送電線一處切斷。

當天另有第18戰鬥機大隊出動16架P-38到西部掃蕩，第3空中突擊大隊則派出16架P-51掃蕩東岸的鐵路交通。

第5航空隊計畫在這天由第22、第43、第90、第380轟炸大隊的B-24協同轟炸岡山飛行場，第13航空隊支援的第18戰鬥機大隊32架

P-38擔任掩護。

　　先攻的第90轟炸大隊在正午飛抵台灣時，岡山飛行場和作為預備目標的屏東飛行場幾乎完全被雲層遮掩，因此決定改用雷達輔助轟炸日本鋁株式會社高雄工場。但因為配備雷達的前導機被日軍的地面砲火擊落，第319、320、321、400轟炸中隊的20架B-24，在群龍無首的情況下各自投下1000磅炸彈。

　　第22轟炸大隊決定在雲上利用雷達輔助轟炸岡山飛行場，第2、19、33、408轟炸中隊總計24架B-24投下集束破片殺傷彈。

　　第43轟炸大隊改為轟炸小港飛行場，但因雷達的回波不理想，所以第64、65、403轟炸中隊的15架B-24，利用雲層的開口以目視方式投下集束破片殺傷彈。

　　首次轟炸台灣的第380轟炸大隊第528、529、530、531轟炸中隊的14架B-24，對高雄投下炸彈，但是擔任護航的P-38回報炸彈落在左營。

　　第38轟炸大隊第71、405、822、823轟炸中隊各出動6架B-25，目標是彰化驛扇形車庫和車場，由第35戰鬥機大隊的16架P-47負責護航。當B-25機群飛到嘉義沿海一帶時，由於雲層過低而決定折返轟炸列為預備目標的恆春飛行場。從下午1時30分開始，每個中隊以6架B-25並排的隊形，對飛行場東南邊的軍營投下250磅傘降破壞彈，鄰近地區也遭到掃射。

　　除了前述的軍事目標遭轟炸，台灣製糖橋子頭製糖所、潮州變電所、台灣製糖恆春製糖所都在當天的空襲中受損。

　　第3空中突擊大隊第3戰鬥機中隊的16架P-51各掛載一枚500磅炸彈，俯衝轟炸高雄港車場。第4戰鬥機中隊的16架P-51完成掩護第3中隊的友機後，沿東岸北上到花蓮港一帶，再順著鐵路台東線一路攻擊到台東。鹽水港製糖株式會社壽工場輕微受損，台東一帶的電話線被切斷。

第38轟炸大隊的B-25原定於1945年2月18日轟炸彰化驛扇形車庫及車場，但是受天候影響，改炸預備目標恆春飛行場。照片左下角顏色較淺的區塊是飛行場的跑道。（AFHRA典藏，中央研究院人社中心GIS專題中心提供）

　　當天晚間，任務重心已經轉移到夜間海上搜索攻擊的第43轟炸大隊第63轟炸中隊，出動3架B-24到中國沿海執行任務，其中一架飛機由於未發現船舶目標，以1000磅炸彈轟炸列為預備目標的馬公港。

1945.2.19

　　第5航空隊當天計畫由第90、第43、第22轟炸大隊的B-24，分成上、下午兩批轟炸屏東飛行場，由第13航空隊的第18戰鬥機大隊各派出32架和16架P-38擔任掩護。

　　第90轟炸大隊的B-24飛抵台灣上空後，因為屏東飛行場和預備目標岡山飛行場都被雲層掩蓋，所以第319、320、321、400轟炸中隊22

第38轟炸大隊的B-25原定於1945年2月19日再度嘗試轟炸彰化驛扇形車庫,仍因天候不佳受阻,改為轟炸第四順位目標恆春飛行場西邊的營房及鄰近的恆春等城鎮。(AFHRA典藏,中央研究院人社中心GIS專題中心提供)

架飛機改向恆春飛行場投下集束破片殺傷彈。

第43轟炸大隊也無法目視屏東飛行場和岡山飛行場,第64、65、403轟炸中隊的17架B-24在雷達的輔助下,改對小港飛行場投下500磅炸彈和集束破片殺傷彈。

第22轟炸大隊的22架B-24按原定計畫轟炸屏東飛行場,但是由於領隊機不慎在離目標15英里的東北方提早投彈,以致十幾架尾隨的飛機跟著過早投下集束破片殺傷彈,這些炸彈讓旗山一帶遭到池魚之殃。第2轟炸中隊因為殿後而未跟著其他中隊投彈,但以雷達輔助在雲層上投彈完畢後,才透過雲層開口發現屏東飛行場仍在前方。

第38轟炸大隊的第71、405、823轟炸中隊分別出動6架B-25,目標是前一天未能轟炸的彰化驛扇形車庫,由第35戰鬥機大隊的16架

P-47負責護航。不過受到鋒面雲系的影響，機群在嘉義附近折回，由於列為第二和第三順位目標的新營扇形車庫和左營海軍基地也都被雲層遮蓋，所以改為轟炸第四順位目標恆春飛行場西邊的營房。機群在上午11時15分，由北向南對恆春飛行場的營房及枋山、楓港、車城、恆春等地投下250磅傘降破壞彈。

第3空中突擊大隊第4戰鬥機中隊出動16架P-51執行掃蕩任務，先在花蓮港飛行場攻擊十多架停放地面的日軍飛機，接著沿台東線鐵路找尋機會目標以機槍掃射，多輛機關車、貨車、卡車遭到攻擊，初音驛和鹿野驛因此受損。

1945.2.20

第5航空隊原定出動B-24轟炸屏東飛行場，由第18戰鬥機大隊的16架P-38和第35戰鬥機大隊的16架P-47掩護，但是因為天候不佳而取消。

第38轟炸大隊和首度到台灣執行任務的第345轟炸大隊，共同負責轟炸嘉義驛的車場，由第35戰鬥機大隊32架P-47護航。第38轟炸大隊第71、405、822、823轟炸中隊各出動9架B-25；第345轟炸大隊旗下的第498、499、500轟炸中隊各派出9架B-25，第501轟炸中隊則派出8架B-25，從菲律賓的聖馬賽利諾（San Marcelino）機場起飛，不過第499、500、501中隊都各有一架飛機因故折返。

兩個轟炸大隊的B-25機群飛抵屏東一帶時，第345轟炸大隊的領隊就因為雲層過低和能見度不佳決定放棄前往嘉義，轉向預備目標潮州驛車場。32架B-25從中午12時45分開始，對里港、屏東、內埔、潮州、東港這片區域以掃蕩的方式投擲500磅炸彈和掃射，其中一架B-25被地面砲火擊中，之後迫降在巴士海峽。

第38轟炸大隊跟第345轟炸大隊分開後繼續北飛，但在抵達嘉義

第38轟炸大隊的B-25於1945年2月20日因嘉義地區天候不佳,改為轟炸當天的預備目標潮州。(AFHRA典藏,中央研究院人社中心GIS專題中心提供)

前還是因為天氣惡劣而折回潮州,36架B-25分成4波,在下午1時15分左右對潮州地區輪番投下500磅炸彈。

　　為B-25護航的第35戰鬥機大隊32架P-47中,一個中隊在完成護航任務後,繼續往北掃蕩鐵路運輸。第3空中突擊大隊則出動16架P-51,到台灣東岸與西岸執行鐵路運輸掃蕩任務。

　　台灣製糖株式會社的東港製糖所、屏東線竹田到潮州間的鐵軌、東港郡溪州變電所和溪州製糖所,都在這一天的空襲行動中受損。

1945.2.21

　　第38轟炸大隊於日出前派出2架B-25到台灣東部執行武裝氣象觀測任務,2架飛機間隔半小時起飛。第一架B-25從石梯往南飛行到加

里猛狎[1]，沿途在大掃別[2]一帶投下3枚500磅炸彈，並持續以機槍掃射。第二架B-25沿台東線鐵路進行偵察，除了以機槍沿途掃射，並對玉里驛投下4枚500磅炸彈。

第38轟炸大隊當天的攻擊主力由第71、822、823轟炸中隊各6架B-25組成，準備在16架P-47戰鬥機的護航下，搜索與轟炸台東到花蓮的鐵路沿線機會目標。但是這些轟炸機在台灣南端20英里一帶遇到濃厚的鋒面雲層，因此放棄轟炸台灣的計畫，折返呂宋島轟炸預備目標。

1945.2.22

由於天氣不佳，美軍原定的對台轟炸任務和戰鬥機掃蕩任務都因此取消。

1945.2.23

美軍原定轟炸台灣交通運輸設施的任務再度因天氣不佳而取消。

1945.2.24

中斷數日後，第5航空隊再度出動B-24對台灣進行大規模的日間轟炸，總計有第22轟炸大隊第2、19、33、408轟炸中隊25架，第43轟炸大隊第64、65、403轟炸中隊17架，第90轟炸大隊第319、320、321、400轟炸中隊23架，和第380轟炸大隊第528轟炸中隊的6架

1　現在的台東縣東河鄉隆昌村。
2　現在的台東縣長濱鄉永福部落。

B-24，聯手以500磅炸彈、1000磅炸彈、500磅燒夷彈轟炸高雄市。旭電化工場、高雄製鐵所、能登屋工務所、日本炭酸清涼飲料製造、拓南合板工業會社工場倉庫、苓雅寮米穀配給所、酒精輸送會社儲存槽、日本下水道管會社高雄工場、高雄港驛，都在這場空襲中受損。

入夜後，一架美國海軍第71巡邏轟炸中隊的PBY-5，在夜間武裝偵巡任務中轟炸澎湖的軍事設施。

1945.2.25

第3空中突擊大隊第3戰鬥機中隊上午出動16架P-51到台灣東岸掃蕩機會目標，但飛行到台東一帶時因天候不良折返到台灣南端繼續掃蕩。抵達鵝鑾鼻一帶後，以機槍攻擊一座疑似雷達站和地面防空陣地，過程中有2架P-51被地面砲火擊落。

第90轟炸大隊第319、320、321、400轟炸中隊23架B-24，與第380轟炸大隊第528轟炸中隊6架B-24協同出擊，以500磅炸彈、500磅燒夷彈、集束破片殺傷彈再次轟炸高雄市的工業設施。高雄製鐵所連續兩天被炸中，第三、四、五號鎔鑛爐及5棟附屬建物全壞，其他設施也受損嚴重，再修復的機率很低；日本鋁株式會社高雄工場的鍋爐室起火，自有發電所大破，第二電解爐半壞；日本下水道管會社高雄工場也再次受損。

第35戰鬥機大隊於下午派出第39戰鬥機中隊的16架P-47到台灣西岸進行掃蕩，掃射台中地區的軍事設施。

1945.2.26

第90轟炸大隊第319、320、321、400轟炸中隊23架B-24，與第380轟炸大隊第528轟炸中隊6架B-24，連續第三天出動轟炸高雄市，

但因天氣不佳，機群在雲層之上投下500磅炸彈及500磅燒夷彈。

　　負責護航的第35戰鬥機大隊的P-47在轟炸機完成任務後，持續對台灣西岸進行掃蕩，以機槍掃射台南地區鐵路上的列車，嘉義與台南間的鐵道專用電話線被切斷。

1945.2.27

　　第90轟炸大隊第319、320、321、400轟炸中隊20架B-24，與第380轟炸大隊第528轟炸中隊5架B-24，繼續聯合轟炸高雄。在第35戰鬥機大隊16架P-47的護航下，於下午對高雄港區與市區投下500磅炸彈和500磅燒夷彈。除了武智鐵工場和杉原產業的倉庫被炸毀，市區有5家銀行的高雄支店半毀，多處送水鐵管被炸壞。高雄港驛在連日遭受轟炸後，驛舍、事務所、倉庫大破，山下町陸橋下的一段鐵路受損。

　　第35戰鬥機大隊的P-47在台灣西部的掃蕩任務中掃射台中地區的列車，一架P-47在台中市一帶上空與日軍飛機纏鬥過程中失去蹤影。

　　當天第3空中突擊大隊第4戰鬥機中隊也出動16架P-51執行掃蕩任務，以機槍攻擊地面的日軍飛機和車輛。

1945.2.28

　　第38轟炸大隊第71轟炸中隊一架B-25在清晨起飛，到台灣西岸執行氣象觀測任務，在上午對林邊驛投下4枚500磅炸彈。

　　第35戰鬥機大隊的P-47上午到台灣東岸進行掃蕩，並搜尋前一天失蹤同僚的下落。第49戰鬥機大隊則以16架

P-38掃蕩台灣東部，以機槍掃射鐵路交通、台東飛行場、鹽水港製糖株式會社大和工場。

午夜過後，第71巡邏轟炸中隊的一架PBY-5在夜間武裝偵巡任務中，向馬公港碼頭和船隻投下500磅炸彈、250磅炸彈和100磅集束燒夷彈。一個小時後，另一架第71巡邏轟炸中隊的PBY-5在轟炸澎湖群島的船隻後，對馬公西南方的一座大型島嶼上的軍營投下2枚100磅集束燒夷彈。

第90轟炸大隊與第380轟炸大隊的B-24於1945年2月27日聯合轟炸高雄市。照片中可見大量炸彈落在現在的鹽埕區內爆炸。（NARA via Fold3.com）

1945年3月

昭和20年

1945.3.1

第90轟炸大隊第319、320、321、400轟炸中隊合計24架B-24，與第380轟炸大隊第528轟炸中隊6架B-24，再次聯合執行任務，以500磅炸彈轟炸高雄市的工場與倉庫。

第22轟炸大隊出動第2、19、33、408轟炸中隊25架B-24，以500磅炸彈轟炸台南市區。第43轟炸大隊第64、65、403轟炸中隊的16架B-24接在第22轟炸大隊之後，以500磅燒夷彈轟炸台南市區。另有一架第22轟炸大隊的飛機因掛架故障未能在台南投彈，改在第90轟炸大隊之後對高雄港車場投下炸彈。

這一天的空襲造成高雄市與台南市內多處的電信線、電話線、送電線、送水鐵管被切斷。日本鋁株式會社高雄工場再次受到重創，第一與第二電解爐全壞，生產作業因此停擺。台南市共有1073棟房屋全燒或全壞，台南州廳、台南市役所、末廣國民學校、台灣銀行、彰化銀行、三和銀行半燒，台灣織布會社的工場和共榮鐵工所也嚴重損壞。

第35戰鬥機大隊第40與第41戰鬥機中隊分別派出15架及16架P-47，在完成掩護B-24的轟炸任務後，到台灣東岸搜尋2月27日失蹤的同僚。

第3空中突擊大隊第4戰鬥機中隊出動16架P-51，以500磅炸彈和165加侖汽油彈轟炸鹽水港製糖株式會社溪州製糖所。

1945.3.2

第5航空隊在這一天出動各型轟炸機及戰鬥機，對台灣的飛行場進行大規模的攻擊，目的在摧毀日軍的飛機。

第90轟炸大隊第319、320、321、400轟炸中隊24架B-24，及第

380轟炸大隊第528轟炸中隊4架B-24，在第3空中突擊大隊第4戰鬥機中隊16架P-51的掩護下，以集束破片殺傷彈轟炸台北飛行場上的日機。一架第90轟炸大隊的B-24被日軍地面砲火擊中，在墜地之前爆炸。第4戰鬥機中隊的P-51結束掩護任務後，沿東海岸南下一路掃蕩，以機槍掃射三笠驛[1]、瑞穗變電所和數節車廂。

第43轟炸大隊出動第64、65、403轟炸中隊共計15架B-24，由第3空中突擊大隊的第3戰鬥機中隊16架P-51擔任掩護，目標是台南飛行場。因目標上空的天氣不佳，改以雷達輔助，對鄰近的仁德飛行場投下集束破片殺傷彈。

B-25的目標是日軍在台中及公館兩座飛行場周圍疏散藏匿的飛機，由於兩座飛行場相距不遠，美軍規劃由第38轟炸大隊和第345轟炸大隊的B-25同時分別攻擊，以分散日軍的防空火力，第348戰鬥機大隊第340與第341戰鬥機中隊的24架P-51負責掩護。

第345轟炸大隊第498、499、500、501轟炸中隊共派出34架B-25，負責轟炸公館飛行場，其中一架起飛後因故障而提前返航。上午11時10分起，4個中隊的飛機各自一字排開，從豐原北方上空開始

1　現在的花蓮縣玉里鎮三民車站。

台中飛行場

第38轟炸大隊的B-25於1945年3月2日轟炸台中飛行場。照片上共可見3架日軍飛機。（AFHRA典藏，中央研究院人社中心GIS專題中心提供）

頂角潭葫蘆墩圳

第345轟炸大隊的B-25於1945年
3月2日的任務中負責轟炸公館飛
行場，機群從豐原北方上空開始投
下傘降破片殺傷彈。照片中的水流
是頂角潭一帶的葫蘆墩圳。
（甘記豪提供）

發動攻擊，投下數以千計的23磅傘降破片殺傷彈，並持續用機槍掃射到脫離海岸線為止。除了擊中公館飛行場上的飛機和設施，並造成帝國纖維株式會社豐原工場的廠房機械和倉庫燒毀，沙鹿變電所略有受損。一架B-25被地面砲火擊中後，墜毀在梧棲離岸不遠的海中，另一架被擊損的B-25勉強飛行到澎湖群島後失去蹤影。

負責轟炸台中飛行場的第38轟炸大隊，由第71、405、822、823轟炸中隊各派出9架B-25，其中2架因故障而先後折返。飛抵的34架飛機以中隊為單位一字排開，對台中飛行場投下100磅傘降破壞彈，沿途並以機槍掃射。由於9架B-25並排飛行的排面甚寬，少數B-25必須在飛行場外投彈，因此造成帝國纖維台中工場的倉庫燒毀。一架B-25被日軍地面砲火擊中後墜毀在飛行場南端，另一架被擊傷的B-25迫降在崙背外海。

第312轟炸大隊第386、387、388轟炸中隊各出動12架A-20輕型轟炸機，從菲律賓的曼嘉丹（Mangaldan）機場起飛，執行該單位首次台灣空襲任務。但因為機群無法找到原定的轟炸目標嘉義飛行場，所以就近對麻豆飛行場投下機上的23磅傘降破片殺傷彈。

第49戰鬥機大隊的P-38也在這一天執行轟炸任務，第7、8、9轟炸中隊總計41架飛機以1000磅炸彈轟炸佳冬飛行場上的日機。

1945.3.3

基隆港在這一天首次成為第5航空隊B-24機群轟炸的目標，但由於基隆上空有雲層遮掩，無法目視投彈，第90轟炸大隊第319、320、321、400轟炸中隊21架B-24利用雷達的協助，以1000磅炸彈轟炸港內的船隻。

由於前一天轟炸台南飛行場地面日機的任務未能順利完成，第22轟炸大隊和第43轟炸大隊的B-24再度嘗試。不過因為目標上空雲層濃

厚，第22轟炸大隊第2、19、33、408轟炸中隊24架B-24在雲層之上以雷達輔助投下集束破片殺傷彈，未能目視戰果。

第43轟炸大隊試圖找尋可以目視投彈的雲層開口，最後還是放棄轟炸台南飛行場，第64、65、403轟炸中隊合計17架B-24在目視和雷達並用下，對台南市區的鐵路設施投下集束破片殺傷彈，另一架B-24在岡山上空投彈。

第38轟炸大隊與第345轟炸大隊的B-25原定協同轟炸嘉義市區，但是兩個大隊的飛機進入台灣上空就遇到低垂的鋒面雲層，並不時夾雜大雨，於是在東石一帶掉頭，前往列爲第二順位的鳳山。但由於鳳山同樣也在雲層籠罩之中，機群放棄轟炸台灣，改炸位於菲律賓的目標。

第49戰鬥機大隊的第7與第9戰鬥機中隊共出動26架P-38轟炸恆春飛行場，其中23架投下1000磅炸彈。

1945.3.4

本日台灣天氣不佳，美軍未安排日間轟炸任務，戰鬥機掃蕩任務則無斬獲。

第90轟炸大隊的第319與第400轟炸中隊各一架B-24，在氣象觀測任務中分別以100磅炸彈、260磅破片殺傷彈轟炸高雄市。造成高雄港驛一棟鐵道工場全燒，日月潭系高壓送電線被切斷，導致高雄市內全部停電。同大隊第320轟炸中隊的一架B-24以500磅燒夷彈轟炸台南市。

1945.3.5

第38轟炸大隊第71轟炸中隊於清晨派出2架B-25，分別進行台灣

東岸與西岸的氣象觀測。先起飛的B-25完成東岸南半部的氣象觀測回報後，在返航途中分別於花蓮石梯與台東新港[2]一帶各投下2枚500磅炸彈。負責西海岸的B-25在完成觀測後，對曾文溪鐵橋南方的一列貨運列車投下4枚500磅炸彈，雖未炸中列車，但破壞了一小段的鐵軌和電信電話線。2架飛機的回報都是多雲到陰的天氣，不適合轟炸任務的執行。

第90轟炸大隊由第320和第400轟炸中隊各派遣一架B-24執行武裝氣象觀測任務，在台南市區各投下500磅炸彈和260磅破片殺傷彈。

第49戰鬥機大隊第7與第9戰鬥機中隊合計25架P-38，以1000磅炸彈轟炸鳳山，導致鳳山街合同鳳梨工場、鳳山驛內鐵軌、鳳山變電所受損，水源地送水管兩處損壞。

第3空中突擊大隊第4戰鬥機中隊出動16架P-51，掃蕩東部的鐵路沿線，第475戰鬥機大隊第432戰鬥機中隊也出動16架P-38到東部掃蕩。宜蘭驛、白川驛[3]與壽驛[4]遭到攻擊，鹽水港製糖株式會社壽工場內的酒精工場小破，花蓮港溪口變電所全燒。

1945.3.6

當天台灣南部仍在鋒面籠罩之下，不適合B-24執行大機群轟炸任務。第90轟炸大隊第319與第400轟炸中隊各派遣一架B-24執行武裝氣象觀測任務，在高雄地區分別投下100磅炸彈和260磅破片殺傷彈。

第35戰鬥機大隊第40與第41戰鬥機中隊合計派出28架P-47，以260磅破片殺傷彈轟炸恆春。

當天傍晚，澳洲皇家空軍第20中隊的兩架卡塔利娜（Catalina）水上

2　現在的台東縣成功鎮。
3　現在的富源車站。
4　現在的壽豐車站。

飛機從菲律賓的仁牙因灣起飛，於深夜飛抵高雄港外實施佈雷作業。

夜間，第90轟炸大隊第321轟炸中隊出動一架B-24轟炸高雄港，雖然這架飛機配有H2X雷達，最後是以估算抵達時間（ETA）的方式投下12枚500磅燒夷彈。

1945.3.7

原定第49戰鬥機大隊12架P-38以1000磅炸彈轟炸高雄火力發電所，與第3空中突擊大隊16架P-51的東部掃蕩任務，後來皆因故取消。

第90轟炸大隊第319與第320轟炸中隊各出動一架B-24執行氣象觀測任務，在台北飛行場一帶分別投下100磅炸彈和500磅燒夷彈。

澳洲皇家空軍第20與第43中隊於傍晚分別出動1架及2架卡塔利娜水上飛機，至馬公港外進行佈雷，第43中隊的飛機於惡劣天氣下完成佈雷作業，但第20中隊的飛機失蹤。

1945.3.8

美軍在當天日間無任何對台空襲行動。

入夜後，第43轟炸大隊第63轟炸中隊派出3架B-24，到香港至廈門之間的中國沿海搜索日軍船隻，由於未發現可攻擊的目標，其中2架返航前以500磅炸彈轟炸高雄地區。

1945.3.9

第90轟炸大隊第319、320、321、400轟炸中隊合計20架B-24，由第475戰鬥機大隊16架P-38掩護，在中午過後以1000磅炸彈轟炸高

雄港設施和鐵路，造成岸壁丸一組一棟倉庫全燒，鐵軌部分受損，市區高壓送電線與送水鐵管各有一處切斷。

當天晚間，第43轟炸大隊第65與第403轟炸中隊共3架配備H2X雷達的B-24起飛，首度執行以往由第63中隊負責的夜間騷擾轟炸任務。一架飛機因發動機故障折返，其餘2架B-24在次日凌晨以500磅燒夷彈轟炸台南市區。

1945.3.10

除了美國海軍第119巡邏轟炸中隊一架PB4Y，於下午2時30分以機槍與100磅炸彈攻擊台東海岸的兩艘機帆船之外，美軍在白天無其他攻擊台灣的行動。

1945.3.11

第49戰鬥機大隊第7戰鬥機中隊的14架P-38以1000磅炸彈俯衝轟炸大肚一帶，造成大肚紙漿工場5棟原料倉庫全燒，大肚驛內信號機破壞，大肚與追分之間20根電線桿倒塌。

第35戰鬥機大隊第40戰鬥機中隊的13架P-47以500磅炸彈俯衝轟炸高雄火力發電所，造成發電所小破，外側的高壓送電線與其他配電線多處被切斷。鄰近的台灣煉瓦工場也遭池魚之殃，兩棟工場半壞，高雄新驛的候車室及第一與第二月台小破。

準備移防的第22轟炸大隊，由第19轟炸中隊的B-24運送物品器材到菲律賓的克拉克（Clark）機場時，接獲轟炸馬公港的命令，6架B-24掛上500磅炸彈後起飛。由於馬公被雲層掩蓋，所以透過雷達輔助投彈。

第43轟炸大隊第63轟炸中隊於夜間派出2架B-24，搜索據報從高雄港出航的船隻，其中一架在高雄港投下500磅炸彈。

第90轟炸大隊原定以4個中隊的B-24轟炸馬公港設施，由第475戰鬥機大隊16架P-38掩護。但因目標區被雲層遮蓋，機群轉向轟炸列為預備目標的高雄。第319、320、321、400轟炸中隊合計22架B-24，以1000磅炸彈轟炸高雄河以西的碼頭與鐵路設施。

第43轟炸大隊出動第64轟炸中隊的6架B-24，以500磅炸彈轟炸台南市的鐵路設施。

第35戰鬥機大隊原本計畫以第40與41戰鬥機中隊共24架P-47轟炸基隆港，由第49戰鬥機大隊7架P-38護航。但受到天氣因素影響，改為轟炸列在第二順位的台南市內鐵路設施，計有18架P-47投下500磅炸彈。台南驛的驛本屋及附屬建物大破，構內線路有5處受損，鐵路專用電話線被切斷，送水鐵管和配電線數處切斷。

第3空中突擊大隊原定出動16架P-51，每架掛載3枚260磅破片殺傷彈，分成3組分別轟炸位於苗栗、錦水、出礦坑的煉油及石油開採設施。同樣因為目標區天候不佳，改為轟炸列為預備目標的日月潭水力發電所，14架P-51在超低空投下破片殺傷彈，但戰果不明。

第5航空隊當天計畫出動4個大隊的B-24轟炸日月潭第一發電所，馬公港列為預備目標。不過因為日月潭上空烏雲密布，只有第90轟炸大隊第320、321、400轟炸中隊16架B-24透過雷達的協助，在日月潭上空投下1000磅炸彈，第319轟炸中隊的6架B-24改炸其他目標，飛到台南地區投下炸彈。

前一天移防到克拉克機場的第22轟炸大隊第2、19、33轟炸中隊出動18架B-24。機群飛抵台灣發現日月潭被雲層遮蔽後，轉向澎湖

飛行。然而馬公同樣被雲層掩蓋，其中8架B-24飛到高雄市上空投下1000磅炸彈。

第43轟炸大隊僅有第64轟炸中隊被指派參與轟炸日月潭的行動，也是在發現無法轟炸日月潭後轉飛澎湖，4架B-24透過雲層的空隙以1000磅炸彈轟炸馬公。

第380轟炸大隊4個中隊的B-24在確定無法轟炸日月潭後，分頭轟炸台灣各地的目標：第528轟炸中隊的6架飛機轟炸嘉義地區；第529轟炸中隊5架B-24轟炸高雄；第530轟炸中隊的6架飛機轟炸鹿港飛行場；第531轟炸中隊則有6架轟炸台南市，另一架轟炸高雄市。

日月潭第一發電所多項發電與輸電設施在空襲中被破壞，3棟倉庫燒毀，一棟修理工場半毀。民雄驛構內轉轍器破壞，各種電信、電話、輸電線被切斷，民雄驛農業倉庫全燒。台南地區也有電信與電話線路被切斷，大正町送水鐵管一處被切斷。高雄市內若干電信、電話線與輸電線受損，酒精輸送會社的建物全燒，日本水產株式會社的6棟漁業倉庫全燒、一棟半毀。

1945.3.14

日軍在馬公的海軍基地是第5航空隊3個大隊的B-24在當天的首要轟炸目標。總計有第22轟炸大隊第2、19、408轟炸中隊15架，第43轟炸大隊第64轟炸中隊6架，第90轟炸大隊第319、320、321、400轟炸中隊22架B-24，在中午前後，以1000磅炸彈轟炸馬公一帶的發電所、無線電站、港口倉庫、油槽。

由於前一日轟炸日月潭水力發電所的行動未竟全功，所以第5航空隊再派出第380轟炸大隊的B-24前往轟炸，第475戰鬥機大隊16架P-38擔任掩護。然而日月潭一帶的天氣依然不理想，因此第380轟炸大隊第528、529、530、531轟炸中隊共計17架B-24，加入其他大隊的

B-24聯合轟炸馬公。

第3空中突擊大隊出動16架P-51，對台灣西部鐵路交通進行掃蕩。

澳洲皇家空軍第20中隊出動一架卡塔利娜水上飛機，於夜間至高雄港入口外側進行佈雷。

1945.3.15

第38轟炸大隊第405轟炸中隊在凌晨派出一架B-25，到台灣西岸執行氣象觀測，完成任務返航之前，在上午7時20分對鵝鑾鼻燈塔投下2枚500磅炸彈，造成一棟宿舍燒毀。

第5航空隊的B-24在一連幾天轟炸台灣後，本日轉攻菲律賓的碧瑤（Baguio），因此對台休兵一天。

第35戰鬥機大隊派出第40與第41戰鬥機中隊的P-47掃蕩台灣南部，共有15架飛機以500磅炸彈對高雄火力發電所進行俯衝轟炸，岡山、屏東、鳳山、潮州等地也都遭受攻擊，但有一架P-47遭到地面砲火擊落。

第43轟炸大隊第63轟炸中隊於夜間派出3架B-24，到馬公一帶海域執行海上搜索截擊任務，其中一架以500磅炸彈轟炸馬公港。

1945.3.16

隨著美軍預定登陸沖繩的日期（4月1日）逼近，癱瘓日軍位在台灣的空中武力，成為第5航空隊的首要任務，因此台灣的飛行場再度成為B-24密集轟炸的對象。

第22轟炸大隊第2、19、33、408轟炸中隊，負責轟炸台北飛行場，第43轟炸大隊的第65與第403轟炸中隊因為剛從明多羅移防到

第22大隊共用的克拉克機場，也被指派轟炸台北飛行場。兩個大隊的B-24從台灣東部北上，但台北飛行場上空是多雲的天氣，僅有第2轟炸中隊和第403轟炸中隊各6架B-24，透過雲層的空隙對飛行場投下260磅破片殺傷彈。其他4個中隊合計20架飛機都轉向列為預備目標的台北市區投彈，造成專賣局酒工場的3棟倉庫小破，板橋到樹林驛之間的鐵路與電信電話線損壞。

第90轟炸大隊第319、320、321、400轟炸中隊的21架B-24，與第43轟炸大隊仍留在明多羅的第64轟炸中隊5架B-24，共同以260磅破片殺傷彈轟炸屏東飛行場。

美軍從不久前的岡山飛行場偵察照片上發現27架日軍戰鬥機和10架轟炸機，因此指派第380轟炸大隊進行轟炸，第528、529、530、531轟炸中隊總計23架B-24投下260磅破片殺傷彈。

當天夜間，第43轟炸大隊第63轟炸中隊出動3架B-24執行海上搜索截擊任務，其中一架飛機因為未發現船舶目標，以500磅炸彈轟炸預備目標馬公港。

1945.3.17

第5航空隊在前一天為17日擬定了兩項空襲方案，方案A：針對台灣，預定由4個大隊的B-24轟炸台北市、新竹市、公館飛行場、台中飛行場，一個大隊的B-25攻擊位於鹽水的岸內製糖所，一個大隊的A-20攻擊麻豆的總爺製糖所；方案B：由各單位以相同的兵力空襲菲律賓的碧瑤。到了16日深夜，美軍決定除了B-25和A-20執行方案B，4個B-24的大隊都於次日執行方案A。

當天第22轟炸大隊第2、19、33、408轟炸中隊21架B-24在雷達輔助下，以1000磅炸彈轟炸新竹市區和鐵路設施，市內新興町、黑金町一帶的電信電話線與輸電線被切斷，一座木材工場中破。

第43轟炸大隊第65與第403轟炸中隊合計出動10架B-24空襲台北市，其中9架按原定計畫以1000磅炸彈轟炸台北市區，另一架飛機折返恆春上空投下炸彈。

第90轟炸大隊4個中隊，原定要跟同一駐地的第43轟炸大隊第64轟炸中隊聯合轟炸公館飛行場，但是台中地區上空雲量偏多，只有第320轟炸中隊的6架飛機對公館飛行場投下500磅炸彈，第321轟炸中隊6架飛機改炸台中飛行場，而第319與第400轟炸中隊的12架B-24，則與第43轟炸大隊第64轟炸中隊的6架B-24共同以500磅炸彈轟炸台南市。當天台南市共有1035棟房屋全燒或全壞，台南州博物館辦公廳舍、新豐郡役所全壞，勸業銀行大破。

第380轟炸大隊4個中隊的指定目標是台中飛行場，第528、529、530、531轟炸中隊合計24架B-24按照原定計畫以500磅炸彈實施轟炸。

1945.3.18

第90轟炸大隊與第380轟炸大隊的B-24當天負責共同轟炸台南飛行場。不過由於目標區被濃密的雲層遮掩，第90轟炸大隊的B-24改尋其他目標投彈，其中第319和第321轟炸中隊共計12架飛機，對恆春飛行場和鄰近地區投下集束破片殺傷彈，第320與第400轟炸中隊則轟炸東港飛行場，造成東港街與林邊庄的輸電線多數被切斷。

第380轟炸大隊第528、529、530、531轟炸中隊合計20架B-24，改對台南飛行場和仁德飛行場投下集束破片殺傷彈，台灣煉瓦會社台南工場與東門町一帶的鐵軌受到波及而受損。

台南市

第90轟炸大隊原定於1945年3月17日轟炸公館飛行場，但是受到天候影響，第319與第400轟炸中隊的B-24改炸台南市。照片中炸彈落在鐵路縱貫線以西的市區內爆炸，右上角可見台南驛前的廣場。（AFHRA典藏，中央研究院人社中心GIS專題中心提供）

1945.3.19

　　第38轟炸大隊第71轟炸中隊上午派出一架B-25到台灣西岸上空進行氣象觀測，由於台灣地區的天氣太差，這架飛機完成觀測任務後未投彈即返航。

　　當天美軍無其他對台空襲行動。

1945.3.20

　　第90轟炸大隊第319、320、321、400轟炸中隊17架掛載100磅燒夷彈的B-24，與第380轟炸大隊第529、530、531轟炸中隊18架掛載260磅破片殺傷彈的B-24，由P-38護航，於上午11時左右聯合轟炸台南市區。共有270棟房屋全燒或全壞，台南州廳、台南師範學校、台南

第90轟炸大隊的B-24在1945年3月20日以100磅燒夷彈轟炸台南市區。照片中可見台南驛一帶與南邊的市區因燃燒而冒出黑煙。（AFHRA典藏，中央研究院人社中心GIS專題中心提供）

第一高等女學校、台南盲啞學校全燒或半燒，南日本鹽業株式會社的事務所與台灣運輸會社兩棟倉庫全燒，多處電信、電話線與輸電線被切斷，台南驛南邊一公里的鐵軌一處損毀。

澳洲皇家空軍第43中隊於傍晚出動一架卡塔利娜水上飛機，在夜間抵達高雄港外實施佈雷作業。

1945.3.21

美軍在白天無任何對台空襲行動。

入夜後，第43轟炸大隊第63轟炸中隊出動2架B-24到中國沿海執行任務，其中一架在回程中以500磅炸彈轟炸馬公港。

1945.3.22

第90轟炸大隊第320、321、400轟炸中隊的17架B-24，以500磅燒夷彈、500磅炸彈、260磅破片殺傷彈等不同彈種轟炸岡山飛行場，第319中隊的6架B-24則以260磅破片殺傷彈轟炸台南市區。

第380轟炸大隊第528、529、530、531轟炸中隊24架B-24，混用集束破片殺傷彈及260磅破片殺傷彈轟炸台南飛行場。

美軍另派出14架P-51執行掃蕩任務，但無斬獲。

1945.3.23

第38轟炸大隊第71轟炸中隊凌晨派出一架B-25到台灣西岸進行氣象觀測，在返航途中對高雄港內一艘船隻投下2枚1000磅炸彈。

第5航空隊B-24當天的重點目標是日月潭的兩座水力發電所。第22轟炸大隊負責轟炸第一發電所，第2、19、33、408轟炸中隊22架飛

機在正午過後陸續投下破壞力強大的2000磅炸彈,其中一架B-24在投彈完畢後被地面砲火擊中,爆炸墜地。第一發電所的壓力水管有3根破裂,兩座預備貯油槽燒毀,兩座變壓器也被炸中燒毀。

第43轟炸大隊第64、65、403轟炸中隊的15架B-24接在第22轟炸大隊之後,對第二發電所投下2000磅炸彈。造成第二發電所一根壓力水管破損,屋外變電器有兩座起火燃燒,引發濃煙。2架第403轟炸中隊的B-24未能對日月潭投彈,改向預備目標高雄市投下炸彈。

當天共有41架P-51攻擊高雄市,其中第3空中突擊大隊第4戰鬥機中隊14架從日月潭折返的P-51在高雄地區投下集束破片殺傷彈。高雄州廳構內的警用電話被切斷,大港埔水道支線一處破裂,台灣水泥株式會社高雄工場有多處受損。

第43轟炸大隊第63轟炸中隊在夜間派出5架B-24前往石垣島轟炸,其中一架未在石垣島投彈的飛機改在基隆港投下500磅炸彈和500磅燒夷彈。

第22轟炸大隊的B-24在1945年3月23日以2000磅炸彈轟炸日月潭第一發電所。(NARA典藏,中央研究院人社中心GIS專題中心提供)

日月潭第一發電所的屋外變電設施被炸中後起火燃燒，冒出黑色濃煙，壓力水管破裂噴出水柱。（NARA典藏，中央研究院人社中心GIS專題中心提供）

這張從水里南方上空往北俯瞰的照片中，可以看到日月潭第一發電所及附近山頭完全被濃煙遮蔽，右方的水域是日月潭。（NARA典藏，中央研究院人社中心GIS專題中心提供）

日月潭第二發電所

第43轟炸大隊的B-24在1945年3月23日負責轟炸日月潭第二發電所，屋外變電設施被炸中起火燃燒冒出黑煙，壓力水管亦被炸破裂噴出水柱。（NARA典藏，中央研究院人社中心GIS專題中心提供）

這張從北方上空往南俯瞰的照片可以看到日月潭第二發電所一帶冒出的濃煙，前景較窄的溪流是水里溪，往南流入較寬闊的濁水溪。（NARA典藏，中央研究院人社中心GIS專題中心提供）

照片正中央通往二坪仔宿舍區的聯絡道路也遭到轟炸。左上方的黑煙來自第二發電所的屋外變電設施。（NARA典藏，中央研究院人社中心GIS專題中心提供）

　　第22轟炸大隊原定的轟炸目標是高雄港的碼頭與倉庫，然而港區上空幾乎完全被雲層遮蔽，所以第2、19、33、408轟炸中隊22架B-24改在雷達的輔助下以1000磅炸彈轟炸高雄市，市區與鳳山郡五甲多處的警用電話與配電線被切斷。

　　第22轟炸大隊當晚開始執行夜間騷擾轟炸的任務，第19轟炸中隊和第33轟炸中隊各派出一架配備雷達的B-24，分別對基隆港投下6枚1000磅炸彈。

　　第312轟炸大隊旗下第386與第387轟炸中隊各出動9架A-20，前往轟炸台灣製糖株式會社橋子頭製糖所。下午1時40分左右，機群超

第312轟炸大隊的A-20在1945年3月25日轟炸橋子頭製糖所。（AFHRA典藏，中央研究院人社中心GIS專題中心提供）

低空對製糖所投下傘降破片殺傷彈和100磅汽油彈，並順道攻擊楠梓、鳳山、潮州等地區。橋子頭製糖所的工場有一部分燒毀，4棟附屬倉庫全燒，橋子頭地區的電話線與配電線多數切斷。一架A-20被地面砲火擊中，墜毀在高雄外海。

第35戰鬥機大隊的P-47在傍晚時分到台灣南部進行掃蕩，並與日機發生空戰。

第22轟炸大隊於夜間再次出動3架配備雷達的B-24執行騷擾轟炸任務，其中第2轟炸中隊和第19轟炸中隊各一架飛機以1000磅炸彈轟炸基隆港。

1945.3.26

第43轟炸大隊出動第64、65、403轟炸中隊的B-24轟炸高雄港，共有19架B-24以1000磅炸彈轟炸港口設施和船舶，大阪商船會社、國際通運株式會社、台灣倉庫會社、明治製糖株式會社、三井物產株式會社、台灣運輸會社都有倉庫全燒。

入夜後，第43轟炸大隊第64轟炸中隊和第65轟炸中隊各一架配備H2X雷達的B-24，以1000磅炸彈對基隆港實施騷擾轟炸。

1945.3.27

第38轟炸大隊旗下第71、405、822、823轟炸中隊的B-25，原本待命執行海上船隻截擊任務，因情報未發現合適的目標，上午7時30分接獲命令，由4個中隊各出動4架B-25改掛250磅傘降破壞彈，轟炸位於錦水的煉油設施。一架第405中隊的飛機因為漏油在起飛後不久即折返，其他的B-25在P-47的護航下沿台灣西海岸北上，從中港溪出海口轉東飛行後，陸地即完全被雲層覆蓋。領隊的第71轟炸中隊4架

第38轟炸大隊在1945年3月27日轟炸錦水煉油設施的任務中，有數架B-25因天氣惡劣而改對後龍飛行場投下250磅傘降破壞彈。（AFHRA典藏，中央研究院人社中心GIS專題中心提供）

B-25在下午1時許對帝國石油錦水工場投彈，造成一棟工場全毀、4棟小破，鍋爐、汲水塔、蒸發機也都有損壞。其他3個中隊都因天氣惡劣放棄轟炸錦水，有7架B-25攻擊後龍飛行場及後龍、北勢一帶的鐵路運輸，公司寮驛的一列貨車和北勢驛的一列旅客列車遭到掃射，大山腳驛的一座倉庫被炸壞。另有4架B-25未在台灣投彈，轉向菲律賓轟炸第三順位目標或直接返回基地。

美國海軍第104巡邏轟炸中隊一架PB4Y-1在日間武裝偵巡任務中，先於下午2時30分掃射宜蘭一帶的列車，接著在沿東岸南下途中以100磅燒夷彈和機槍攻擊一艘停放岸上的機帆船。下午3時50分飛抵恆春飛行場，對露天掩體中的日機投下2枚100磅燒夷彈，同時以機槍掃射。

當天晚間，第43轟炸大隊由第64和第65轟炸中隊各派一架

恆春飛行場

第104巡邏轟炸中隊一架PB4Y-1，在1945年3月27日下午轟炸並掃射恆春飛行場露天掩體內的日機。（NARA via Fold3.com）

B-24，對基隆港實施夜間騷擾轟炸。基隆上空雲層密布，第64中隊的飛機因雷達故障，改以估計抵達時間的方式投下1000磅炸彈，第65中隊的B-24則藉由雷達指引在雲層之上投下1000磅炸彈。

1945.3.28

由於登陸沖繩在即，第5航空隊再度出動B-24轟炸台灣的飛行場。第22轟炸大隊負責轟炸台南飛行場和鄰近的仁德飛行場，第2、19、33、408轟炸中隊總共23架B-24對停放掩體的日軍飛機投下集束破片殺傷彈。

第90轟炸大隊第319、320、321、400轟炸中隊的23架B-24，在雲層上以1000磅炸彈盲目轟炸高雄港一帶。

美國海軍第119巡邏轟炸中隊一架執行台灣東海岸日間武裝偵巡任務的PB4Y-2，在下午返航前以機槍掃射宜蘭飛行場上的日機，並攻擊礁溪、濁水、加禮宛、瑞穗等地的鐵路列車，共投下2枚250磅炸彈。

1945.3.29

原本待命執行海上船隻攻擊任務的第38轟炸大隊第71、822、823轟炸中隊，因為前方未發現合適的海上目標，所以各出動6架B-25改掛250磅傘降破壞彈，前往轟炸位於苗栗東南方疑似煉油所和發電所的目標。2架B-25因為故障未能飛往台灣，其他16架B-25由12架P-47掩護，從後龍一帶轉進陸地。由於第38轟炸大隊當時並沒有該地區的空照圖與詳細座標位置，甚至連目標的真正功能都不確定，所以帶頭的第822中隊在目視目標後才匆忙投彈，完全沒有命中目標。後續兩個中隊多數飛機也是匆匆投彈，許多炸彈是在脫離目標區後才在苑裡、後龍等地投下。第71中隊2架飛機在投彈過程中擦撞，其中一架下落不

明。這次空襲造成大日本製糖株式會社苗栗製糖所多項設備與倉庫全壞或半壞，苗栗與銅鑼間的送電線多數切斷。

第312轟炸大隊的第387、388、389轟炸中隊派出18架A-20，以燒夷彈與傘降破壞彈在超低空轟炸台灣製糖株式會社三崁店製糖所，造成電氣室大破。

第43轟炸大隊的第64、65、403轟炸中隊出動19架B-24，以1000磅炸彈轟炸左營海軍基地，數艘日本軍艦被炸中。

當天晚間，第22轟炸大隊第33轟炸中隊派出一架B-24，在多雲的狀況下以雷達輔助對基隆港投下1000磅炸彈。第43轟炸大隊第63轟炸中隊2架執行夜間海上搜索任務的B-24，由於未發現可攻擊的海上目標，返航前以500磅炸彈轟炸基隆港油庫。基隆港第四岸壁的高度油儲存槽小破，兩棟倉庫半壞，鐵軌也有損毀。

台灣製糖株式會社三崁店製糖所

第312轟炸大隊的A-20在1945年3月29日轟炸三崁店製糖所。（AFHRA典藏，中央研究院人社中心 GIS專題中心提供）

　　原本待命執行海上任務的第38轟炸大隊因為沒有可攻擊的海上目標，改為轟炸台中驛構內的車場及其南邊的一處軍營和一座工場。預計由第823與第405轟炸中隊合計12架B-25一字排開進行第一波轟炸，第822轟炸中隊的6架飛機殿後。一架B-25因故障無法起飛，總計有17架掛載250磅傘降破壞彈的B-25參與這次任務，由8架P-47擔任掩護。

　　由於台灣的西岸被低雲掩蓋，領隊的第823中隊根據飛行時間估計轉入內陸的位置，結果偏北了30英里，5架B-25因此從后里開始對大日本製糖月眉製糖所投彈，經過潭子，再轟炸台中驛構內的車場、東

第38轟炸大隊在1945年3月30日負責轟炸台中驛，但因進入台灣陸地的位置偏北，部分B-25在后里即對大日本製糖月眉製糖所（照片背景的煙囪附近）投下炸彈。照片中的小路現在是后里區三月路。（AFHRA典藏，中央研究院人社中心GIS專題中心提供）

北側的大日本製糖株式會社台中製糖所與南側的軍營。第405中隊從豐原開始投彈，再轟炸公館飛行場東南的營區，沿途掃射新庄子地區的工場及大肚溪鐵橋彰化端的一列貨運列車。殿後的第822中隊對豐原的一座工場投下大部分的炸彈，之後轟炸大肚山飛行場的棚廠與台中飛行場邊的建築。這次空襲造成月眉製糖所的一棟蔗渣倉庫半燒，帝國纖維會社新庄子亞麻工場兩棟倉庫全燒，南寮無線電所全毀，彰化的電話線與配電線被切斷。

第22轟炸大隊第2、19、33、408轟炸中隊共計23架B-24，對台北飛行場投下大量的集束破片殺傷彈，命中飛機掩體區內的數架日軍飛機，也造成興雅、松山一帶的電話線與送電線切斷。

入夜後，2架第43轟炸大隊第63轟炸中隊的B-24，以500磅炸彈轟炸基隆港。

1945.3.31

第22轟炸大隊第2、19、33、408轟炸中隊總共派出16架B-24轟炸基隆港，但只有13架飛抵目標區，以1000磅炸彈轟炸碼頭、鐵路、港內船舶。雖然多數的炸彈未命中目標，仍造成台灣電化株式會社基隆工場、岸壁石造倉庫、日本通運株式會社、基隆合同運輸會社的若干倉庫損毀，基隆驛的貨物取扱所大破、構內鐵軌3處被炸壞，市內多處電話線、送電線、送水幹線被切斷。

第312轟炸大隊的第386、387、389轟炸中隊一共出動26架A-20，深入高雄州蕃地山區，以傘降破壞彈和燒夷彈轟炸獅子頭的日軍營區。

當天第5航空隊另外出動P-38掃射鹿港飛行場，P-51則攻擊屏東一帶的列車。

1945 年 4 月

昭和 20 年

　　配合美軍地面部隊在這一天登陸沖繩，第5航空隊以轟炸機猛攻台灣東部的飛行場，以阻止日軍利用這些基地出動自殺飛機。第22轟炸大隊第2、19、33、408轟炸中隊11架B-24，和第43轟炸大隊第65、403轟炸中隊9架B-24，由18架P-38掩護，在中午過後合力以集束破片殺傷彈轟炸宜蘭飛行場上的飛機和維修設施。

　　第38轟炸大隊負責轟炸花蓮港南飛行場，第71、405、823轟炸中隊各派出6架B-25，除了一架掛載100磅傘降破壞彈，其餘17架飛機都掛載23磅傘降破片殺傷彈。機群在8架P-51的護航下飛抵台灣後，領隊的第405中隊和居中的第71中隊都按計畫對花蓮港南飛行場投彈，殿後的第823中隊因為進入角度的問題改為轟炸花蓮港北飛行場。B-25機群脫離後，在沿東海岸南下的途中，對石梯、姑子律、眞柄、加走灣尾、石雨傘、新港、都歷、台東、鵝鑾鼻等地的機會目標投下卡在彈架上的炸彈，造成台東的吉村製糖工場的工場全燒，一棟倉庫半燒，200擔砂糖燒失。

　　P-51到南台灣進行掃蕩，攻擊鐵公路運輸，並且造成大日本製糖株式會社玉井製糖所、台灣製糖株式會社旗尾製糖所、竹子門發電所小破。

　　第43轟炸大隊第65轟炸中隊一架配備H2X雷達的B-24，在夜間對基隆港投下6枚1000磅炸彈，同大隊第64轟炸中隊一架B-24，以目視方式對新竹飛行場投下集束破片殺傷彈。

　　第38轟炸大隊第405轟炸中隊派出2架各掛載4枚250磅傘降破壞彈的B-25，於凌晨2時起飛，準備在破曉時分從新竹沿縱貫線鐵路

第38轟炸大隊的B-25在1945年4月2日到縱貫鐵路沿線尋找機會目標進行攻擊。照片中的機關車被攻擊後，與其他車廂分離。（NARA via Fold3.com）

一路南下，轟炸和掃射沿途發現的列車與工場，直到彈藥用盡為止，這是第38轟炸大隊首次使用的新戰術。然而台灣北部被低垂的雲層籠罩，所以這2架B-25往南飛到鹿港才開始發動攻擊，在鹿港和西螺兩地各對疑似工場的建築投下炸彈。

　　第38轟炸大隊另外預定在清晨6時由第71和第822轟炸中隊，分別出動6架B-25各掛載4枚250磅傘降破壞彈，到台灣沿縱貫鐵路尋找機會目標進行攻擊，直到彈藥消耗完畢。原本規劃由兩個中隊分別從台南與台中開始往北掃蕩，但是因起飛時間延誤，其中一架B-25又因故折返，所以飛抵的11架B-25後來都改從永康開始發動攻擊，一路往北到台中一帶。除了有多列火車遭受攻擊，石榴驛、田中驛、清水驛附近有鐵軌受損，佳里、麻豆、嘉義、台中等地皆有建築物被炸。第71中隊一架B-25在白河一帶跟友機擦撞後墜毀，第822中隊的2架飛

第312轟炸大隊的A-20在1945年4月2日轟炸新營驛,位在南側的新營製糖所也遭到轟炸。
(AFHRA典藏,中央研究院人社中心GIS專題中心提供)

機在沙鹿附近被地面砲火擊中,分別墜落在台中飛行場西北方及梧棲外海。

　　第312轟炸大隊第388與第389轟炸中隊各派出9架A-20,以250磅傘降破壞彈及100磅汽油彈轟炸新營驛的鐵路設施和列車,相鄰的鹽水港製糖株式會社新營製糖所也遭到轟炸。新營驛的驛舍小破、5棟倉庫全燒,構內鐵軌有兩處遭切斷,新營製糖所多棟建築被炸毀,鹽水港紙漿工業株式會社新營工場的4棟倉庫燒毀。

　　第22轟炸大隊第408轟炸中隊於夜間派出一架配備H2X雷達的B-24,在多雲的狀況下對基隆港投下6枚1000磅炸彈,但落到基隆市外的山中。第43轟炸大隊第63轟炸中隊一架B-24在夜間以500磅炸彈轟炸馬公港,同大隊的第65轟炸中隊也在夜間派遣一架B-24,以集束破片殺傷彈轟炸新竹飛行場,炸彈落在新竹外海。

　　第38轟炸大隊第71、405、822、823轟炸中隊各出動4架B-25，每架飛機掛載4枚250磅傘降破壞彈，目標是台拓化學工業株式會社嘉義工場及嘉義驛構內的車場。帶頭的第822與第823中隊負責轟炸車場，8架B-25在午後從嘉義南方通過化學工場上空時，均按照任務規劃不投彈，只用機槍掃射，以免爆炸和濃煙影響後面的兩個中隊。不過機槍彈卻擊中一座油槽和鍋爐，引發爆炸和大量的濃煙，因此僅有第405中隊的B-25對濃煙瀰漫的化學工場投彈，大部分的飛機對車場及嘉義驛周邊的市區建築投下炸彈。當天嘉義市共有1901棟房屋全燒，台拓嘉義工場有17棟倉庫全燒，嘉義驛3座倉庫全燒、構內鐵道線路全部切斷，帝國纖維會社嘉義工場半壞，多家鐵工所全燒。

　　第38轟炸大隊完成嘉義市轟炸任務後半小時左右，第90轟炸大隊第319、320、321、400轟炸中隊的22架B-24飛抵嘉義飛行場，以集束破片殺傷彈和500磅燒夷彈實施轟炸。

　　第312轟炸大隊派出第386和第387轟炸中隊的A-20，由第35戰鬥機大隊的P-51擔任掩護，分別轟炸台灣西部和東部的鐵路目標。第386轟炸中隊的9架A-20在下午3時左右，以傘降破壞彈與100磅汽油彈轟炸番子田驛[1]的車場，鄰近的專賣局番子田酒精工場也遭轟炸，造成酒精工場蒸餾室、鍋爐室、溶解室與8棟倉庫、2座製品儲存槽燒毀，官田庄農業倉庫也有3棟燒毀。第387轟炸中隊的8架A-20在東部轟炸玉里驛的鐵路設施，造成東台灣林產製材工場全燒。

　　負責掩護第386轟炸中隊的第35戰鬥機大隊第40戰鬥機中隊4架P-51，在美濃上空跟日軍飛機發生空戰。美軍另外出動P-38掃蕩嘉義到恆春的公路交通。

1　現在的隆田車站。

第312轟炸大隊的A-20在1945年4月3日轟炸番子田驛（位於照片裡鐵道的左側），鄰近的專賣局番子田酒精工場也遭到轟炸（鐵道右側）。（AFHRA典藏，中央研究院人社中心GIS專題中心提供）

　　當天夜間，第22轟炸大隊第33轟炸中隊出動一架B-24，以1000磅炸彈轟炸基隆港的船隻。

1945.4.4

　　第38轟炸大隊第71轟炸中隊於清晨派遣一架B-25，到台灣西部上空執行武裝氣象觀測任務，途中對學甲的一座水泥公路橋投下4枚500磅炸彈。

　　第380轟炸大隊第528、529、530、531轟炸中隊總計23架B-24，由P-38擔任掩護，以集束破片殺傷彈轟炸公館飛行場的飛機掩體區。

　　第312轟炸大隊的第387、388、389轟炸中隊各派出6架A-20，目標是明治製糖株式會社蒜頭製糖所。在250磅炸彈和100磅汽油彈的轟

空襲福爾摩沙：二戰盟軍飛機攻擊台灣紀實

第312轟炸大隊的A-20在1945年4月4日的原定目標是明治製糖株式會社蒜頭製糖所,但是卻誤炸了鹽水港製糖株式會社的岸內製糖所。(AFHRA典藏,中央研究院人社中心GIS專題中心提供)

炸下,目標區完全被濃煙掩蓋。不過第312轟炸大隊事後分析照片,發現被炸的並非蒜頭製糖所,而是鹽水港製糖株式會社岸內製糖所,當天第一工場與第二工場的所屬倉庫全燒,鄰近的鹽水港驛的驛舍半壞、一棟自動車倉庫全燒。

　　由於先前美軍的空中偵察發現馬公港有日軍船隻活動,第345轟炸大隊第498與500轟炸中隊各派出6架B-25前往轟炸。以2架為一梯隊,從下午2時35分開始,分批以500磅炸彈轟炸馬公的市街與港口,炸中停泊在東碼頭突堤東側的800噸級第二近油丸運油艦,引發的大火波及了西側的特設救難船寶嶺丸。第500轟炸中隊的一架B-25在馬公上空被地面砲火擊中,右翼斷裂,當場墜入港中。第498中隊的B-25脫離後飛到馬公南方的東吉嶼,對島上的一處倉庫投下炸彈,引發強烈的爆炸。

第345轟炸大隊的B-25在1945年4月4日轟炸馬公市街與港口。照片中僅能看見冒出黑煙的特設救難船寶嶺丸,突堤另一側的第二近油丸運油艦完全被大火吞噬。(NARA via Fold3.com)

1945.4.5

　　第90轟炸大隊第319、320、321、400轟炸中隊的22架B-24,和第380轟炸大隊第528、529、530、531轟炸中隊的20架B-24連袂出擊,由12架P-38護航,以1000磅半穿甲彈轟炸基隆港。

　　到了夜間,第43轟炸大隊的第64與第65轟炸中隊各派出一架配備H2X雷達的B-24,在雲層之上再對基隆港投下12枚1000磅炸彈。同大隊第63轟炸中隊當晚負責搜索在香港一帶活動的日本艦隊,其中2架B-24因為未發現艦隊目標,回程途中以機上的500磅炸彈轟炸馬公。

第38轟炸大隊第71轟炸中隊於清晨派遣一架B-25，到台灣西部上空執行武裝氣象觀測任務，在返航之前分別在口湖和西港一帶投下500磅炸彈。

第38轟炸大隊第71、405、822、823轟炸中隊共22架B-25上午起飛至廣東沿海一帶，搜索由一艘驅逐艦和4艘護衛艦組成的日本船隊。不過這些轟炸機在飛到東沙群島附近就遭遇濃厚的雲層和間歇的雨勢，領隊接獲指令取消海上任務，改為轟炸台灣的北港。由於起飛前的任務簡報並未包括北港的說明，機群憑著地圖和航位推測在中午12時左右飛到了「目標」。除了一架飛機故障，每個中隊各自以一字排開的隊形以500磅炸彈轟炸當地的鐵路設施、工場、倉庫與疑似的軍營。然而第38轟炸大隊在檢視轟炸過程中拍攝的照片後，發現被攻擊的地點並非北港，而是彰化。這次空襲造成合同鳳梨彰化工場全毀，彰化驛構內的鐵軌3處遭到破壞。

當天夜間，第22轟炸大隊第19轟炸中隊派出一架B-24，以1000磅炸彈轟炸基隆港。

第38轟炸大隊第823轟炸中隊一架到台灣西部上空執行武裝氣象觀測任務的B-25，在上午9時50分對枋寮一帶的鐵路投下4枚500磅炸彈。

第5航空隊再度大舉出動B-24轟炸台灣的飛行場，以防止日軍飛機支援沖繩的戰事。計畫由第43轟炸大隊的B-24轟炸新竹飛行場，第380轟炸大隊轟炸公館飛行場，第90轟炸大隊轟炸台南飛行場，由28架P-38擔任掩護。

第43轟炸大隊的第64、65、403轟炸中隊總共出動18架B-24，然而新竹地區的雲量偏多，即使部分飛機配有H2X雷達依然無法發揮效用，所以每架飛機各自尋找目標投下集束破片殺傷彈，或將炸彈拋棄海上，被轟炸的地點遍及新竹、台中、台南、東港、琉球嶼、恆春等地。

第380轟炸大隊也受到鋒面的影響，只有第530與第531轟炸中隊的9架B-24對公館飛行場投下集束破片殺傷彈，其他10架飛機改爲轟炸嘉義、台南、恆春等地。

台南飛行場由於位在南部，天氣較佳，所以第90轟炸大隊的第319、320、321、400轟炸中隊24架B-24，按計畫對台南飛行場投下集束破片殺傷彈。

第22轟炸大隊當天的原定任務是到台灣海峽搜索日軍艦隊，但在起飛前臨時被告知台南的安平港被列爲預備目標。第2、19、33、408轟炸中隊總計23架B-24起飛，但是海峽上空濃厚的鋒面雲層阻礙了船舶搜索任務，因此機群轉向台灣。由於領隊認爲在安平港發現的船隻不值得以1000磅炸彈轟炸，決定轉向台南市區。然而事前規劃不足再加上執行時的協調問題，所以12架B-24在混亂中對安平港、台南飛行場、海口、高雄等地投下1000磅炸彈。造成鐘淵曹達工業台南工場的第二與第三工場全壞，第六工場事務所全燒，台南南驛的驛舍半壞，台南南驛與車路墘驛之間部分鐵軌遭破壞。

當天另有12架P-51攻擊高雄市的目標。

入夜之後，第43轟炸大隊第64轟炸中隊一架B-24和第22轟炸大隊第19轟炸中隊的一架B-24，分別以1000磅炸彈轟炸基隆港。

1945.4.8

第5航空隊持續以飛行場爲主要轟炸目標，計畫由第22轟炸大隊

與第43轟炸大隊的B-24聯手轟炸台北飛行場上的飛機。但是台灣上空的天氣相當惡劣，第22轟炸大隊第2、19、33、408轟炸中隊的24架飛機途中改用儀器飛行，領隊在飛抵目標區之前決定折返，由每架飛機自行決定轟炸的地點，只有一架B-24對台北飛行場投下集束破片殺傷彈。第43轟炸大隊第64、65、403轟炸中隊的飛機同樣以儀器飛行，最後也只有一架B-24對台北飛行場投彈。當天這兩個大隊其他飛機投彈的地點遍及花蓮港、台東、恆春、火燒島等地，另有多架飛機將炸彈拋棄在海面上後返航。

第380轟炸大隊原定以4個中隊的B-24轟炸新竹飛行場，24架轟炸機也是在飛抵目標區之前折返，所有炸彈都棄置海中。

第475戰鬥機大隊第433戰鬥機中隊的7架P-38，在完成B-24的護航任務後，循鐵路縱貫線南下尋找目標攻擊，以1000磅炸彈轟炸後龍飛行場，並掃射台中地區的一列貨運列車。

第345轟炸大隊第498、499、500、501轟炸中隊的25架B-25，原本要到中國汕頭沿海搜索日軍船隻，因天氣惡劣而取消任務，轉往澎湖準備轟炸列爲預備目標的馬公港。但由於港內並無值得攻擊的船隻，4個中隊在下午1時40分前後，輪流向第三順位目標澎湖飛行場上的建築和設施投下500磅炸彈。

南部的天氣相對較佳，第3轟炸大隊的第8與第13轟炸中隊合計派出4架A-20，從明多羅的聖荷西機場起飛，以500磅炸彈和500磅汽油彈低空轟炸台拓化學工業株式會社的嘉義化學工場。這是第3轟炸大隊首度空襲台灣，造成台拓嘉義化學工場的事務所、製品工場、機械類倉庫、蒸餾室、鍋爐室、儲存槽等設施全燒，鄰近的嘉義煉瓦工場也中彈燒毀。

第43轟炸大隊第63轟炸中隊在夜間派出2架B-24到廣東沿海搜索日軍艦隊，不過都因爲天氣不佳而無所獲，其中一架在返航前對馬公投下機上的500磅炸彈。

澎湖飛行場

第3轟炸大隊的A-20在1945年4月8日的首次台灣任務中,轟炸台拓化學工業株式會社的嘉義化學工場。（NARA via Fold3.com）

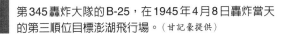

第345轟炸大隊的B-25,在1945年4月8日轟炸當天的第三順位目標澎湖飛行場。（甘記豪提供）

1945.4.9

　　由於台灣上空的天氣持續不佳，美軍暫停日間的對台轟炸任務。

　　第43轟炸大隊第65轟炸中隊在夜間派出一架配備H2X雷達的B-24，以1000磅炸彈轟炸基隆港。第22轟炸大隊第33轟炸中隊的一架B-24，則以1000磅炸彈轟炸恆春飛行場。

1945.4.10

　　第38轟炸大隊在清晨派遣一架第71轟炸中隊的B-25到澎湖執行氣象觀測，但因任務機故障，臨時改由另一架來不及裝載炸彈的B-25執行。台灣海峽完全被低垂的雲層籠罩，並有間歇雨勢。這架飛機完成觀測後，沿著台灣西岸對途中發現的船隻、一座燈塔、兩座雷達站以機槍掃射，但因天候不佳，無法確認這些被攻擊目標的確切位置。

　　第90轟炸大隊的B-24原定轟炸台南飛行場，不過受到鋒面的影響，在飛抵台南地區前就決定折返，第319、320、321、400轟炸中隊合計23架B-24，改對恆春飛行場投下集束破片殺傷彈。

　　入夜之後，第22轟炸大隊第2轟炸中隊的一架B-24以1000磅炸彈轟炸基隆，同一大隊第408轟炸中隊的一架B-24，在雲上以1000磅炸彈轟炸台北市的鐵路。第43轟炸大隊第64轟炸中隊也派出一架B-24，在雲層之上對基隆港投下1000磅炸彈。

1945.4.11

　　由英國皇家海軍不屈號（HMS Indomitable）、勝利號（HMS Victorious）、光輝號（HMS Illustrious）、不倦號（HMS Indefatigable）等4艘航空母艦，及2艘戰艦為主力組成的第57特遣艦隊，原本預定在11日與12日的午前，

執行「冰山烏龍」行動（Operation Iceberg Oolong），以艦載機空襲台北與新竹兩座飛行場，以牽制日軍飛機。不過當天清晨在艦載機起飛前，因為氣象預報顯示松山一帶的天氣不適合發動攻擊，決定將兩次任務延後24小時執行。

第38轟炸大隊第71和第405轟炸中隊各出動5架B-25，分別掛載4枚250磅炸彈，前往善化轟炸台灣製糖株式會社灣裡製糖所，由8架P-38擔任掩護，其中一架B-25起飛後因無線電故障返航。同一大隊第822和第823轟炸中隊原本各有4架掛載4枚500磅炸彈的B-25待命執行海上任務，因為中國沿海天氣不佳，臨時變更任務計畫，起飛前去與第71和第405中隊的友機會合加入轟炸任務。第823中隊在途中遇到濃厚的雲層阻擋，當下決定折回菲律賓轟炸預備目標。其他3個中隊共13架B-25仍按計畫繼續飛往目標區，在下午2時分別以一字排開的隊形對灣裡製糖所投彈，曾文溪鐵橋和鄰近的西港、佳里皆有落彈。灣裡製糖所的工場、發電室、倉庫全燒，損失數萬擔砂糖和300萬斤原糖，台灣製麻會社台南工場的工場、原料倉庫、附屬建物、機械也全部燒毀，350萬斤原料麻付之一炬。

B-24繼續轟炸台灣各地的飛行場，以阻礙日軍從空中支援沖繩戰事。第22轟炸大隊負責轟炸岡山飛行場的海軍航空廠與飛機疏散區，由於目標上空被雲層遮蔽，第2、19、33、408轟炸中隊20架B-24在雲層上以雷達輔助投下1000磅炸彈，另外一架跟編隊失散的B-24則轟炸台南市。

第380轟炸大隊的目標是嘉義飛行場，但只有第529、531轟炸中隊的11架B-24按計畫對嘉義飛行場投下集束破片殺傷彈，第528、530轟炸中隊的7架B-24改對台南投彈。

第71戰術偵察大隊第17偵察中隊出動9架B-25，從菲律賓的賓瑪雷（Binmaley）機場起飛，以500磅炸彈轟炸花蓮港地區。

當天夜間，第43轟炸大隊第65轟炸中隊的一架B-24，以1000磅

炸彈轟炸基隆港。

第38轟炸大隊於清晨派遣一架第822轟炸中隊的B-25，到台灣西部執行武裝氣象觀測任務，在返航的途中分別在第六海軍燃料廠新高施設附近鐵路、北門海邊、海口港、恆春飛行場南端各投下一枚500磅炸彈。

上午7時15分，第57特遣艦隊的兩批機群從與那國島南方的艦隊位置起飛，每批各由24架復仇者式轟炸機及20架海盜式戰鬥機組成，分別負責攻擊台北飛行場與新竹飛行場。由於台北飛行場被雲層遮掩，只有一個分隊的飛機在勘察完台北飛行場後對地面發動攻擊，之後再攻擊淡水一帶的船隻。其他原本負責攻擊台北飛行場的機群改為空襲基隆港。負責轟炸新竹飛行場的機群則順利對疏散掩體區投下延遲引信炸彈。英軍的空襲行動造成台灣電化株式會社基隆工場、台灣船渠株式會社大正町工場、報國造船株式會社基隆工場、台灣窯業株式會社士林工場、七星陶器工場等民間企業的損壞，縱貫鐵路新竹驛與香山驛之間有4處受損。

第5航空隊也在當天出動B-24轟炸台灣其他飛行場，以呼應英軍在北部的行動。第43轟炸大隊原定以3個中隊的B-24轟炸嘉義飛行場，但因嘉義地區及列為預備目標的岡山飛行場都天氣不佳，改為轟炸第三順位目標台南飛行場。然而台南飛行場完全被雲層掩蓋，第64、65、403轟炸中隊的17架B-24因此以雷達協助投下集束破片殺傷彈。

第380轟炸大隊旗下第528、529、530、531轟炸中隊的22架B-24，以集束破片殺傷彈轟炸岡山飛行場。

上午6時45分，第57特遣艦隊再度出動69架艦載機，前往轟炸台北飛行場與新竹飛行場。復仇者式轟炸機順利完成轟炸台北飛行場和周邊部落的任務，護航的戰鬥機並至宜蘭飛行場掃射地面的飛機，負責轟炸新竹飛行場的機群也在多雲的天候下完成任務。除了軍事設施，英軍這一天的空襲並波及南海興業株式會社及台灣重工業株式會社在汐止的工場。

第22轟炸大隊原定以260磅破片殺傷彈轟炸廣東地區的儲油設施，但是在起飛前接獲指令改為轟炸岡山與台南兩座飛行場，與英軍同時牽制日軍飛機的行動。第2與第408轟炸中隊合計9架B-24共同轟炸岡山飛行場，另一架第408中隊的飛機因故障改炸墾丁，第19與第33轟炸中隊合計12架B-24則協同轟炸台南飛行場。

第71戰術偵察大隊第17偵察中隊出動9架B-25，在第35戰鬥機大隊第40戰鬥機中隊8架P-51護航下，以250磅炸彈轟炸彰化驛的鐵路設施，造成一棟附屬倉庫全毀。不過第35戰鬥機大隊其中一架P-51在返航途中被位於岡山飛行場與高雄之間的地面砲火擊落，飛行員跳傘逃生。

當天夜間，第22轟炸大隊第2轟炸中隊與第43轟炸大隊第403轟炸中隊各派遣一架B-24，透過H2X雷達的協助，以1000磅炸彈轟炸基隆港。

第38轟炸大隊第71轟炸中隊於清晨派遣一架B-25，執行台灣西部到廈門的武裝氣象觀測任務，在上午11時前後，對後龍一帶的貨運列車、隧道、後龍驛構內車場投下500磅炸彈。

第5航空隊持續出動B-24轟炸台灣的飛行場。第22轟炸大隊的第2與第19轟炸中隊的13架B-24，以集束破片殺傷彈轟炸台中飛行場，同大隊第33與第408轟炸中隊的10架B-24，以同型炸彈轟炸台南飛行場。第43轟炸大隊的第64、65、403轟炸中隊總計17架B-24，也用集束破片殺傷彈轟炸嘉義飛行場。第90轟炸大隊第319、320、321、400轟炸中隊一共出動19架B-24，以集束破片殺傷彈轟炸公館飛行場。

第22轟炸大隊的第19與第33轟炸中隊在入夜後各出動2架B-24，對基隆港投下1000磅炸彈。第43轟炸大隊第403轟炸中隊也派出一架B-24在夜間前往基隆轟炸，但因漏油而折返。

1945.4.15

第5航空隊擴大轟炸台灣的飛行場，大舉出動B-25與B-24。第345轟炸大隊上午出動4個中隊的B-25，前往樹林口飛行場轟炸日軍飛機，但是在飛抵台灣前遭遇惡劣天氣，折回菲律賓改炸其他目標。

第38轟炸大隊負責轟炸紅毛飛行場的日軍飛機，因為在過去兩周內拍攝的偵察照片顯示，有18架日機秘匿在這座飛行場周圍。第405、822、823轟炸中隊總共17架B-25起飛，沿台灣西岸北上。在接近後龍時，陸地完全被低垂的雲層遮蓋，所以領隊決定掉頭轟炸列為預備目標的彰化驛。下午1時25分左右，各中隊的飛機分批一字排開，以23磅傘降破片殺傷彈轟炸彰化驛鐵路設施和市街。

第22轟炸大隊負責轟炸新竹飛行場掩體區內的日機，第2、19、33、408轟炸中隊出動的25架B-24中，共有23架投下集束破片殺傷彈。其中一架B-24被地面砲火擊中，發生爆炸後墜毀。

第43轟炸大隊同被指派轟炸新竹飛行場，不過只有第65中隊的6架B-24找到機會利用雲層的開口對目標投下集束破片殺傷彈，第64和第403轟炸中隊的11架B-24都轉向預備目標公館飛行場投彈。

新竹飛行場

第22轟炸大隊的B-24在
1945年4月15日轟炸新竹
飛行場掩體區內的日機。
（AFHRA典藏，中央研究院人社
中心GIS專題中心提供）

　　第380轟炸大隊負責轟炸大肚山飛行場，第528、529、530、531
轟炸中隊總計23架B-24，在下午1時15分左右投下集束破片殺傷彈。
帶隊的第531中隊因爲錯過目標，繞行一圈後再試圖投彈，結果炸彈擊
中高度較低的一架第529中隊飛機，墜地爆炸前有數人跳傘逃生[2]。

　　第5航空隊在當天晚間對台灣進行開戰以來最大規模的夜間騷擾轟
炸。第43轟炸大隊第63轟炸中隊出動6架B-24，除了一架因雷達故障
而折返，其他5架飛機從半夜11時30分開始，輪流飛抵台北市上空投
下500磅燒夷彈。第22轟炸大隊第19轟炸中隊2架B-24及第33、408
轟炸中隊各一架飛機，也用500磅燒夷彈轟炸台北市，第2轟炸中隊的
一架B-24則因雷達故障改在南部的滿州地區投下燒夷彈。第90轟炸
大隊第321轟炸中隊與第380轟炸大隊第529轟炸中隊，各派一架B-24
以集束燒夷彈轟炸台北。第380轟炸大隊另外以第531轟炸中隊一架
B-24，對台中投下500磅燒夷彈。

2　但也有目擊者指出是被日軍地面砲火擊中。

　　由於第345轟炸大隊前一天在轟炸樹林口飛行場途中受天氣影響而折返，所以再度嘗試。旗下第498、499、500、501轟炸中隊共計26架B-25，在中午過後從淡水河口北方進入陸地，各中隊一字排開，超低空對樹林口飛行場投下大量的23磅傘降破片殺傷彈，不過只在少數露天掩體內發現欺敵用的假飛機，其他掩體均無飛機停放。

　　第38轟炸大隊也再次嘗試前一天未能完成的紅毛飛行場轟炸任務，第71、405、823轟炸中隊各出動6架B-25，其中一架因機員身體不適先折返。17架飛抵台灣的飛機分成兩批並排隊形，對目標投下大量的23磅傘降破片殺傷彈。不過有若干領航官在返航後質疑任務中轟炸的地點並非紅毛飛行場，檢討後發現帶隊的領航官誤判，將機群帶到同樣位在台灣西北的桃園飛行場。

　　第5航空隊在當天的重點是以3個B-24轟炸大隊聯合轟炸台北飛行場。第22轟炸大隊第2、19、33、408轟炸中隊共有28架B-24，以集束破片殺傷彈轟炸台北飛行場和市區；第43轟炸大隊的第64、65、403轟炸中隊24架B-24則混用1000磅半穿甲彈和260磅破片殺傷彈，接在第22大隊之後進行轟炸，第403轟炸中隊的另一架飛機因掛彈架故障改對基隆港投彈；第90轟炸大隊第319、320、321、400轟炸中隊合計29架B-24，以集束破片殺傷彈實施轟炸。

　　第380轟炸大隊負責轟炸宜蘭飛行場，第528、529、530、531轟炸中隊總計22架B-24，對誘導路和秘匿所附近投下集束破片殺傷彈。

　　當天夜晚，第43轟炸大隊第64轟炸中隊的一架B-24以1000磅炸彈轟炸基隆。同一轟炸大隊第63轟炸中隊2架在台灣海峽搜索船隻的B-24因為一無所獲，在返航前於馬公港投下炸彈。

第22、第43、第90轟炸大隊的B-24在1945年4月16日聯合轟炸台北飛行場，部分飛機在台北市投彈。在這張第90轟炸大隊拍攝的照片中，可見集束破片殺傷彈於現在市民大道、長春路、新生北路、建國北路之間的區域內爆炸，冒出特有的細密濃煙。（甘記豪提供）

1945.4.17

　　新竹飛行場的飛機掩體和疏散區是B-24當天的重點目標，由第22轟炸大隊第2、19、33、408轟炸中隊的33架B-24，與第43轟炸大隊第64、65、403轟炸中隊22架B-24，以集束破片殺傷彈共同轟炸，另一架第65轟炸中隊B-24則改在岡山飛行場投下炸彈。這次轟炸造成新竹變電所的3座變壓器、一座油入遮斷器損壞。

　　第90轟炸大隊原定轟炸樹林口飛行場，但是當天4個中隊都改道轟炸台中一帶的飛行場。第320、321、400轟炸中隊22架B-24對台中飛行場投下集束破片殺傷彈，同大隊第319轟炸中隊的5架B-24則轟炸公館飛行場。

樹林口飛行場

第345轟炸大隊的B-25在1945年4月16日轟炸樹林口飛行場，投下大量的23磅傘降破片殺傷彈。照片的前景可見一架掩體內的欺敵用假飛機，背景是觀音山。（甘記豪提供）

第380轟炸大隊當天的目標也在中部，第528、529、530、531轟炸中隊總計22架B-24對大肚山飛行場投下集束破片殺傷彈。

美軍從先前的空中偵察照片發現台東飛行場上有13架日軍飛機，因此派出第38轟炸大隊第71、822、823轟炸中隊各6架B-25前往轟炸，由4架P-38擔任掩護。第822中隊的6架飛機拆成兩組，加入另外兩個中隊，以兩波9機並排的隊形在中午12時45分左右，向台東飛行場投下100磅傘降破壞彈。

當晚，第22轟炸大隊第2轟炸中隊一架B-24以集束破片殺傷彈繼續轟炸新竹飛行場。第43轟炸大隊第64轟炸中隊的一架B-24以同型炸彈，對岡山飛行場進行騷擾轟炸。

1945.4.18

第38轟炸大隊在清晨派出一架第823轟炸中隊的B-25，執行台灣東部與西部的氣象觀測任務，先在東北角轟炸一艘機帆船，返航前再於上午11時35分對枋寮的幾棟倉庫投下剩餘的500磅炸彈。

美國海軍第104巡邏轟炸中隊在清晨出動一架PB4Y，執行台灣東部海岸的武裝偵巡任務。這架飛機在中午過後先攻擊東北角海域的一艘小船，之後沿東岸南下，在下午2時對台東新港岸邊的建築投下6枚100磅炸彈，並以機槍掃射。

第345轟炸大隊第498轟炸中隊6架B-25於清晨起飛，至台灣西部海域搜索船隻，由於未發現適合的目標，機群轉向列為預備目標的彰化驛。上午10時50分起，以2架為一組對鐵路設施投下500磅炸彈，造成檢車事務所和兩組轉轍器半毀，60公尺長的鐵軌損毀。

第345轟炸大隊在清晨另由第501轟炸中隊出動7架B-25，到台灣東部海域搜索船隻，同樣因為沒有發現值得攻擊的海上目標，轉向預備目標花蓮港驛。從中午12時30分開始，以2架飛機為一組魚貫投下

500磅炸彈，造成一棟倉庫全毀，驛舍、車掌區事務室、兩棟車庫半毀，構內鐵軌也有兩處損壞。

第38轟炸大隊第71、405、822轟炸中隊各出動6架B-25，前往轟炸花蓮港南飛行場西邊的飛機掩體區，由4架P-51擔任掩護。下午1時10分，3個中隊各以6架飛機並排的隊形，超低空對飛行場投下大量100磅傘降破壞彈。由於花蓮港南飛行場在月初才遭轟炸，所以呈現停用的狀態，除了少數掩體內有已經破損的飛機，未發現任何堪用的日機。

第22轟炸大隊當天負責轟炸台北飛行場。但由於天候因素，第19與第408轟炸中隊12架B-24改對預備目標公館飛行場投下集束破片殺傷彈，另有一架B-24轟炸新社飛行場，一架B-24轟炸彰化鐵路設施；第2與第33轟炸中隊合計15架B-24轟炸列為第三目標的台南市，另外一架飛機在台東地區投彈。

第43轟炸大隊的第64、65、403轟炸中隊總共出動17架B-24轟炸宜蘭飛行場。由於目標區的雲量偏多，第403中隊中途決定改炸其他目標，但是另外兩個中隊仍對宜蘭飛行場投下集束破片殺傷彈，第403中隊接獲通知後再掉頭回到宜蘭飛行場投彈。

第90轟炸大隊出動第319、320、400轟炸中隊17架B-24，以集束破片殺傷彈轟炸台中飛行場及台中市區。

第22轟炸大隊第19轟炸中隊於夜間出動一架B-24，準備轟炸新竹飛行場，但受到天氣的影響，改在恆春附近投下集束破片殺傷彈。

1945.4.19

美國海軍第119巡邏轟炸中隊在清晨派遣一架PB4Y到台灣東部海域執行搜索任務，在上午10時對台東線鐵路的3座橋梁各投下一枚250磅炸彈，並掃射一列貨運列車。

連日出擊的第38轟炸大隊休兵一天，僅由第71轟炸中隊在清晨派出一架B-25執行台灣西部氣象觀測任務。這架飛機在南返的途中先掃射板橋與桃園間公路上的車輛，之後在竹東地區對列車投下一枚500磅炸彈，再南飛到東勢一帶掃射車輛，最後在嘉義東北方以剩餘的3枚炸彈轟炸阿里山線列車。

　　第22、第43、第380轟炸大隊的B-24負責聯合轟炸新竹市區，由第3空中突擊大隊的16架P-51擔任護航。由於新竹上空的雲量較多，所以第22轟炸大隊第2、19、33、408轟炸中隊22架B-24，跟隨雷達前導機投下1000磅炸彈。第43轟炸大隊的第64、65、403轟炸中隊15架B-24，有部分以目視方式投下1000磅炸彈，部分在雷達協助下投彈，另有一架B-24在後龍上空投彈、一架在東石郡一帶投彈。第380轟炸大隊第528、529、530、531轟炸中隊總計21架B-24，混合投下1000磅炸彈和1000磅半穿甲彈。

　　第90轟炸大隊第319、320、321、400轟炸中隊出動23架B-24，對台南飛行場投下大量的集束破片殺傷彈及少數250磅炸彈。

　　當天夜間，第22轟炸大隊第33轟炸中隊與第43轟炸大隊第403轟炸中隊各出動一架B-24，在次日凌晨以500磅燒夷彈轟炸台南市。

1945.4.20

　　第38轟炸大隊在清晨派出一架第822轟炸中隊的B-25，執行台灣西部與台灣海峽的武裝氣象觀測任務，於枋寮一帶投下全數4枚500磅炸彈。

　　第43轟炸大隊的B-24負責轟炸台南飛行場，鄰近的台南市區列為預備目標，由第3空中突擊大隊的8架P-51擔任掩護。第403轟炸中隊的一架B-24因發動機故障，在佳冬一帶投彈後先行返航。第64、65、403轟炸中隊其他14架飛機在下午1時左右飛抵目標，由於台南地區天

第38轟炸大隊一架執行武裝氣象觀測的B-25，在1945年4月20日轟炸枋寮一帶。（AFHRA典藏，中央研究院人社中心GIS專題中心提供）

氣不佳，只有少數飛機對飛行場投下260磅破片殺傷彈。其他飛機在嘗試不成後，改由配備H2X雷達的飛機引導對台南市區投下炸彈，另有一架B-24對岡山飛行場北隅投彈。台南製鐵所的兩棟附屬建築被炸壞，工場略有受損。

第3空中突擊大隊另外派出第3戰鬥機中隊的15架P-51，計畫以75加侖汽油彈空襲花蓮港地區，但因為天候不佳而折返轟炸恆春。

美國海軍第104巡邏轟炸中隊清晨派出一架PB4Y，到台灣東岸執行武裝偵巡任務，從下午4時40分開始，以機槍掃射位於台東的一座雷達站、台東驛及列車、馬蘭變電所。

當天夜間，第22轟炸大隊的第2、第408轟炸中隊，與第43轟炸大隊第64、第65轟炸中隊分別派出一架B-24，輪流以500磅燒夷彈轟炸台北市和鐵路設施。

1945.4.21

第38轟炸大隊在清晨派出一架第405轟炸中隊的B-25，到台灣西部進行氣象觀測，於返航途中對枋寮投下4枚500磅炸彈，其中3枚炸彈落入海中。

由於預報顯示台灣的天氣不佳，美軍取消當天的日間轟炸任務。

第43轟炸大隊第403轟炸中隊在夜間出動一架B-24，於次日凌晨以機上的H2X雷達協助，對台北飛行場投下破片殺傷彈。

1945.4.22

第38轟炸大隊第823轟炸中隊在清晨派出一架B-25執行台灣西部的氣象觀測，在返航途中先對大甲溪口的一艘船隻投下一枚500磅炸彈，再於離開台灣前以剩餘3枚炸彈轟炸枋寮。

一架美國海軍第104巡邏轟炸中隊的PB4Y-1，清晨起飛到八重山諸島執行武裝偵巡任務後，在中午12時對南方澳的船隻投下2枚500磅炸彈、2枚250磅炸彈和4枚100磅炸彈。

第38轟炸大隊旗下第71、405、822、823轟炸中隊於上午各派遣6架B-25，前往轟炸台中驛構內的車場。由於領隊機從台灣西岸轉進內陸的位置略偏，機群正好從日軍部署在大肚溪鐵橋一帶的防空砲火上空通過，多架飛機被擊中。第822中隊一架B-25受損較重先折返，第405中隊也有一架飛機受損嚴重，由另一架護送返航。第822、71、823中隊其他的B-25因為進入的方向偏差，投下的250磅傘降破壞彈只有少數炸中車場，大部分炸彈落到台中市的西邊。殿後的第405中隊4架飛機在另外2架友機提早返航後，改為轟炸草屯及二林地區的機會目標。第822中隊一架B-25完成轟炸後因機身起火迫降在王功一帶的岸邊，機員被待命的PBM救起。在這次空襲中，台中驛多棟事務室與事務所、倉庫受損，花王有機台中工場油脂倉庫大破、潤滑油工場中破，明治製糖溪湖工場的一棟工場全燒、硫磺爐與乾燥室半毀。

第71戰術偵察大隊第17偵察中隊出動9架B-25，前往轟炸溪州製糖所。機群飛抵台灣後因為雲層過低、能見度不佳而找不到目標，在彰化一帶上空盤旋。下午1時30分，其中一架B-25被彰化一帶的日軍

第104巡邏轟炸中隊一架執行武裝偵巡任務的PB4Y-1，在1945年4月22日中午轟炸南方澳的
船隻。（NARA via Fold3.com）

砲火擊中後墜毀，其他8架立即取消任務返航。

第22轟炸大隊負責轟炸台南飛行場的飛機掩體，因為之前的偵察照片顯示該處有24架日機藏匿。旗下第2、19、33、408轟炸中隊總計23架B-24，混合投下集束破片殺傷彈及260磅破片殺傷彈。

第43轟炸大隊第64與第65轟炸中隊在夜間各出動一架B-24，對台北飛行場投下破片殺傷彈。

1945.4.23

第38轟炸大隊第71轟炸中隊的一架B-25，在上午進行台灣西部氣象觀測後，對楊梅驛及鐵路投下2枚500磅炸彈，之後以另外2枚500磅炸彈轟炸帝國石油會社錦水工場。楊梅驛的本屋、一棟貨物倉庫、一棟保線區結所因此半壞，跨線橋小破，錦水工場的機械室、倉庫燒毀，重要機械類全壞。

第38轟炸大隊當天另由第823、405、822轟炸中隊各派出6架B-25，轟炸新營的鐵路設施，帶隊的第823中隊負責轟炸扇形車庫，其他兩個中隊負責攻擊車場。2架B-25起飛後折返，其餘16架B-25在第71戰術偵察大隊8架P-51的護航下飛抵台灣。第823中隊的一架B-25在抵達新營前發生故障，對一座燈塔投下所有250磅傘降破壞彈後返回基地，同中隊其餘4架飛機在12時10分一字排開轟炸扇形車庫，剩餘的炸彈則投在鹽水一帶。第405與第822中隊以2到3架的編隊轟炸車場附近的目標，脫離後以剩下的炸彈轟炸學甲。鹽水港製糖會社新營製糖所工場的壓榨室與砂糖倉庫全燒，損失砂糖十六萬擔、麻袋四千枚、紙袋三十萬枚，新營酒精工場的蒸餾室與酵母室大破，電氣室中破。

第71戰術偵察大隊第17偵察中隊派出9架B-25，由同一大隊的4架P-51掩護，以250磅傘降破壞彈與100磅燒夷彈，轟炸大日本製糖株

式會社北港製糖所。

第3空中突擊大隊第4戰鬥機中隊出動16架P-51空襲花蓮港飛行場，其中10架對目標投下500磅炸彈。

第22轟炸大隊的第2、19、33、408轟炸中隊各出動6架B-24，以集束破片殺傷彈轟炸台北飛行場的飛機掩體區，其中一架第33轟炸中隊的飛機改在台東投彈。

當天晚間，第22轟炸大隊第2轟炸中隊的一架B-24，以集束破片殺傷彈轟炸台北飛行場，另一架第33中隊的飛機則以260磅破片殺傷彈轟炸台北市。

1945.4.24

第38轟炸大隊第822轟炸中隊於清晨出動一架B-25，從台灣西部北上，再沿東部南下，進行全島的氣象觀測。途中在梧棲對一艘挖泥船投下一枚500磅炸彈，之後在枋寮投下剩餘的3枚炸彈。

第3轟炸大隊旗下的第8、13、89、90轟炸中隊一共出動7架A-20，各掛載4枚500磅傘降破壞彈和一枚75加侖汽油彈，由4架第49戰鬥機大隊第7戰鬥機中隊的P-38擔任護航。A-20機群於中午12時轟炸明治製糖株式會社南靖製糖所與糖業鐵道，造成精糖工場與丁醇工場全燒，水上庄農業倉庫也被波及而全燒。4架P-38之後以1000磅炸彈與165加侖汽油彈轟炸鹽水港紙漿工業株式會社新營工場，造成倉庫全燒、一棟營繕室半燒。

第5航空隊原定以B-24分別轟炸宜蘭飛行場與台北飛行場，但因台灣北部天氣不佳，改為轟炸南部的預備目標。第90轟炸大隊第319、320、321、400轟炸中隊總計22架B-24，以集束破片殺傷彈轟炸台南飛行場。第380轟炸大隊第528、530、531轟炸中隊的18架B-24，也改在台南市區、台南飛行場、仁德飛行場等地上空投下集束破片殺傷

第3轟炸大隊的A-20，在1945年4月24日轟炸明治製糖株式會社南靖製糖所及附屬的糖業鐵道。（AFHRA典藏，中央研究院人社中心GIS專題中心提供）

彈，第529轟炸中隊的6架飛機則在北港投下炸彈。大日本製糖株式會社北港製糖所連續兩天遭到轟炸，工場、製品倉庫、物品倉庫全部燒毀。

第71戰術偵察大隊第17偵察中隊派出3架B-25，於終昏時分到台灣東南岸搜索船隻，由於未發現目標，其中2架對陸地上的疑似軍營投下500磅炸彈。

入夜後，第43轟炸大隊第65轟炸中隊與第22轟炸大隊第408轟炸中隊各出動一架B-24，分別以260磅破片殺傷彈轟炸台北市和台北飛行場。

　　第38轟炸大隊第405轟炸中隊在清晨派遣一架B-25到台灣西部執行武裝氣象觀測任務，於任務結束前將機上4枚500磅炸彈分別投在枋寮、枋山、車城等地。

　　第3轟炸大隊第8、13、89轟炸中隊共計5架A-20，以500磅炸彈與75加侖汽油彈轟炸明治製糖株式會社的台東酒精工場，一架A-20被地面砲火擊落。台東酒精工場建築遭炸彈直接命中全燒，損失砂糖4500擔，台東線鐵路馬蘭驛構內的鐵軌也有損壞。

　　第43轟炸大隊的第64與第403轟炸中隊在夜間各派一架B-24空襲淡水飛行場，第403轟炸中隊的飛機因為H2X雷達和無線電故障，未投彈即折返，只有第64中隊的飛機對目標投下260磅破片殺傷彈。

明治製糖株式會社台東酒精工場

第3轟炸大隊的A-20在1945年4月25日轟炸明治製糖株式會社台東酒精工場。照片裡橫向的道路現在是台東市中興路二段。（甘記豪提供）

　　美國海軍第104巡邏轟炸中隊，於清晨派遣一架PB4Y-1執行台灣東部海岸的武裝偵巡任務，由於整個東岸被雲霧遮掩，無法搜索海上船隻，所以利用雲層的空隙對基隆港投下5枚100磅炸彈和3枚500磅炸彈。

　　第49戰鬥機大隊與第475戰鬥機大隊各一架P-38，中午飛抵新營執行掃蕩任務，以1000磅炸彈轟炸鹽水港紙漿工業株式會社，造成廠房多處受損。

　　第38轟炸大隊第71、405、822、823轟炸中隊各派出6架B-25，轟炸屏東市內的台灣製糖會社阿緱製糖所和鄰近的兩座防空陣地。機群接近目標區時雲層變低，並開始下雨，導致能見度降低，原定8架護航的第3空中突擊大隊P-51也未出現。中午12時45分起，第71、822、823中隊的B-25各別以6機並排的隊形，對製糖所和脫離航線上的機會目標投下250磅傘降破壞彈，順序排在第二的第405中隊則基於安全考量改炸內埔、林邊的機會目標，部分飛機回到呂宋島投彈。空襲造成阿緱製糖所的15棟砂糖倉庫全壞、4棟半壞，變壓器損壞，庫存砂糖三萬多擔燒毀。

　　第43轟炸大隊的第64、65、403轟炸中隊各派出6架B-24，轟炸位於左營的儲油槽。然而由於天氣惡劣，H2X雷達無法找到目標，只有3架飛機在左營投下1000磅炸彈，其他B-24分散到布袋、台南、佳冬、車城、恆春等地投彈。

第5航空隊當天原本另計畫以24架B-24空襲岡山飛行場，受天候因素影響而取消。

　　入夜之後，第22轟炸大隊的第2、19、33、408轟炸中隊總共出動5架B-24，以破片殺傷彈轟炸淡水飛行場。第43轟炸大隊也由第64和第403轟炸中隊各派兩架和一架B-24，以集束破片殺傷彈轟炸同一目

第38轟炸大隊的B-25在1945年4月26日轟炸台灣製糖會社阿緱製糖所。（AFHRA典藏，中央研究院人社中心GIS專題中心提供）

標，但是第403中隊的飛機無功而返。第43轟炸大隊第63轟炸中隊的一架B-24在台灣海峽未發現合適的攻擊目標，因此轉往馬公對儲油設施投下500磅炸彈。

1945.4.27

第38轟炸大隊第71轟炸中隊於清晨派出一架B-25，執行台灣西部的武裝氣象觀測任務，因為無線電故障，任務未全部完成即折返，途中以500磅炸彈轟炸位於東石與北門的燈塔以及枋山的一座公路橋。

當天所有日間轟炸任務皆因為台灣上空的天氣不佳而取消。

當天夜間，第22轟炸大隊的第2與第19轟炸中隊合計3架B-24，協同第43轟炸大隊第64與第403轟炸中隊合計2架B-24，以集束破片殺傷彈轟炸淡水飛行場。

1945.4.28

第38轟炸大隊第822轟炸中隊於清晨出動一架B-25，到台灣西部執行武裝氣象觀測任務，在返航途中以4枚500磅炸彈轟炸北港郡海邊的建築物。

第38轟炸大隊當天另由第71、822、823轟炸中隊各派出6架B-25，前往轟炸台東飛行場上的日機。機群進入台灣東南部空域後遇到濃厚的雲層，由於能見度太低，轉向列為預備目標的台灣製糖株式會社恆春製糖所。從上午11時5分開始，每個中隊以3架飛機為一組，分批對恆春製糖所投下總計一千多枚傘降破片殺傷彈。

第3空中突擊大隊第3戰鬥機中隊的15架P-51，在中午以500磅炸彈轟炸岡山飛行場。

第22轟炸大隊與第43轟炸大隊的B-24再度試圖轟炸位於左營的

儲油槽。機群飛抵目標區之前因雲層濃厚而無法保持編隊,第43轟炸大隊第64、65、403轟炸中隊的17架B-24中,只有3架配備雷達的飛機在中午過後投下250磅炸彈和260磅破片殺傷彈,另有少數在鄰近地區投彈,大部分飛機將炸彈拋棄在海上後返航。第22轟炸大隊第2、19、33、408轟炸中隊的24架B-24之中,有將近20架在左營一帶上空投下250磅和1000磅炸彈,少數飛機改在高雄和恆春投彈。

第90轟炸大隊和第380轟炸大隊的B-24原定轟炸台南和岡山飛行場,也受到天候因素影響無法轟炸主要目標,只有少數B-24在南台灣各自投下250磅和500磅炸彈。

儘管美軍飛機在這一天的日間轟炸任務未能完全按計畫進行,依然造成台灣製糖株式會社大寮製糖所的兩棟修理工場半燒、機械一部破損,屬於同一會社的橋子頭製糖所的電氣室與清備室大破,高雄驛與舊城驛之間、屏東驛與六塊厝驛之間的鐵路也因此受損。

入夜之後,第22轟炸大隊第2與第408轟炸中隊各派出兩架及一架B-24,對新竹飛行場投下集束破片殺傷彈。

1945.4.29

第38轟炸大隊由第405轟炸中隊的一架B-25,執行當天的台灣氣象觀測任務,在離開台灣上空前對恆春製糖所投下4枚500磅炸彈,其中3枚落到附近的田裡。

第5航空隊原定由第38轟炸大隊的B-25轟炸台東飛行場,7個中隊的B-24再炸左營的儲油槽,兩個中隊B-24轟炸小港飛行場,一個中隊B-24空襲台南飛行場,另外再派出16架P-38戰鬥機到台灣執行掃蕩任務,但是這些任務全部因為天氣不佳而取消。

當天夜間,第22轟炸大隊第19與第33轟炸中隊各出動一架B-24,以集束破片殺傷彈空襲新竹飛行場。

　　第38轟炸大隊第823轟炸中隊於清晨派出一架B-25，執行當天的武裝氣象觀測任務，在返航途中對恆春製糖所投下4枚500磅炸彈。

　　第38轟炸大隊奉命完成前一日被取消的台東飛行場轟炸任務，以摧毀3架藏匿該地的日機。第71、405、822轟炸中隊各派出6架B-25，在中午12時25分左右，以6機並排隊形超低空投下傘降破片殺傷彈。

　　第3空中突擊大隊第3與第4戰鬥機中隊各出動16架P-51，轟炸岡山飛行場的棚廠、建築物和掩體。

　　第22與第43轟炸大隊的B-24再次轟炸左營地區的儲油槽。第43轟炸大隊第64、65、403轟炸中隊各6架B-24，於12時5分左右對左營海軍基地內的大型儲油槽投下250磅炸彈。後攻的第22轟炸大隊的第2、19、33、408轟炸中隊各6架B-24在下午1時20分抵達，除了第2轟炸中隊投下1000磅炸彈，另外3個中隊的飛機，以250磅炸彈轟炸第六海軍燃料廠高雄施設位於半屏山腳的巨型儲油槽。

　　第90轟炸大隊第319、320、321、400轟炸中隊各出動6架B-24，以250磅炸彈、500磅炸彈、1000磅半穿甲彈轟炸台南飛行場。

　　第380轟炸大隊第529轟炸中隊的6架B-24，以250磅炸彈轟炸岡山飛行場，第530與第531轟炸中隊各5架飛機轟炸小港飛行場，第528轟炸中隊的5架B-24則對屏東飛行場投下250磅炸彈。

　　當天另有20架為B-24護航的P-38及16架執行掃蕩任務的P-38，以機槍和機砲掃射台中州的工場和鐵公路運輸車輛。

　　4月的最後一夜，第22轟炸大隊第2與第33轟炸中隊各出動一架B-24，以集束破片殺傷彈轟炸淡水飛行場。

第22轟炸大隊的B-24在1945年4月30日轟炸第六海軍燃料廠高雄施設的巨型儲油槽，雖然濃煙達數千呎高，炸彈並未直接命中這些巨型儲油槽。（AFHRA典藏，中央研究院人社中心GIS專題中心提供）

左營海軍基地

第43轟炸大隊的B-24在1945年4月30日轟炸左營海軍基地內的儲油槽，爆炸的濃煙竄上數千呎高，但是未起火燃燒，因此美軍懷疑儲油槽內並無存油。（AFHRA典藏，中央研究院人社中心GIS專題中心提供）

1945年5月

ROM
SUGAR MILL

昭和20年

　　第38轟炸大隊第71轟炸中隊於清晨派遣一架B-25，到台灣執行東、西部的武裝氣象觀測任務，因油料不足，僅完成西部的觀測即提前返航，途中分別於龍潭與楊梅各投下2枚500磅炸彈。

　　第5航空隊當天的首要任務是摧毀嘉義市區，計畫由第22、43、90、380等4個轟炸大隊的B-24，在中午12時到下午1時30分之間從高空以燒夷彈轟炸，先燒毀當地的建築。接著再由第38轟炸大隊3個中隊的B-25，以半小時的間隔輪流對嘉義市區投下大量的傘降破片殺傷彈並以機槍掃射，用以殺傷已無處掩蔽的民眾。

　　然而當天嘉義地區被鋒面的雲層籠罩，不利於美軍的轟炸行動。先攻的B-24機群被迫在雲層中以儀器飛行，第22轟炸大隊第2、19、33、408轟炸中隊的23架B-24，和第43轟炸大隊第64、65、403轟炸中隊的18架B-24之中，只有極少數飛機利用雷達在嘉義上空投下500磅燒夷彈，然而由於雷達的回波不佳，無法確定炸彈是否投在嘉義。第380轟炸大隊第528、529、530、531轟炸中隊22架B-24中，約有10架在嘉義投下465磅集束燒夷彈，其他未在嘉義投彈的飛機都改在台南、高雄、屏東、新埤、佳冬、恆春等地，各自尋找雲層的開口投下炸彈。第90轟炸大隊完全放棄轟炸嘉義，第319、320、321轟炸中隊的18架B-24，改對屏東市投下465磅集束燒夷彈和500磅燒夷彈，第400轟炸中隊的6架B-24則在東港上空投下集束燒夷彈。

　　第38轟炸大隊由第823轟炸中隊先發，6架B-25在下午1時55分抵達嘉義，當時雲高只有2500英尺，市區瀰漫著木造建築燃燒的濃煙，6架飛機在能見度不佳的情況下，分成兩組低空飛越市區投下傘降破片殺傷彈和傳單。後續飛抵的第405轟炸中隊6架B-25發現天氣狀況太差，轉向列為預備目標的屏東市，在2時20分投下傘降破片殺傷彈及傳單，其中一架飛機因掛架故障未能投彈。最後出發的第822轟炸中

隊在起飛後有一架飛機因故障折返，其他5架B-25飛抵台灣前即由前面的中隊告知目標區的天氣不佳，所以直接前往屏東，在2時45分對市街和阿緱製糖所投下傘降破片殺傷彈和傳單。

當天嘉義市共有163棟房屋全燒，另有東門國民學校一棟校舍、嘉義高等女學校、西本願寺全燒。台南市方面則有台南郵便局的廳舍與電信電話工務室全燒。

第3空中突擊大隊分兩批各出動4架P-51掃蕩交通運輸，其中一架第4戰鬥機中隊的P-51在東部掃射一輛巴士時，因高度太低而撞上巴士，墜地爆炸起火。

入夜之後，第43轟炸大隊第64與第403轟炸中隊各出動一架B-24，在雲層之上以雷達輔助對基隆港投下1000磅炸彈。

屏東市

第90轟炸大隊的B-24原定於1945年5月1日以燒夷彈轟炸嘉義市，但因嘉義地區天氣不佳，改對屏東市投彈。屏東驛位於照片中央濃煙升起處的右側。
（AFHRA典藏，中央研究院人社中心GIS專題中心提供）

1945.5.2

　　第38轟炸大隊第823轟炸中隊於清晨出動的B-25氣象觀測任務機，在飛抵台灣之前即因為雲層過低和雨勢而折返。當天第5航空隊的重心集中在呂宋島馬尼拉東北方的伊波（Ipo）地區戰事，並未計畫在日間轟炸台灣。

　　入夜後，一架第22轟炸大隊第2轟炸中隊的B-24以500磅炸彈轟炸基隆港。

1945.5.3

　　第5航空隊的轟炸機持續支援伊波地區的地面戰事，因此未規劃任何日間對台轟炸任務。

　　當天夜間，第22轟炸大隊第408轟炸中隊派出一架B-24轟炸基隆港，因目標區的天氣不佳，以H2X雷達協助投下500磅炸彈。

1945.5.4

　　第38轟炸大隊第405轟炸中隊在清晨出動一架B-25，到台灣西部和東部進行武裝氣象觀測，在東部對新城的市街和玉里驛各投下2枚500磅炸彈，切斷了花蓮港與新城間的電話線，並導致玉里驛的一棟機關庫、3棟機械倉庫、一棟通信室半壞。

　　第5航空隊持續集中兵力支援美軍在呂宋島上的戰事，原定第3空中突擊大隊以P-51轟炸彰化製糖所和掃蕩鐵路運輸的任務並未執行。

　　第22轟炸大隊第2轟炸中隊於入夜後出動2架B-24，以集束破片殺傷彈轟炸新竹飛行場。

　　第38轟炸大隊第823轟炸中隊在清晨出動一架B-25執行武裝氣象觀測任務，從台灣西部北上後再沿東部南下，途中先對羅東北面的一座鐵路橋梁投下一枚500磅炸彈，再以其餘3枚炸彈轟炸羅東東北方的一座工場[1]，但只有一枚炸彈爆炸。

　　第3空中突擊大隊第3戰鬥機中隊的12架P-51，以破片殺傷彈轟炸宜蘭飛行場，同大隊的第4戰鬥機中隊則出動16架P-51，對台北飛行場的掩體、跑道、誘導路投下破片殺傷彈，台灣神宮也遭攻擊，造成神樂殿、事務所、神饌所及拜殿屋根小破。

　　第38轟炸大隊當天出動3個中隊各6架B-25，各自轟炸彰化、大肚地區的指定目標：第71轟炸中隊負責大日本製糖株式會社彰化製糖所，第405轟炸中隊負責彰化驛車場，第822轟炸中隊的目標則是位於大肚的「製糖工場」[2]。除了第822轟炸中隊一架飛機在起飛時故障，其餘17架B-25由目標區西北方進入陸地，從上午11時25分開始，以3架飛機為一組，分別以500磅傘降破壞彈轟炸指定的目標。造成彰化驛的一棟作業所全壞、構內鐵軌40公尺損壞、電話線切斷，大肚驛構內也有40公尺的鐵軌遭到破壞，台灣紙漿株式會社大肚工場總計有16棟倉庫、4棟硫黃工場、木工室、製品室在這次空襲中燒毀。

　　第43轟炸大隊第64、65、403轟炸中隊各出動6架B-24，轟炸新竹飛行場的飛機掩體。除了一架因故障而提早返航的飛機在琉球嶼投彈，其餘17架B-24均以100磅炸彈轟炸新竹飛行場。

　　當天夜間，第22轟炸大隊出動第19及第408轟炸中隊各一架B-24，在天候不佳的情況下，透過雷達對台北飛行場投下260磅破片殺

1　即台灣興業株式會社羅東製紙工場。
2　其實是台灣紙漿株式會社大肚工場。

傷彈。第43轟炸大隊第64與第65轟炸中隊各一架B-24，則以260磅破片殺傷彈轟炸小港飛行場的掩體區。

　　第38轟炸大隊第71轟炸中隊派出一架B-25，執行武裝氣象觀測任務，先從台灣西部北上，再沿東部南下。途中對佳里地區的糖鐵和一座公路橋、富貴角燈塔、汐止的一座公路橋各投下一枚500磅炸彈。

　　第38轟炸大隊與第345轟炸大隊的B-25，當天共同執行轟炸麻豆的任務，目的是利用這座之前未曾遭受美軍攻擊的城鎮，驗證通用炸彈、燒夷彈、汽油彈混用的轟炸戰術。雙方以橫跨麻豆的大街為界，先攻的第38大隊負責大街以南的區域，第345大隊負責轟炸大街的北面與麻豆東邊的明治製糖株式會社總爺工場，第475戰鬥機大隊的4架P-38擔任掩護。

　　第38轟炸大隊第405、822、823轟炸中隊各出動6架B-25，除了第405與822中隊各一架飛機因故障折返，其餘16架B-25從上午10時15分起，以中隊為單位一字排開，以500磅燒夷彈超低空轟炸總爺工場、麻豆市街、溝子墘等地。

　　半個小時後，第345轟炸大隊第500轟炸中隊9架B-25與第499轟炸中隊10架B-25，以3或4架一組的隊形，先對麻豆市街投下250磅炸彈，殿後的第498轟炸中隊7架飛機與第501轟炸中隊10架飛機，以總爺工場為主要目標，一路往麻豆市街的方向混合投下250磅炸彈及100磅汽油彈。

　　第22轟炸大隊與第43轟炸大隊的B-24，當天共同轟炸基隆港的設施。第43轟炸大隊在飛抵台灣中部時遇到橫阻的鋒面，所以轉向南飛到左營。上午10時30分左右，第64、65、403轟炸中隊共計20架B-24對左營海軍基地投下1000磅炸彈，另一架飛機因彈艙門故障未能轟炸

左營,在故障排除後轟炸恆春飛行場。第22轟炸大隊第2、19、33、408轟炸中隊合計21架B-24,以雷達輔助透過雲層對基隆港投下100磅炸彈、500磅燒夷彈、1000磅炸彈,造成台灣船渠株式會社在社寮町的工場半壞、倉庫全壞。

第90轟炸大隊與第380轟炸大隊的B-24負責轟炸台北飛行場。受到鋒面雲層的影響,第90轟炸大隊只有第320轟炸中隊6架B-24,在台北飛行場上空投下260磅破片殺傷彈,第321與第400轟炸中隊共9架飛機改對台北市區投下炸彈,另有2架飛機在台東地區投彈。第380轟炸大隊共有第528、529、530、531轟炸中隊的12架B-24,對台北飛行場投下260磅破片殺傷彈,其他9架飛機分散在基隆與恆春兩地投下炸彈。

第49戰鬥機大隊第8戰鬥機中隊的2架P-38,在旗山各以一枚1000磅炸彈轟炸台灣製糖會社旗尾製糖所。第3空中突擊大隊第3戰鬥

左營海軍基地

第43轟炸大隊的B-24原定於1945年5月6日轟炸基隆港,因天氣不佳,改對左營海軍基地投彈。(AFHRA典藏,中央研究院人社中心GIS專題中心提供)

機中隊的4架P-51，以破片殺傷彈轟炸宜蘭地區。第35戰鬥機大隊第39戰鬥機中隊的10架P-51，對東港飛行場投下集束破片殺傷彈。

當天夜間，第22轟炸大隊由第2、19、33轟炸中隊各派出一架B-24，其中2架飛機對台北市投下500磅燒夷彈，第19中隊的飛機因為機械問題未能對目標投彈。第43轟炸大隊派出第64轟炸中隊的一架B-24，在次日凌晨以500磅燒夷彈轟炸台北市。

當天台北市受損的主要機構包括：台灣新報社的印刷局及事務局全壞，台灣總督府與總督府遞信部受損、府立圖書館全燒，台灣電力株式會社的本社及附屬建物構內變電所全燒。2架在台東投彈的B-24造成台東廳半毀。

1945.5.7

第38轟炸大隊第822轟炸中隊在清晨出動一架B-25執行武裝氣象觀測，從台灣西部北上再沿東部南下。途中各以一枚500磅炸彈轟炸鹿港海邊一艘機帆船、鐵路宜蘭線大里簡驛[3]、蘇澳西方一座工場、新埤一座工場，造成宜蘭與台北間的電話線切斷。

由於台灣上空雲層密布，原本第38轟炸大隊轟炸佳里的任務，與第3空中突擊大隊32架P-51的掃蕩任務都因此取消。當天美軍沒有執行任何日間對台轟炸任務。

第43轟炸大隊的第63轟炸中隊在夜間出動2架B-24，以500磅燒夷彈轟炸台北市，其中一架對政府機關集中地區投下炸彈，另一架臨時接獲指示改為轟炸廣東，未在台灣投彈。

---

3 現在的大里車站。

1945.5.8

第38轟炸大隊第405轟炸中隊在清晨出動一架B-25,執行台灣東西部的武裝氣象觀測任務,對瑞穗投下2枚500磅炸彈,另外對大掃別和石寧埔[4]分別投下一枚炸彈。

當天台灣完全被濃厚的雲層籠罩,美軍因此再度取消所有日間對台轟炸任務。

入夜之後,第22轟炸大隊第2轟炸中隊出動一架B-24,以500磅燒夷彈轟炸台北市。

1945.5.9

第38轟炸大隊第823轟炸中隊在清晨出動一架B-25執行武裝氣象觀測,先從台灣西部北上,之後在南下東部的途中以500磅炸彈轟炸羅東的一座橋梁與一座工場[5]。

由於台灣上空的天氣依然不佳,美軍原本要出動18架B-25轟炸佳里、32架P-51俯衝轟炸岡山飛行場的兩項任務都因此取消,3架已經起飛準備掃蕩台灣西部的P-38也被迫折返。

第43轟炸大隊的第63轟炸中隊於夜間出動2架B-24,間歇對台北市投下500磅燒夷彈。

1945.5.10

第38轟炸大隊第71轟炸中隊的一架B-25在清晨起飛,執行台灣武

4　皆位於現在的台東縣長濱鄉境內。
5　即台灣興業株式會社羅東製紙工場。

第38轟炸大隊在1945年5月9日上午執行氣象觀測任務的一架B-25，於南下東部途中對羅東的一座工場投彈。雖然美軍在照片上註明「製錳工場」（Manganese Plant），事實上這是台灣興業株式會社羅東製紙工場，Bomb Bursting字樣所指處恰巧是宜蘭線鐵路。（AFHRA典藏，中央研究院人社中心GIS專題中心提供）

裝氣象觀測任務，從西部北上後再沿東岸南下，途中以500磅炸彈轟炸新埔驛[6]、東部一座公路橋、鵝鑾鼻燈塔。

第71偵察大隊的第17偵察中隊，上午派出6架掛載250磅傘降炸彈的B-25，由8架同大隊的P-51護航，攻擊縱貫鐵路沿線的機會目標，在後壁引發兩處大火，嘉義西南方的一列火車也遭攻擊。

第38轟炸大隊再度與第345轟炸大隊共同執行任務，前往轟炸位於佳里北邊的明治製糖株式會社蕭壠製糖所，第71偵察大隊出動4架P-51擔任掩護。先攻的第345轟炸大隊第498、499、500、501轟炸中隊各派遣6架B-25，除了一架因為漏油先返航，其他飛機在正午過後

6　現在的海線新埔車站。

SMOKE FROM BURNING SUGAR MILL

第38轟炸大隊與第345轟炸大隊的B-25在1945年5月10日中午過後,聯合轟炸位於佳里北邊的明治製糖株式會社蕭壠製糖所。(AFHRA典藏,中央研究院人社中心GIS專題中心提供)

以2到3架爲一組,由北往南分批對蕭壠製糖所與佳里市街投下250磅傘降破壞彈。第38轟炸大隊第71、405、822轟炸中隊各出動6架B-25,在一個小時後抵達佳里,以3機爲一組投下500磅燒夷彈。

美國海軍第137巡邏轟炸中隊出動4架PV-1巡邏轟炸機,從菲律賓的克拉克機場起飛,主要目標是位於麻豆的明治製糖株式會社總爺製糖所。中午12時30分,4架飛機先對總爺製糖所發射27枚火箭,接著以250磅炸彈轟炸糖鐵與縱貫鐵路的交會點和北面的番子田驛,造成30公尺鐵軌受損,曾文、善化間的電話線被切斷。

當天夜間,第22轟炸大隊第2轟炸中隊派出2架B-24到台灣執行武裝氣象觀測,其中一架對台北市投下500磅燒夷彈,另一架因機械故障提早返航。

美國海軍第137巡邏轟炸中隊的PV-1在1945年5月10日中午過後，發射火箭攻擊位於麻豆的明治製糖株式會社總爺製糖所。照片中有行道樹的道路現在是麻豆區的興中路。
（NARA via Fold3.com）

1945.5.11

　　第38轟炸大隊由第822轟炸中隊在清晨出動一架B-25，執行台灣東西部武裝氣象觀測任務，途中以4枚500磅炸彈轟炸東部小湊、新港一帶的公路與橋梁。

　　第49戰鬥機大隊也在清晨派出8架P-38，以4架為一組，分別在台灣東部和西部掃蕩交通運輸。

　　第5航空隊出動4個B-24轟炸大隊在上午聯合轟炸左營海軍基地的營舍。第22轟炸大隊第2、19、33、408轟炸中隊總計23架B-24，與第43轟炸大隊第64、65、403轟炸中隊的18架B-24，以500磅燒夷彈轟炸；第90轟炸大隊第320、321、400轟炸中隊的17架B-24投下1000磅半穿甲彈，但是第319中隊的6架飛機在高雄市投彈；第380轟炸大

隊只有第528、529、530轟炸中隊的11架B-24在左營投下1000磅半穿甲彈,第528、529、531轟炸中隊的另外7架飛機分散在高雄、東港、佳冬、恆春等地投彈。

由於5月1日摧毀嘉義市區的任務未竟全功,美軍再度出動飛機轟炸,預定在上午10時至10時10分之間,由第345轟炸大隊先轟炸嘉義市的西半部,第38轟炸大隊接著在10時10分至10時20分間,以燒夷彈轟炸東半部,最後由海軍第137巡邏轟炸中隊在10時20分至10時30分,用火箭攻擊嘉義市南側的台拓化學工業嘉義工場。

第345轟炸大隊第498、499、500、501轟炸中隊各6架掛載250磅傘降破壞彈的B-25,沿台灣西岸北上在佐佐木島南端轉入陸地。由於能見度不佳和導航上的失誤,領隊的第498中隊在民雄上空即開始投彈,緊跟在後的第499中隊跟著投下炸彈,第500中隊從大林開始轟炸到嘉義市西半部,殿後的第501中隊在一片混亂中,從虎尾開始投彈,經過大林、民雄,再轟炸嘉義驛構內的車場。

左營海軍基地

第5航空隊出動4個B-24轟炸大隊,在1945年5月11日上午聯合轟炸左營海軍基地的營舍。照片左方的B-24隸屬第43轟炸大隊。(AFHRA典藏,中央研究院人社中心GIS專題中心提供)

嘉義市

第38轟炸大隊的B-25在1945年5
月11日轟炸嘉義市,飛機低空通
過嘉義驛(照片的左上角)前的市
區,拍下這張滿目瘡痍的照片。
(甘記豪提供)

第38轟炸大隊第71、405、822、823轟炸中隊各出動6架掛載500磅燒夷彈的B-25，從枋寮一帶切入內陸，沿著中央山脈的山麓北上。擔任領隊的第822中隊在抵達嘉義後飛過了頭，所以排在第二位的第71中隊先對目標投彈，第822中隊修正航道後在嘉義市北面投下炸彈，接著由第405與第823轟炸中隊分別對嘉義市的東半部投彈。當天嘉義市共有750棟房屋全燒，另有台灣纖維工業株式會社嘉義工場一棟原料倉庫、東本願寺、東門國民學校10棟校舍全燒。

在第405與第823轟炸中隊進行攻擊的同時，美國海軍第137巡邏轟炸中隊的4架PV-1提早抵達嘉義，B-25緊急拉起機頭爬升閃避。每架PV-1輪流對台拓化學工業嘉義工場發射8枚火箭，之後沿鐵路縱貫線南下，以250磅炸彈轟炸南靖、後壁地區。

第3空中突擊大隊原本計畫出動32架P-51，以260磅破片殺傷彈俯衝轟炸宜蘭飛行場，但在當天有24架P-51轟炸岡山飛行場，另外8架在鳳山飛行場投彈。第35戰鬥機大隊出動14架P-51，以集束破片殺傷彈轟炸台東飛行場。

第22轟炸大隊的第408轟炸中隊在夜間派出一架B-24前往新竹飛行場，但因發動機故障未能完成轟炸任務。

1945.5.12

第38轟炸大隊在清晨派出一架第823轟炸中隊的B-25，到台灣的西部和東部進行氣象觀測，在沿著東岸南下的途中，以4枚500磅傘降破壞彈轟炸新港地區的兩座公路橋梁。

上午10時，第38轟炸大隊再派出一架第405轟炸中隊的B-25，到台灣的南端做氣象偵察，在墾丁和車城各投下2枚500磅炸彈。

11時50分，第38轟炸大隊再度派出第405轟炸中隊的一架B-25，前往台灣南端觀測天氣，並對枋寮投下4枚500磅傘降破壞彈。

由於從呂宋島一直到台灣南端都被鋒面雲層籠罩，所以美軍取消當天所有的日間轟炸台灣任務。

入夜之後，第43轟炸大隊的第65和第403轟炸中隊各派一架B-24，以500磅燒夷彈轟炸新竹市。

1945.5.13

美國海軍第104巡邏轟炸中隊在凌晨出動一架PB4Y-1，到台灣周圍執行武裝偵巡任務，先以250磅炸彈轟炸太麻里一帶的一座公路橋，之後在上午10時30分左右，對通霄、苑裡間的列車投下集束燒夷彈，同時以機槍掃射，造成車廂起火。

第38轟炸大隊首次嘗試，由2架B-25編組轟炸製糖所和附屬酒精工場的雙機打擊任務，第71轟炸中隊負責執行首次任務，目標是大日本製糖株式會社的苗栗製糖所。2架B-25沿西岸北上到通霄一帶時，正好目擊海軍的PB4Y-1掃射列車。上午10時35分，2架B-25並肩由北往南對苗栗製糖所投下總計8枚500磅傘降破壞彈，爆炸引發了濃煙和大火，並造成苗栗郡役所電話線切斷。

第38轟炸大隊上午另由一架第71轟炸中隊的B-25，執行台灣西部與東部的氣象觀測任務，於11時25分左右，在苑裡北方掃射一列燃燒中的列車[7]，但在幾分鐘後於後龍上空被地面砲火擊中，提前結束任務返航。

當天另有2架P-38到台灣執行掃蕩任務，攻擊鐵公路的運輸車輛，並在佳冬南方以機槍掃射海岸邊的人員，但是其中一架P-38墜毀。

由於預期台灣的天氣不佳，第5航空隊並未規劃B-24的日間對台

7　應該就是被第104巡邏轟炸中隊攻擊的列車。

轟炸任務。

　　第22轟炸大隊在夜間出動第2與第33轟炸中隊各一架B-24，以500磅燒夷彈轟炸新竹飛行場和市區。

1945.5.14

　　第38轟炸大隊由一架第822轟炸中隊的B-25，執行台灣氣象觀測任務，從西部北上時在台中一帶因天氣受阻，折返南部後再從東部北上到台東，沿途在大武與恆春兩地各投下2枚500磅炸彈。

　　第38轟炸大隊再次運用前一天首度驗證的雙機打擊戰術，由第822轟炸中隊的2架B-25攻擊台灣製糖會社旗尾製糖工場，2架飛機各掛載4枚500磅傘降破壞彈。沿途雲層厚實且有陣雨，直到接近目標區才略為散開，其中一架飛機在上午10時35分左右對製糖所投下炸彈，另一架因當時能見度不佳而未能對目標投彈，改在南面的一處倉庫群和鹽埔地區將炸彈投下。

　　第5航空隊計畫以4個B-24轟炸大隊大舉轟炸鳳山，由8架第3空中突擊大隊的P-51掩護。先發的第22轟炸大隊飛抵鳳山上空時，雲層正好完全遮蔽目標，所以第2、19、33、408轟炸中隊的21架飛機轉向，到左營海軍基地投下500磅燒夷彈。後續抵達的另外3個大隊運氣稍好，大部分飛機都能利用雲層的開口投彈。共有第43轟炸大隊第64、65、403轟炸中隊17架，第90轟炸大隊第320、321、400轟炸中隊13架，第380轟炸大隊第528、529、530、531轟炸中隊19架B-24，對鳳山投下用100磅練習彈改裝的汽油彈，造成合同鳳梨株式會社鳳山工場8棟工場全燒，鳳山郡役所全燒。另有10架B-24改在左營、屏東、東港、恆春等地投彈，台灣製糖會社阿緱製糖所的13棟倉庫在這場空襲中燒毀。

　　中午12時正，4架美國海軍第137巡邏轟炸中隊的PV-1飛抵彰化

第137巡邏轟炸中隊的PV-1在1945年5月14日中午,以火箭攻擊大日本製糖株式會社烏日製糖所。(NARA via Fold3.com)

第137巡邏轟炸中隊的PV-1在1945年5月14日中午轟炸大肚溪鐵路橋。日軍在平行的公路橋(照片前景的橋梁)上架設防空機槍陣地,照片可見機槍發射產生的4道白煙。
(NARA via Fold3.com)

一帶,每架飛機掛載8枚火箭與3枚美國陸軍建議使用的250磅傘降破壞彈。第一組2架飛機對大日本製糖株式會社烏日製糖所發射16枚火箭,然後對彰化驛的鐵路和大肚溪旁的一座疑似軍營,各投下3枚250磅傘降破壞彈。另外2架PV-1對彰化北面一帶發射16枚火箭,以3枚傘降破壞彈轟炸彰化西北角的疑似軍營,再對大肚溪鐵路橋投下3枚炸彈,但未命中。這場空襲造成烏日製糖所的工場小破、蒸氣釜大破,台灣製麻會社烏日工場的本屋與分析工場小破,彰化驛內的鐵軌也遭破壞。

第5航空隊另外指派第38轟炸大隊與第345轟炸大隊的B-25,協同轟炸潮州,第345轟炸大隊先攻擊潮州的南半部,第38轟炸大隊接著再轟炸北半部。不過第38轟炸大隊第71、405、823轟炸中隊各6架B-25,在中午12時25分左右陸續飛抵潮州時,當地並沒有任何被空襲過的跡象。除了一架飛機在投彈前因機械故障臨時折返,其餘17架B-25都以250磅傘降破壞彈轟炸潮州。當天第345轟炸大隊並未出動。

當天晚間,第43轟炸大隊第63轟炸中隊派出一架B-24前去轟炸上海,不過因為天氣惡劣,折返到馬公投下500磅燒夷彈;同一中隊的另一架B-24則在小港飛行場投下260磅破片殺傷彈。同一大隊第64轟炸中隊出動一架B-24夜襲台北市,在次日凌晨利用雷達投下260磅破片殺傷彈。第22轟炸大隊第33轟炸中隊一架B-24在午夜過後,也以260磅破片殺傷彈轟炸台北市。

1945.5.15

第38轟炸大隊第823轟炸中隊出動一架B-25執行台灣氣象觀測任務,從西部北上後,在基隆對一艘機帆船投下一枚500磅傘降破壞彈,之後沿東岸南下,以另外3枚炸彈轟炸新港和鵝鑾鼻兩地。

第38轟炸大隊的雙機酒精工場打擊任務,輪到第405轟炸中隊的

2架B-25執行，目標是大日本製糖株式會社彰化製糖所。上午11時5分，2架B-25並肩對製糖所投下7枚500磅傘降破壞彈，之後繼續往南，以另外5枚炸彈轟炸彰化扇形車庫與車場。彰化製糖所經過本月5日和這一天的兩次空襲後，第一與第二工場皆半壞。

4個B-24轟炸大隊當天聯合以250磅炸彈轟炸新竹市區，由16架第3空中突擊大隊的P-51掩護。第22轟炸大隊的第2、19、33、408轟炸中隊總共出動24架B-24，其中一架中途因為故障先在恆春投彈後返航，其餘飛機在午前對新竹市中心投彈；第43轟炸大隊的第64、65、403轟炸中隊有16架B-24轟炸新竹市，另外2架出問題的飛機分別將炸彈投在恆春和琉球嶼；第90轟炸大隊第320、321、400轟炸中隊共有19架飛機，在新竹市區和飛行場上空投下炸彈；第380轟炸大隊則有第528、529、530、531轟炸中隊的23架B-24投彈。當天受害的重要工場設施包括：新竹紡織工場5棟全壞，大日本製糖株式會社新竹製糖

第5航空隊出動4個B-24轟炸大隊在1945年5月15日聯合轟炸新竹市區。（AFHRA典藏，中央研究院人社中心GIS專題中心提供）

所的工場6棟全燒。

第43轟炸大隊第403轟炸中隊在晚間派出一架B-24，前往中國沿海執行福州到香港的氣象觀測任務，在午夜過後以260磅破片殺傷彈轟炸台北飛行場。

1945.5.16

第38轟炸大隊第405轟炸中隊於清晨出動一架B-25，執行當天例行的台灣武裝氣象觀測，從西部北上後沿東岸南下。上午10時5分，這架飛機對羅東一座「製鎂工場」[8]投下全數4枚傘降破壞彈，之後又以機槍掃射台東線鐵路上的列車與車場。

第38轟炸大隊第823轟炸中隊在清早派出2架B-25，執行雙機酒精工場打擊任務，前往台灣東部攻擊位在馬太鞍[9]的鹽水港製糖株式會社大和工場。2架飛機在上午10時從豐濱轉入內陸，往北找尋目標，10分鐘後對目標工場投下500磅傘降破壞彈。不過美軍在第二天分析戰果時發現，被攻擊的目標並非大和工場，而是位在壽村的壽工場。

美國海軍第137巡邏轟炸中隊再度派出4架PV-1空襲台灣，每架飛機掛載8枚火箭和3枚250磅傘降破壞彈。機群在上午11時飛抵新營，其中3架對鹽水港製糖株式會社新營製糖所投下8枚炸彈，接著對製糖所東邊的鐵路投下3枚炸彈，並且發射12枚火箭。機群然後轉向西飛，沿途再以剩餘的火箭攻擊新營一帶的零星目標。

第22轟炸大隊與第43轟炸大隊的B-24共同轟炸台中飛行場。在機群抵達的一個半小時前，第22轟炸大隊第408轟炸中隊的一架B-24先前來觀測天氣，並對台中飛行場投下260磅破片殺傷彈。上午11時

8　第38轟炸大隊在5月9日的任務照片稱之為製錳（Manganese）工場，在本日的作戰任務報告卻又稱之為製鎂（Magnesium）工場，其實都是指台灣興業株式會社羅東製紙工場。

9　現在的花蓮縣光復鄉。

左右，第43轟炸大隊第64、65、403轟炸中隊的16架B-24飛抵，以260磅破片殺傷彈轟炸飛行場西邊的飛機疏散區，第22轟炸大隊第2、19、33、408轟炸中隊的23架B-24，接著對東南方的棚廠及營舍投下260磅破片殺傷彈。第43轟炸大隊第65轟炸中隊的一架飛機因為發動機故障，在返航途中將炸彈全數投在台南西邊的一個村落。

第38轟炸大隊的雙機酒精工場打擊任務出動後一個半小時，由其他3個中隊分別出動兩組各3架B-25，兵分六路轟炸台灣各地的工場和鐵路目標。

第822轟炸中隊的6架B-25進入台灣內陸後，分成兩組由東向西分別轟炸新營和鹽水的製糖所。負責轟炸新營製糖所的3架飛機在11時30分投下18枚250磅傘降破壞彈，造成新營驛構內鐵軌破壞，台南與台中間的電話線切斷。兩分鐘後，另外3架B-25對位於鹽水的岸內製糖所投下22枚250磅傘降破壞彈。

第405轟炸中隊的6架B-25飛到台灣東部後兵分兩路，分別轟炸溪口的「製糖所」和羅東地區的目標。負責攻擊溪口的3架飛機通過北面的壽工場上空後轉向往南飛行，在11時45分對豐田村投下6枚250磅傘降破壞彈，造成豐田驛的驛舍全壞，之後再於溪口投下5枚炸彈。由於未能在溪口找到製糖或酒精工場，所以持續南飛到鳳林投下2枚炸彈，最後以剩下的5枚炸彈轟炸位於馬太鞍的一座製糖工場[10]。另外3架B-25在正午抵達羅東後，其中2架用12枚250磅傘降破壞彈轟炸當地的「製鎂工場」[11]，另一架則對大日本製糖株式會社二結製糖所投下5枚炸彈。

第71轟炸中隊派出的兩組各3架B-25，分別負責轟炸苗栗的鐵路

---

10 其實溪口當地並沒有製糖或酒精工場，美軍情報所指的應該就是在溪口北邊的壽工場，但是第405中隊歪打正著，雖然沒有炸到壽工場，卻反而轟炸了稍早第823中隊漏掉的大和工場。

11 跟早上被氣象觀測機轟炸的是同一個地點，即台灣興業株式會社羅東製紙工場。

台灣興業株式會社羅東製紙工場

第38轟炸大隊的B-25在1945年5月16日以250磅傘降破壞彈轟炸羅東的「製鎂工場」。其實這是台灣興業株式會社羅東製紙工場，照片中橫向的道路現在是五結鄉的中正路（即台9線）。（甘記豪提供）

與工場及竹東的一座疑似煉油工場。由於領隊機的領航失誤，編隊錯過預定轉入台灣西部陸地的地點，負責空襲苗栗的3架飛機掉頭後在新竹北方從外海轉向內陸，在中午12時30分左右，對鐵路沿線的車場、工場及疑似營區投下20枚250磅傘降破壞彈。不過第71中隊事後分析任務中拍攝的照片發現，這3架飛機轟炸的並非苗栗，而是新竹市的鐵路沿線。轟炸竹東的3架B-25中有一架因油料不足提前返航，另外2架在12時45分對目標投下14枚250磅傘降破壞彈，造成帝國石油株式會社竹東工場多部變壓器受損和瓦斯管破洞，另外，南方水泥株式會社的事務室、寫眞室、試驗室、物品倉庫也遭到波及受損。

當天晚間，第22轟炸大隊第408轟炸中隊派出2架B-24，間隔40分鐘起飛，到台北進行氣象觀測，並分別投下8枚由55加侖油桶改裝而成的汽油彈。第43轟炸大隊的第63轟炸中隊出動一架B-24，以260磅破片殺傷彈轟炸小港飛行場。

1945.5.17

第345轟炸大隊從凌晨2時起陸續出動B-25，兵分多路到台灣西部對各自負責的交通運輸目標發動攻擊。先發的第501轟炸中隊6架B-25，預計分成兩小隊各3架飛機，分別攻擊北部與南部的目標區，不過中途有3架飛機遭遇不利的氣象而折返，另外一架雖抵達台灣，卻未能與隊友會合而沒有進行攻擊。第一小隊僅有的一架B-25，在蘆竹一帶上空攻擊一架日軍運輸機，之後在新竹、竹南、苗栗等地投下250磅炸彈。第二小隊只有一架B-25在高雄地區轟炸兩座鐵路橋梁，然後對番子田酒精工場投彈，並以機槍掃射林鳳營一帶的列車。

第498轟炸中隊的6架B-25分成兩組，分別在凌晨2時30分和3時15分起飛，有4架飛機因天候因素先後折返。飛抵台灣的2架中有一架偏離航線而未發動攻擊。僅有一架B-25在新莊一帶跟第501轟炸中隊

第一小隊會合後，合力攻擊一架日軍運輸機，並在桃園和竹北之間投下6枚250磅炸彈。

第499轟炸中隊第一小隊3架B-25在凌晨3時50分起飛，各自前往大肚溪口會合，掃蕩大肚溪到斗南間的目標區。其中2架飛機以250磅炸彈轟炸名間和斗六一帶的列車與建築物，另一架飛機未投彈即返航。第二小隊3架飛機在清晨5時30分起飛，分別飛往佐佐木島上空會合，掃蕩斗南到新市間的目標區。其中一架錯過會合點又發生故障，丟棄炸彈後返航。成功會合的2架飛機在展開攻擊前失散，長機獨自以250磅炸彈轟炸斗南、嘉義一帶的列車、工場與村落，僚機試圖找尋長機未果，於是對元長投下所有炸彈後返航。

第500轟炸中隊的第一小隊3架飛機在5時40分起飛，負責掃蕩台北以西到新竹以北一帶的目標。3架B-25從淡水進入台灣上空後，分別以250磅炸彈轟炸桃園、紅毛的村落，及後龍到大甲之間的鐵路橋梁，其中一架B-25在過程中失聯。第二小隊的2架B-25於6時50分起飛，從口湖進入內陸，經過北港、新港、嘉義，往東南方到北門出海，由於沒有發現任何列車，因此以250磅炸彈轟炸鐵路、公路、村落。

第38轟炸大隊當天的例行武裝氣象觀測任務，由第71轟炸中隊的B-25在清晨6時起飛執行，先在上午9時15分以機槍掃射通霄一帶公路上的車隊，然後於9時50分以4枚500磅炸彈轟炸蘇澳的一座工場，造成台灣化成工業株式會社蘇澳工場的水泥製造窯、3棟燒塊置場、3棟粉末倉庫半壞，兩棟製袋工場全燒。

第38轟炸大隊當天的雙機酒精工場打擊任務，由第71轟炸中隊的2架B-25執行，目標是鹽水港製糖株式會社溪州製糖所。2架B-25在上午10時15分，對製糖所及其西邊的疑似營房投下12枚500磅傘降破壞彈，造成一棟石灰製造工場全燒，結晶室、散糖室、鐵道修理工場嚴重損壞。

美國海軍第137巡邏轟炸中隊派出4架PV-1，攻擊彰化市西北邊

第38轟炸大隊在1945年5月17日由第71轟炸中隊的2架B-25，執行雙機酒精工場打擊任務，轟炸鹽水港製糖株式會社溪州製糖所。（NARA via Fold3.com）

的一座組裝工場**12**，其中3架共投下9枚250磅傘降破壞彈。機群之後往南對沿途的目標發射火箭攻擊，花壇驛構內有20公尺的鐵軌被炸彎曲。

　　第71偵察大隊第17偵察中隊的9架B-25，原定在上午11時15分轟炸屏東飛行場，因為當地天候不佳改為空襲佳冬飛行場，8架B-25投下100磅傘降破壞彈。原本也要空襲屏東飛行場的第3空中突擊大隊，同樣因為天氣改到其他地點轟炸，26架P-51分別在虎尾、台南、佳冬等地的飛行場投下260磅破片殺傷彈。

　　第38轟炸大隊當天上午另由第405、822、823轟炸中隊各派出6架

12　這座組裝工場極可能是南方纖維工業株式會社彰化工場，當天有7棟工場大破，另有一棟機械倉庫燒毀。

嘉義驛

竹南驛

第38轟炸大隊在1945年5月17日出動3個中隊的B-25，分別轟炸指定的鐵路運輸目標，其中
第823轟炸中隊的2架B-25轟炸嘉義驛（上），另2架B-25轟炸竹南驛（下）。
（NARA via Fold3.com）

B-25，以2架編爲一小隊，攻擊指定的鐵路運輸目標。第823轟炸中隊負責的3個目標分別是嘉義驛、竹南驛、二水驛構內的車場。負責二水驛的小隊其中一架飛機在起飛後不久因故障迫降，另一架併入攻擊嘉義驛的小隊，3架飛機在11時40分對嘉義驛構內的車場和周圍的建築，投下26枚250磅傘降破壞彈，造成40公尺的鐵軌損壞。另一個小隊的2架飛機在12時15分飛抵竹南驛，對車場和列車投下19枚250磅傘降破壞彈，竹南驛構內的鐵路有4個地點被破壞，跨線橋和兩座信號所小破。

第822轟炸中隊的目標是位於苗栗驛、台中驛、彰化驛構內的車場。負責彰化驛的2架B-25在11時55分飛抵目標，以12枚250磅傘降破壞彈轟炸扇形車庫、列車和附近一座工場。負責攻擊台中驛的2架在12時05分對車場、疑似軍營的建築、車場旁的一座工場，投下16枚250磅傘降破壞彈。負責苗栗驛的2架B-25於12時15分，對車場及西南邊的大日本製糖株式會社苗栗製糖所，投下16枚250磅傘降破壞彈。

第405轟炸中隊的3個小隊分別負責攻擊後龍一帶的3座鐵路橋梁。第一小隊2架飛機在中午12時10分抵達中港溪，其中一架被地面砲火擊中，在丟棄機上4枚炸彈後墜毀爆炸；另一架飛機對中港溪鐵路橋投下6枚500磅傘降破壞彈。第二小隊在12時20分對通霄驛南方的鐵路橋投下10枚500磅傘降破壞彈。第三小隊2架飛機在12時40分，以8枚500磅傘降破壞彈轟炸橫跨烏眉溪的鐵路橋梁。

第90轟炸大隊與第380轟炸大隊的B-24聯合轟炸台北飛行場。第90轟炸大隊出動第319與第400轟炸中隊共12架B-24，以集束破片殺傷彈及500磅炸彈實施轟炸，第380轟炸大隊第528、530、531轟炸中隊合計14架B-24，則投下260磅破片殺傷彈。第380轟炸大隊第529轟炸中隊的6架飛機在台北市投彈，造成台灣總督府熱帶醫學研究所全燒。第380轟炸大隊另有2架飛機，分別改在金瓜石礦場和花蓮港投下

炸彈。

第90轟炸大隊另外以第320與第321轟炸中隊的8架B-24，轟炸樹林口飛行場。

第22轟炸大隊第19轟炸中隊在晚間派出一架B-24，第43轟炸大隊第65轟炸中隊也派遣一架B-24，分別以55加侖汽油彈轟炸台北市。第43轟炸大隊第63轟炸中隊的一架B-24，在執行武裝氣象觀測任務時，對小港飛行場投下55加侖汽油彈。

1945.5.18

第5航空隊計畫由第345與第38轟炸大隊合力出動7個B-25中隊，分別掃蕩全台的交通運輸，城鎮與工場也在攻擊之列。第345轟炸大隊旗下4個中隊首發，從清晨6時開始陸續起飛，以2架飛機為一小隊，掛載250磅傘降破壞彈前往指定地區搜尋機會目標進行攻擊。

第498轟炸中隊首先起飛，3個小隊各別負責台中到新竹、恆春到麻豆、新竹到台中等3個區段，不過第三小隊只有一架B-25飛抵台灣，後來加入第499轟炸中隊的飛機一起攻擊。竹北、新竹、通霄、大安、台中、麻豆、枋寮、枋山、楓港等地都遭到轟炸。

第499轟炸中隊3個小隊分別負責新竹到大肚溪、大肚溪到斗南、斗南到新市的鐵路區段。由於值得攻擊的鐵公路車輛不多，大部分飛機是以橋梁、城鎮、工場作為轟炸的目標，包括竹南、淡文湖[13]、大甲、大肚、苗栗、二水、崙背、斗六、斗南、民雄、嘉義、鹽水、新市等地。

第501轟炸中隊6架飛機負責新竹到斗六間的鐵路沿線。部分飛機深入到三灣、獅潭的山區城鎮投彈，豐原、潭子、霧峰、草屯、名

13　現在的談文。

台中市

通霄驛

第38轟炸大隊在1945年5月17日出動3個中隊的B-25,分別轟炸指定的鐵路運輸目標,其中第405轟炸中隊的2架B-25轟炸通霄驛南方的鐵路橋梁。（甘記豪提供）

第38轟炸大隊在1945年5月17日出動3個中隊的B-25,分別轟炸指定的鐵路運輸目標,其中第822轟炸中隊的2架B-25轟炸台中驛。照片中有行道樹的橫向道路現在是忠孝路,背景右側可見台中市曙國民學校（今台中國小）與台中州台中商業實踐女學校（今台中家商）的大型校舍,左側則可見專賣局台中酒工場（戰後成為台中酒廠）的建築。（AFHRA典藏,中央研究院人社中心GIS專題中心提供）

間、南投等地的縱貫鐵路或糖鐵也遭轟炸，其中一架B-25在豐原附近被地面砲火擊中，在丟棄炸彈後立即返航。

最後出發的第500轟炸中隊3個小隊，分別負責豐原到苗栗、大甲經斗南到東石、新竹到大甲的3個區段，其中第一小隊的一架飛機因為發動機故障，在抵達台灣前就先折返。

第38轟炸大隊當天先出動雙機酒精工場打擊任務，由第822轟炸中隊的2架B-25攻擊明治製糖株式會社蒜頭製糖所，於上午10時15分飛抵目標區上空，投下10枚500磅傘降破壞彈。

B-24持續空襲台灣的飛行場，以壓制日軍飛機對沖繩戰事的支援行動。第22轟炸大隊的第2、19、33、408轟炸中隊總共出動23架B-24，協同第43轟炸大隊第64、65、403轟炸中隊的21架B-24，在上午10時30分左右，以集束破片殺傷彈及2000磅炸彈轟炸台南飛行場。一架第65中隊的B-24被地面砲火擊中後在空中爆炸，另一架同中隊的飛機也被擊中，持續飛行一段時間後墜毀在琉球嶼附近海面，乘員在墜毀前跳傘逃生。一架第43轟炸大隊的飛機因為與編隊失散，改為轟炸台中飛行場。

第90轟炸大隊第319、320、321、400轟炸中隊總共出動21架B-24，與第380轟炸大隊第528、529、530、531轟炸中隊的22架B-24，在上午11時15分左右，以集束破片殺傷彈轟炸台中飛行場。第531中隊的一架B-24被地面砲火擊中，飛機在起火後翻轉墜毀。第380轟炸大隊另有2架跟編隊失散的飛機在恆春和高雄兩地投下炸彈。

第38轟炸大隊其他3個中隊的B-25，負責當天

第二波交通掃蕩任務，從上午8時45分起陸續起飛，每個中隊各派出6架掛載250磅傘降破壞彈的B-25。

　　第71轟炸中隊的目標是彰化驛構內的車場。上午11時55分，6架B-25以一字排開的隊形，先對彰化市東南側的市街投彈，再往西北轟炸車場。

　　第405轟炸中隊的6架B-25抵達台灣後，以兩機爲一組兵分三路，

第22與第43轟炸大隊的B-24在1945年5月18日聯合轟炸台南飛行場。照片為第43轟炸大隊所拍攝。（AFHRA典藏，中央研究院人社中心GIS專題中心提供）

分別攻擊二水、斗南、民雄的車場和鄰近的村落，二水西方的水尾也遭到轟炸。

第823轟炸中隊原定以兩個小隊各3架B-25攻擊宜蘭的車場，但是第一小隊的3架飛機在途中遭遇不利的天氣狀況，折返到呂宋島轟炸預備目標，第二小隊的3架飛機順利飛抵宜蘭，對市街和車場投彈。

當天鐵路設施受創的地點包括大甲、沙鹿、追分、彰化、員林、二林、斗南驛的鐵軌，產業方面則有大日本製糖株式會社龍巖製糖所的一棟製品倉庫與事務所大破，位於苗栗的拓南窯業株式會社第三工場的兩棟工場全壞，明治製糖株式會社蒜頭製糖所4棟砂糖倉庫燒失，一棟壓榨室大破。

美國海軍第137巡邏轟炸中隊出動4架PV-1，前往台東轟炸明治製糖株式會社台東工場。上午11時30分，4架PV-1從海岸以超低空接近台東工場，各投下3枚250磅傘降破壞彈，之後沿著花東縱谷往北飛行，以火箭攻擊沿途的鐵路運輸設施和車輛。

第3空中突擊大隊再度出動第3與第4戰鬥機中隊的P-51，前往前一天因為天候影響未能轟炸的屏東飛行場，每架掛載2枚500磅炸彈，共有31架飛機對屏東飛行場投下炸彈。

第43轟炸大隊第63轟炸中隊當天晚間出動2架B-24轟炸台北市，在大雨中投下55加侖汽油彈。

1945.5.19

第38轟炸大隊第823轟炸中隊出動一架B-25，執行當天清晨例行的台灣武裝氣象觀測任務，先在西部以3枚500磅傘降破壞彈轟炸北門海邊的機帆船，之後再於東部的瑞穗一帶投下另一枚炸彈。

第38轟炸大隊稍後出動2架第405轟炸中隊的B-25，執行雙機酒精工場打擊任務，目標是善化的台灣製糖株式會社灣裡製糖所。上午

二水驛

第38轟炸大隊在1945年5月19日出動3個中隊的B-25，分別轟炸指定的鐵路運輸目標，其中第823轟炸中隊轟炸二水驛構內車場。照片右側的V字形道路現在是員集路。（甘記豪提供）

豐原慈濟宮

第38轟炸大隊在1945年5月19日出動3個中隊的B-25，分別轟炸指定的鐵路運輸目標，其中第71與第822轟炸中隊轟炸豐原驛構內的車場。照片前景的廟宇是供奉天上聖母的慈濟宮，左方的道路現在是豐原區中正路，右側的道路現在是信義街。（甘記豪提供）

9時45分，2架飛機並肩對灣裡製糖所投下12枚500磅傘降破壞彈，並以機槍掃射麻豆的總爺製糖所。

當天第38轟炸大隊的主力持續以台灣的鐵路設施為空襲的目標，由第71、822、823轟炸中隊各派遣6架B-25，其中第71與第822中隊的飛機聯合轟炸豐原驛構內的車場，第823中隊單獨對付前一天被炸過的二水驛構內車場。3個中隊的飛機從高雄一帶進入台灣內陸，再沿山麓北上。第823轟炸中隊先抵達二水，在上午10時40分對車場投下72枚250磅傘降破壞彈。第71與第822中隊在上午10時50分左右飛抵豐原上空，分別以6機並排隊形，對車場及豐原市街投下總計76枚250磅傘降破壞彈。

第345轟炸大隊繼續執行區域性的鐵公路車輛搜索與攻擊任務，第498、499、500、501轟炸中隊各派遣6架B-25到分配的區域，以2到3架飛機編成一組執行任務。

第498轟炸中隊第一小隊負責台灣的南端，由於未發現可攻擊的鐵公路車輛，所以對車城、楓港、枋寮地區的建築物投下250磅傘降破壞彈；第二小隊的責任區在濁水溪的北岸，大部分炸彈都投在二林、田中、北斗地區的建築物，另在二林轟炸一列貨運列車。

第499轟炸中隊分成3個小隊，從新竹的北面開始往東北飛行，對沿途的城鎮投彈和掃射，伯公岡[14]農業會的一座工場被炸全燒，伯公岡驛構內上下行鐵路損壞。

第500轟炸中隊的飛機起飛後，一架因發動機故障先行折返，其他5架B-25從香山一帶開始往南搜索目標，在竹南、北勢、三叉、大甲等地以250磅傘降破壞彈轟炸列車或鐵路。

第501轟炸中隊以2架飛機編成一個小隊，涵蓋中南部地區。東

14　現在的富岡。

石、朴子、義竹、後壁、溪口、學甲、番社[15]、六甲、善化等城鎮都遭到攻擊，途中經過的幾座製糖工場也遭轟炸，包括六甲一座過去已被轟炸的製糖工場、明治製糖株式會社烏樹林製糖、東洋製糖會社北港製糖所。

第3空中突擊大隊再次轟炸屏東飛行場，第3與第4戰鬥機中隊合計26架P-51，在午前對屏東飛行場、飛行場北邊的糖鐵及屏東市區投下500磅炸彈，屏東郡役所和警察署遭波及而半毀。

第49戰鬥機大隊第7、8、9戰鬥機中隊合計31架P-38，在正午時分以1000磅炸彈轟炸宜蘭飛行場和市區，並在蘇澳以機槍和機砲攻擊列車。

美國海軍第137巡邏轟炸中隊出動4架PV-1，前往彰化與員林之間搜尋一座在之前攻擊任務照片中發現的變電設施。由於地圖上的標示不精確，飛機又是在低空飛行，所以一直沒有找到目標。機群在返航之前對一座製糖工場發射6枚火箭，並以機槍掃射兩個城鎮。

當天第5航空隊出動4個大隊的B-24合力轟炸基隆港。第22轟炸大隊的第2、19、33、408轟炸中隊出動破記錄的32架B-24，聯合第43轟炸大隊第64、65、403轟炸中隊的18架飛機，第90轟炸大隊第319、320、321、400轟炸中隊的24架飛機，以及第380轟炸大隊第528、529、530、531轟炸中隊的24架，以2000磅炸彈（第408轟炸中隊的飛機使用100磅炸彈）對基隆港進行開戰以來最猛烈的轟炸。另外有一架第22轟炸大隊的飛機在花蓮投彈，一架第43轟炸大隊的飛機因為延誤起飛而在東港投彈。

第475戰鬥機大隊出動35架P-38，在中午過後對台南飛行場棚廠區投下1000磅炸彈。當天另外有21架執行掃蕩任務的P-51，以機槍掃射桃園飛行場。

15　現在的東山。

第5航空隊當天在日間出動的各型戰鬥機與轟炸機多達250架，創下年初開始對台空襲以來的記錄。

第43轟炸大隊第63轟炸中隊當天晚間派出一架B-24，以55加侖汽油彈轟炸高雄市。同大隊第64轟炸中隊在夜間出動的一架B-24，於次日凌晨3時50分以55加侖汽油彈轟炸台北市。第22轟炸大隊第408轟炸中隊也於夜間出動一架B-25，利用H2X雷達對台北市投下55加侖汽油彈。

1945.5.20

第38轟炸大隊在清晨派出一架第823轟炸中隊的B-25，到台灣執行武裝氣象觀測任務，於北上途中，對高雄海岸外的一艘平底船投下一枚500磅傘降破壞彈，完成任務前再於台灣西南端的水泉地區投下另外3枚炸彈。

第38轟炸大隊當天的雙機酒精工場打擊任務由第823轟炸中隊的2架B-25執行，目標是位於麻豆的明治製糖株式會社總爺工場。2架飛機在枋寮一帶進入內陸，沿山麓北上到麻豆東方，在10時35分左右對總爺工場投下12枚500磅傘降破壞彈。經過本月6日和當天的兩度轟炸，總爺工場有一棟酒精工場、7棟倉庫、一棟原料倉庫全燒，酒精發酵室與物品倉庫全壞，一結晶槽中破，壓榨室、清淨室、鍋爐室半毀。

第38轟炸大隊旗下其他3個中隊在雙機打擊任務出發半小時後，各派出6架掛載250磅傘降破壞彈的B-25，分別轟炸指定的鐵路車場。負責大肚驛的第71轟炸中隊，在上午11時45分，以兩波3架飛機的隊形對車場和西邊的一座工場投下炸彈，造成台灣紙漿株式會社大肚工場10棟蔗渣倉庫燒毀。

第405轟炸中隊的目標是後龍驛構內的車場，6架飛機分

成兩批在11時55分，對車場、車場東邊的後龍市街、南方的一座公路橋投彈。

　　第822轟炸中隊在正午以兩波3架飛機的隊形，向竹南驛構內的車場及鄰近的建築投下炸彈，竹南驛構內的鐵軌有7處受損，台灣纖維工業株式會社竹南工場有3棟工場全燒。

　　第5航空隊在過去六天連續派出大批B-24轟炸台灣，許多飛機在過程中被日軍的防空砲火擊中受損，因此4個B-24轟炸大隊本日休兵，進行飛機的修護與保養，讓機組員稍微喘息。

第5航空隊在1945年5月19日出動4個大隊的B-24，聯合轟炸基隆港。照片為第43轟炸大隊所拍攝。（AFHRA典藏，中央研究院人社中心GIS專題中心提供）

入夜之後，第22轟炸大隊輪流由第2、19、33、408轟炸中隊各派出一架B-24，以260磅破片殺傷彈轟炸基隆。第43轟炸大隊第63轟炸中隊則出動一架B-24執行夜間氣象觀測，途中對小港飛行場投下55加侖汽油彈。

1945.5.21

　　第38轟炸大隊第405轟炸中隊的一架B-25，執行武裝氣象觀測任務，在東部的玉里一帶以500磅傘降破壞彈，分別轟炸鐵路、貨運列車、數棟疑似倉庫建築、一座公路橋梁等目標，造成末廣驛[16]構內設施受損。

　　由於預測台灣的天氣不佳，第5航空隊順勢取消所有對台轟炸任務，讓B-24的轟炸大隊繼續進行飛機的修護與保養。

　　第22轟炸大隊第408轟炸中隊於夜間派出一架B-24，執行氣象觀測任務，在雲層上對台北市投下7枚55加侖汽油彈。第43轟炸大隊第64轟炸中隊也出動一架B-24，執行夜間氣象觀測，並對小港飛行場投下7枚55加侖汽油彈。

1945.5.22

　　第38轟炸大隊第71轟炸中隊於清晨出動一架B-25執行氣象觀測，在東部的加里猛狎[17]及猴子山一帶，向疑似工場和倉庫的建築物共投下4枚500磅傘降破壞彈。

　　第5航空隊的4個B-24轟炸大隊經過兩天的休養生息，本日再度大

16　戰後改名為大禹車站，現已裁撤。
17　現在的隆昌。

舉出動轟炸基隆港。第22轟炸大隊第19轟炸中隊先派出2架未掛彈的B-24到台灣觀測天氣,其中一架在花蓮港一帶遇到風雨而折返,另一架繼續飛行到基隆港上空。在此同時,第22、43、90、380轟炸大隊的大批B-24陸續起飛,在途中接到氣象觀測機通知,基隆港與預備目標日月潭發電所完全被雲層籠罩,於是機群前往第三順位的左營海軍基地與飛行場,在上午11時前後投下2000磅及1000磅炸彈。由於左營上空時有雲層遮掩,加上第22轟炸大隊前導機的H2X雷達故障,77架宣稱在左營投彈的飛機其實無法完全確定有多少炸彈落在目標。當天另有10架B-24改對岡山飛行場投彈,2架在恆春投下炸彈。

美國海軍第137巡邏轟炸中隊出動4架PV-1,前往攻擊新營東北方的明治製糖株式會社烏樹林製糖所,其中一架因故障先行折返。另外3架飛機從新營正西方海岸轉入陸地,在陣雨中以儀器飛行到新營一帶。上午11時,2架PV-1對烏樹林製糖所投下250磅傘降破壞彈,另

明治製糖株式會社烏樹林製糖所

第137巡邏轟炸中隊的PV-1,在1945年5月22日轟炸明治製糖株式會社烏樹林製糖所。
(NARA via Fold3.com)

一架飛機先以火箭攻擊一座過去已被轟炸過的工場，再對烏樹林製糖所投下炸彈。3架飛機脫離目標後往西飛行準備出海，再對沿途發現的機會目標發射火箭和掃射。

　　第345轟炸大隊旗下4個中隊各出動6架B-25，到台灣西部轟炸各自的指定目標，其中3個中隊因為天氣不佳決定取消任務返航，只有原定轟炸總爺製糖所的第501轟炸中隊6架飛機飛抵台灣。領隊發現麻豆一帶的天氣不佳，下令分成兩個小隊轉向海岸，從11時10分左右開始，分別對列為預備目標的海口[18]和蚊港兩座村落投下250磅炸彈。這些飛機出海後，又以機槍掃射在佐佐木島東邊發現的草寮和人群。

　　第38轟炸大隊當天的雙機酒精工場打擊任務，由第822轟炸中隊2架B-25負責，目標是大日本製糖株式會社大林製糖所。2架B-25從鳳山一帶進入內陸北上，在飛近嘉義時，因為雲層過低而決定放棄轟炸大林，轉向預備目標台灣製糖株式會社旗尾製糖所。途中經過岡山時，險被B-24從高空投下的炸彈擊中。旗山地區大雨滂沱，但2架B-25仍在11時50分，對住宅區和旗尾製糖所的東半邊投下500磅傘降破壞彈。

　　第38轟炸大隊的第71、405、823轟炸中隊各出動6架B-25，分別轟炸台中驛、嘉義驛、彰化驛構內的車場。由於雲層既低且密，第71和第823中隊的領隊在東石一帶基於安全考量，決定折返到菲律賓轟炸第三順位目標。第405轟炸中隊持續前進到嘉義一帶，才因為雨勢太大放棄轟炸嘉義驛，改沿鐵路縱貫線南下尋找機會目標。6架飛機分成兩個梯隊，先對嘉義市北邊的一座鐵路橋投彈，再對大日本製糖株式會社南靖製糖所投下25枚250磅傘降破壞彈，接著分別對後壁和布袋的市街投彈，出海前再投下最後10枚炸彈。

　　第22轟炸大隊第19與第33轟炸中隊於夜間各出動一架B-24，執

18　現在的台西。

行氣象觀測任務，並以55加侖汽油彈轟炸台北市。

1945.5.23

　　第38轟炸大隊第823轟炸中隊在清晨出動一架B-25，到台灣執行武裝氣象觀測，因為台灣幾乎完全被厚實的雲層籠罩，所以在完成西部的觀測後沿著原路南下再繞到東部北上。不過由於天氣太差，在知本北邊對一座鐵路橋梁投下4枚500磅傘降破壞彈後，即放棄後半段的任務返航。

　　第38轟炸大隊的雙機酒精工場打擊任務，由第405轟炸中隊負責執行，目標是大日本製糖株式會社苗栗製糖所。2架B-25一早掛載250磅傘降破壞彈起飛，但是受到天氣的阻礙，折返菲律賓轟炸預備目標。

　　由於台灣的天氣不佳，當天美軍無其他日間空襲行動。

　　當天夜間，第22轟炸大隊第2與第408轟炸中隊各出動一架B-24，以55加侖汽油彈轟炸台北市。第43轟炸大隊第403轟炸中隊也出動一架B-24，在高雄市上空投下7枚55加侖汽油彈。

1945.5.24

　　第71偵察大隊第17偵察中隊派出一架掛載500磅傘降破壞彈的B-25，執行台灣東西部的武裝氣象觀測任務，但因天氣太差，任務只完成一半即折返，未在過程中投彈。

　　第5航空隊前一天的氣象預測即顯示台灣在24日的天氣不佳，因此取消所有日間對台轟炸任務。

　　第22轟炸大隊在當天夜間由第408轟炸中隊一架B-24，對高雄港投下55加侖汽油彈。第43轟炸大隊第64與第65轟炸中隊各出動一架

B-24，分別對台北市與台東投下55加侖汽油彈。同大隊第63轟炸中隊派出4架B-24前往轟炸上海，其中一架飛機因雷達故障而改對澎湖飛行場投下炸彈。

1945.5.25

第38轟炸大隊在清晨由第822轟炸中隊派出一架B-25，執行台灣東西部的武裝氣象觀測，在鹿港附近因為天氣不佳而掉頭，沿原路南下再繞行東部北上，在都蘭對一座工場投下4枚500磅傘降破壞彈，造成東台製糖合資會社都蘭工場的兩棟倉庫小破，五萬斤甘蔗燒毀。這架B-25再往北飛到花蓮港一帶，因雨勢和亂流放棄後段的任務返航。

由於台灣當天的天氣不理想，第5航空隊未執行其他日間轟炸任務。

入夜後，第22轟炸大隊第2轟炸中隊出動一架B-24到廈門執行氣象觀測，途中對高雄投下55加侖汽油彈。第43轟炸大隊第64與第403轟炸中隊分別出動一架B-24，以55加侖汽油彈轟炸台北市。

1945.5.26

由於預報顯示台灣的天氣不適合B-24機群執行轟炸任務，所以美軍並未計畫出動B-24在日間轟炸台灣，但是仍排定由B-25和海軍的PV-1大舉轟炸鐵路車場和製糖、酒精工場。

第345轟炸大隊旗下4個中隊各出動6架B-25，分別轟炸指定目標。負責轟炸明治製糖株式會社總爺製糖所的第501轟炸中隊6架B-25，從上午10時40分開始，以三機為一組，先後對製糖工場和人員宿舍區投下250磅傘降破壞彈。其中一架B-25因被日軍砲火擊中，脫離目標區後迫降在琉球嶼附近海面。

第498轟炸中隊負責轟炸日本石油株式會社苗栗製油所，6架B-25在上午11時20分左右，分成兩梯次向製油所與相隔不遠的苗栗驛構內車場投下250磅傘降破壞彈。其中一架B-25被防空砲火擊中，直接墜毀在苗栗驛前爆炸起火。

第499轟炸中隊的目標是竹東的煉油設施，但是6架B-25從新竹外海轉進內陸時遇到大雨和濃厚的雲層阻擋，所以再轉出海往南尋找目標攻擊。6架飛機從東石轉往內陸前往新營，以2架飛機編成一組，在上午11時20分對鹽水港製糖株式會社新營製糖所與鹽水港紙漿株式會社，投下250磅與500磅傘降破壞彈。其中一架飛機在往西飛行出海前，將剩下的2枚250磅傘降破壞彈對後港[19]投下。

負責轟炸竹南驛構內車場的第500轟炸中隊6架B-25起飛後，其中一架飛機因為機槍故障先行返航。5架B-25抵達目標區後，領隊機於

19　位於現在的將軍區。

明治製糖株式會社總爺製糖所

第345轟炸大隊在1945年5月26日出動4個中隊的B-25分別轟炸指定目標，其中第501轟炸中隊轟炸明治製糖株式會社總爺製糖所。照片背景爆炸處即為製糖所的位置，前景可見麻豆飛行場的滑走道及5座露天掩體。（甘記豪提供）

苗栗驛 & 日本石油株式會社苗栗製油所

第345轟炸大隊在1945年5月26日出動4個中隊的
B-25，分別轟炸指定目標，其中第498轟炸中隊，
以250磅傘降破壞彈轟炸日本石油株式會社苗栗製油
所。一架B-25被地面砲火擊中（左），墜毀在苗栗驛
前爆炸起火（右）。（NARA via Fold3.com）

11時20分率先投下500磅傘降破壞彈，爆炸揚起大量煙塵，造成視線不清，後續4架飛機因此輪流以單機對大致的目標範圍投下炸彈。

美國海軍第137巡邏轟炸中隊上午派出4架PV-1，攻擊大日本株式會社彰化製糖所與烏日製糖所。不過因為天候不佳，加上對地理環境不熟悉，這4架PV-1找不到原定的目標，所以改在海線及山線鐵路尋找機會目標以炸彈或火箭攻擊，新埔驛和苑裡驛皆有鐵軌遭到破壞。

第38轟炸大隊當天由3個中隊分別出動6架B-25攻擊指定目標。第823轟炸中隊負責轟炸彰化驛構內的車場，6架B-25在11時45分從濁水溪出海口進入陸地，但由於低空飛行和導航的失誤，未能找到彰化。機群轉向出海後再回頭，依然找不到指定的目標，其中4架飛機自行尋找機會目標，在西螺、水尾、竹塘三地各投下十餘枚250磅傘降破壞彈。之後機群南下前往列為第三順位目標的恆春，於下午1時55分投下剩餘的250磅傘降破壞彈。

第405轟炸中隊負責轟炸明治製糖株式會社南投製糖工場，6架B-25分成兩個小隊，在12時20分從兩個方向，分別對製糖工場和南投的市街投下250磅傘降破壞彈。

第822轟炸中隊的目標是豐原驛構內的車場和一座鋸木場，但在起飛時有一架飛機衝出跑道，另一架飛機起飛後因故障先折返。其餘4架B-25準備從鹿港外海轉進陸地時遇到低垂的濃厚雲層阻擋，所以放棄轟炸豐原，前往列為預備目標的大日本製糖株式會社大林製糖所。4架飛機從濁水溪出海口轉進陸地後，其中一架飛機的發動機冒煙，由另一架飛機陪同，在折返菲律賓途中，對西螺、崙背和麥寮投下機上所有的250磅傘降破壞彈。其餘2架B-25順利飛抵大林，在中午12時25分對製糖所投下炸彈。

第71偵察大隊派出第17偵察中隊的9架B-25，前往轟炸大日本製糖株式會社潭子製糖所，對工場和鄰近的村落投下250磅傘降破壞彈。

第22轟炸大隊第2轟炸中隊在夜間出動一架B-24，對高雄港投

大日本製糖株式會社大林製糖所

第38轟炸大隊在1945年5月26日出動3個中隊的B-25分別轟炸指定目標,其中第822轟炸中隊原定轟炸豐原驛構內的車場和一座鋸木場,但受天候影響,改對大日本製糖株式會社大林製糖所投下250磅傘降破壞彈。(甘記豪提供)

大日本製糖株式會社潭子製糖所

第71偵察大隊第17偵察中隊的B-25在1945年5月26日,以250磅傘降破壞彈轟炸大日本製糖株式會社潭子製糖所。照片右下方較寬的道路現在是潭子區的中山路,左方的小路現在是南門街。(甘記豪提供)

下55加侖汽油彈。第43轟炸大隊第64與第65轟炸中隊各出動一架B-24，在次日凌晨分別對台北市及台東投下55加侖汽油彈。

第38轟炸大隊第71轟炸中隊派出一架B-25，執行台灣東西部武裝氣象觀測任務，在東勢厝附近因爲陰雨掉頭，順原路南下的途中在西港地區投下3枚500磅傘降破壞彈，另一枚炸彈在佳冬投下。

第49戰鬥機大隊於清晨出動4架P-38到台灣掃蕩鐵路交通，有4列火車的機關車遭到掃射，從其中一列跳下的一百多人也遭掃射。

第345轟炸大隊在清晨分批出動旗下4個中隊的B-25，到台灣分別轟炸指定目標。第501轟炸中隊負責轟炸鹽水的車場，但是執行任務的6架B-25找不到目標[20]，所以從上午10時5分開始改尋機會目標發動攻擊。其中3架飛機對明治製糖株式會社南靖製糖所投下500磅傘降破壞彈，一架轟炸明治製糖株式會社蒜頭製糖所，一架對台灣煉瓦株式會社佳里工場投彈，另一架飛機則在過程中失去蹤影。

第499與第500轟炸中隊聯手轟炸日糖興業株式會社虎尾製糖所，第499中隊的6架B-25負責北邊的工場及倉庫群，南邊由第500中隊的6架B-25負責。兩個中隊從濁水溪出海口往東進入內陸後，各以3架飛機爲一小隊，由第499中隊在10時15分先投下500磅傘降破壞彈，第500中隊接續投彈。機群脫離目標區後，在太保一帶發現迫降的第501中隊飛機，機身前段與中段起火，但未見任何人員。

第498轟炸中隊出動6架B-25前往轟炸北勢驛[21]，但因天氣不佳折回中南部，在10時35分對口湖一帶的村落投下500磅傘降破壞彈。

20　第501轟炸中隊在作戰任務報告中認爲是因爲執行上的疏失才找不到目標，但鐵路縱貫線並沒有經過鹽水，所以或許目標是指岸內製糖所的糖業鐵道。

21　現在的豐富車站。

第71偵察大隊出動第17偵察中隊的9架B-25，前往轟炸明治製糖株式會社南投製糖工場。由於目標區天候不佳，所以折返往南，向列爲預備目標的「新營製糖工場」[22] 投下250磅傘降破壞彈。

第38轟炸大隊當天的雙機酒精工場打擊任務，由第822轟炸中隊的2架B-25負責執行，目標是前一天才遭轟炸的大林製糖所。由於海岸被濃厚的雲層覆蓋，2架飛機從鳳山一帶進入內陸沿山麓北上，在10時32分對目標投下10枚500磅傘降破壞彈。

第38轟炸大隊其他3個轟炸中隊各出動6架B-25一同編隊前往台灣，再分頭轟炸各自的指定目標。領軍的第823轟炸中隊負責轟炸二水驛構內的車場，其中一架飛機因爲機械故障先行返航，另5架B-25沿台灣西岸飛行通過濁水溪出海口後，因雲層過密決定放棄轟炸二水。

22　任務中拍攝的照片顯示，當天被轟炸的其實是明治製糖株式會社蒜頭製糖所。

明治製糖株式會社蒜頭製糖所

第71偵察大隊第17偵察中隊的B-25在1945年5月27日，以250磅傘降破壞彈轟炸明治製糖株式會社蒜頭製糖所，但是美軍誤以爲是新營製糖工場。照片右上角田裡的5個圓形區域是日軍的防空機槍陣地。（AFHRA典藏，中央研究院人社中心GIS專題中心提供）

由於第二順位目標三崁店製糖所同樣天候不佳，5架飛機持續南飛到第三順位目標恆春，在12時15分對市街投下250磅傘降破壞彈。

負責轟炸佳里蕭壠製糖所的第405轟炸中隊同樣因為天候影響，放棄轟炸主要目標及第二順位目標三崁店製糖所，在12時20分以兩批3機隊形，向恆春市街和製糖所投下250磅傘降破壞彈。

第71轟炸中隊的目標是後龍驛構內的車場，6架B-25沿西岸飛到梧棲一帶時因氣象狀況太差掉頭，略過第二順位目標番子田驛，南下到台灣南端，於12時25分將所有250磅傘降破壞彈投在恆春市街和製糖所。

當天第5航空隊基於氣象預報不佳，沒有排定任何B-24日間對台轟炸任務。

第22轟炸大隊第2轟炸中隊在夜間出動一架B-24，對台北市投下55加侖汽油彈。第43轟炸大隊第403轟炸中隊一架B-24，在午夜過後以55加侖汽油彈轟炸高雄市。

1945.5.28

第38轟炸大隊第823轟炸中隊在清晨出動一架B-25，執行武裝氣象觀測任務，途中對都蘭地區的一座工場投下4枚500磅傘降破壞彈。

台灣全區幾乎都是多雲到陰的天氣，北部地區並有陣雨，所以原本規劃由第38轟炸大隊3個中隊各6架B-25，轟炸彰化、田中、斗南三地車場的任務皆取消。

不過第345轟炸大隊旗下4個中隊的B-25一早起飛，轟炸台灣各地的煉油及酒精工場。第500轟炸中隊的目標是大日本株式會社彰化製糖所，6架B-25在線西一帶從外海轉進內陸，以3架飛機為一組，在10時10分向目標投下250磅傘降破壞彈。

鹽水港製糖株式會社溪州製糖所是第501轟炸中隊的目標，不過

由於領航官誤判，6架B-25從大肚溪轉進內陸，較原定位置偏北。3架B-25組成的第二小隊先對彰化製糖所投下9枚250磅傘降破壞彈，接著所有飛機轉向到烏日，對市街及大日本製糖株式會社烏日製糖所投下其餘27枚炸彈。

第499轟炸中隊的目標是位於竹東的「酒精及製糖工場」[23]，6架B-25由竹南外海轉向進入陸地，以2架飛機為一小隊，在10時30分左右分批對竹東工場和市街投下250磅傘降破壞彈。

第498轟炸中隊的目標正是兩天前隊友被擊落的地點——苗栗製油所，6架B-25從後龍轉進內陸後，於10時35分以3機一組的隊形投下500磅傘降破壞彈，每架飛機都全身而退。

第71偵察大隊第17偵察中隊出動8架B-25，轟炸鹽水港製糖株式會社花蓮港製糖所大和工場，其中5架飛機投下250磅傘降破壞彈。

第38轟炸大隊當天的雙機酒精工場打擊任務，由第405轟炸中隊的2架B-25負責，目標是花王有機株式會社沙鹿工場。2架飛機於11時45分飛抵，以500磅傘降破壞彈轟炸目標。

第3空中突擊大隊當天出動16架P-51，對東西部的鐵公路交通運輸進行掃蕩，其中4架飛機投下75加侖汽油彈。

當天第5航空隊仍因台灣的氣象預報不佳，沒有排定任何B-24日間轟炸任務。

1945.5.29

由於台灣的天氣不適合B-25進行低空轟炸，所以當天只有第38轟炸大隊第823轟炸中隊的2架B-25，執行雙機酒精工場打擊任務，目標是大日本製糖株式會社大林製糖所。雖然此處幾天前才遭轟炸，但是

23 　其實是帝國石油株式會社竹東工場。

任務中拍攝的照片顯示這座工場只有輕微受損，所以美軍決定再度轟炸。2架B-25從鳳山一帶進入內陸，經由山區飛抵大林，對目標投下12枚500磅傘降破壞彈。

4架P-38到台灣掃蕩鐵公路交通運輸，掃射列車、卡車、巴士。

第5航空隊當天計畫由4個大隊合力出動90架B-24轟炸基隆港，由6架P-51擔任掩護。每一個B-24轟炸大隊都盡全力派出妥善的飛機，所以實際執行任務的B-24超過一百架，包括第22轟炸大隊第2、19、33、408轟炸中隊的27架，第43轟炸大隊第64、65、403轟炸中隊的24架，第90轟炸大隊第319、320、321、400轟炸中隊的24架，第380轟炸大隊第528、529、530、531轟炸中隊的34架，其中有95架在基隆上空投下1000磅炸彈。不過擔任第22轟炸大隊前導的第408轟炸中隊，因為太多人員在對講機上通話，飛行員無法清楚聽見航炸員的指示，以致投彈時飛行航線偏差，尾隨的其他第22轟炸大隊飛機也

基隆港

第5航空隊在1945年5月29日出動4個轟炸大隊近百架B-24，聯合轟炸基隆港。照片為第43轟炸大隊所拍攝。（AFHRA典藏，中央研究院人社中心GIS專題中心提供）

跟著投彈，所以大部分的炸彈都落入海中。其他未能在基隆港投彈的14架B-24，分散在高雄、東港、恆春、車城、墾丁、火燒島等地投下機上的炸彈。

1945.5.30

　　第38轟炸大隊在清晨派出第405轟炸中隊的一架B-25，執行台灣武裝氣象觀測任務，在沿西岸北上途中，先對布袋的一艘機帆船投下一枚500磅傘降破壞彈，到東部後再以另外3枚炸彈轟炸溪口、鳳林一帶，鳳林驛構內的鐵軌部分受損。

　　由於台灣的天氣晴朗，所以第5航空隊再次傾全力出動所有妥善的B-24，以260磅破片殺傷彈轟炸高雄市一帶的日軍防空砲火陣地。為了安全起見，飛機的投彈高度都設定在一萬五千英尺以上，並使用雷達反制裝置，同時投放金屬帶干擾日軍雷達的運作。第22轟炸大隊第2、19、33、408轟炸中隊出動29架B-24，第43轟炸大隊第64、65、403轟炸中隊25架，第90轟炸大隊第319、320、321、400轟炸中隊27架，第380轟炸大隊第528、529、530、531轟炸中隊34架，其中只有4架飛機在高雄以外的地點投彈。空襲造成高雄州廳與高雄東警察署半壞，高雄市田町驛[24]構內鐵軌破壞10公尺。

　　第345與第38轟炸大隊各派出12架B-25，聯合轟炸新營市區，計畫先由第345大隊的12架飛機一字排開進行轟炸，第38大隊的飛機以相同的隊形接續。領軍的第345轟炸大隊由第498、499、500轟炸中隊各4架B-25組成，第38轟炸大隊則由第405和第823轟炸中隊各派遣6架B-25。兩個大隊的飛機在呂宋島上空集結，但是第499轟炸中隊有2架飛機故障返回基地降落。

24　現在的鼓山車站。

第345轟炸大隊在屏東一帶即降低高度轉向，與第38轟炸大隊分道揚鑣。擔任大隊前導的第498轟炸中隊在台南東北方約十英里處，誤以為已經錯過新營而掉頭南飛，於是10架B-25一字排開對台南飛行場南側，及台灣製糖株式會社車路墘製糖所、白沙崙等地投下500磅炸彈。第38轟炸大隊的12架飛機按計畫直飛新營，並肩飛行對新營驛構內的車場與市區投下500磅炸彈。機員在回程途中，目視高雄港一帶的大火與數千英尺高的黑煙，旗山和屏東也有火勢延燒。

當天另有第49與第475戰鬥機大隊合計40架P-38及第3空中突擊大隊20架P-51，掃蕩台灣的西部與東部，明治製糖會社溪湖製糖所、大日本製糖株式會社竹山製糖所、台灣製糖株式會社旗尾製糖所、后里變電所，都在攻擊中受損。美軍的一架P-51在鹽水西南方失聯。

1945.5.31

第38轟炸大隊第71轟炸中隊一架B-25，在清晨起飛到台灣執行武裝氣象觀測任務，在東部的都蘭投下一枚500磅傘降破壞彈，離開台灣前分別在大樹房[25]及墾丁投下另外3枚炸彈。

第5航空隊計畫出動大批戰鬥機分成數波攻擊台灣各地：上午的第一波，預計由第49戰鬥機大隊的24架P-38掃射西部的機會目標，接著第3空中突擊大隊以8架P-51攻擊西部，另外8架攻擊東

25　現在的恆春鎮大光里。

部。近午時分由第475戰鬥機大隊兩批各12架P-38，分別掃射西部和東部的機會目標，一小時後再出動12架P-38攻擊東部。下午由第71偵察大隊兩批各8架P-51分別攻擊西部和東部；傍晚再由第3空中突擊大隊出動4架P-51在台灣南端進行掃蕩。當天實際共有68架P-38及16架P-51執行這一場大規模的戰鬥機掃蕩行動，共有14部機關車遭到機槍或75加侖汽油彈的攻擊。美軍損失2架P-38和2架P-51。

高雄市日軍防空砲火陣地

第5航空隊在1945年5月30日出動4個轟炸大隊超過一百架B-24，聯合轟炸高雄市一帶的日軍防空砲火陣地。照片右方呈X形交叉的道路下半部有一處防空陣地，已被260磅破片殺傷彈爆炸產生的硝煙掩蓋。（AFHRA典藏，中央研究院人社中心GIS專題中心提供）

第38和第345轟炸大隊再度合作，各派出12架B-25轟炸宜蘭的市區。先攻的第38轟炸大隊由第822與第71轟炸中隊各出動6架B-25，沿台灣東岸北上，在宜蘭北方進入內陸，再迴轉到宜蘭正西方。第822中隊在上午10時35分先以6機並排的隊形，由西向東投下250磅傘降破壞彈，第71中隊以相同隊形接續轟炸。第345轟炸大隊由第500和第501轟炸中隊各出動6架B-25，以相同的航線進入目標區，在10分鐘後以6機並排的隊形分別投下100磅炸彈。

第5航空隊連續第三天出動一百架以上的B-24轟炸台灣，當天的主要目標是台北市內政治與軍事中樞所在的官署廳舍。第90轟炸大隊第319、320、321、400轟炸中隊各派出6架B-24，在上午11時40分左右，先以540磅集束破片殺傷彈轟炸台北地區的日軍防空砲火陣地。

其他3個大隊的B-24接在第90轟炸大隊之後，以1000磅炸彈轟炸台北市：第22轟炸大隊第2、19、33、408轟炸中隊，盡全力出動所有妥善的38架B-24，其中35架在12時20分左右對台北市投彈，2架飛機在折返途中將1000磅炸彈投在恆春，另一架飛機因較晚起飛也對恆春的機會目標投彈。第43轟炸大隊第64、65、403轟炸中隊合計出動29架飛機，其中25架在12時50分前後轟炸台北，一架未能在台北上空投彈而改在頭圍投下炸彈，另外3架飛機折返。第380轟炸大隊第528、529、530、531轟炸中隊總共25架B-24對台北市投彈。

空襲造成台灣總督府與台灣銀行本店全燒，台北帝大附屬醫院、台北地方法院半壞，台北驛的待合室半壞、鐵道事務所一棟倉庫全燒。

當天晚間，第43轟炸大隊第63轟炸中隊出動數架B-24，執行海上搜索日本船隻任務，其中一架因為漏油提早返航，於次日凌晨將炸彈投在馬公。

第90轟炸大隊的B-24，在1945年5月31日先出動轟炸台北地區的日軍防空砲火陣地。照片左方的爆炸處緊鄰一座日軍的防砲陣地，戰後成為空軍三重一村。
（AFHRA典藏，中央研究院人社中心GIS專題中心提供）

1945年5月31日，第22、第43、第380轟炸大隊的B-24，在第90轟炸大隊壓制日軍防空砲火之後，轟炸台北市內政治與軍事中樞所在的官署廳舍。位於照片下方的台灣總督府被炸中後冒出大量黑煙，左上角冒出濃煙處是台灣鐵道飯店。
（AFHRA典藏，中央研究院人社中心GIS專題中心提供）

第38與第345轟炸大隊的
B-25在1945年5月31日先
後轟炸宜蘭市區。在這張
第38轟炸大隊拍攝的照片
中，橫向的道路現在是宜蘭
市中山路三段，上方偏左的
小巷現在是文昌路，中央偏
右4棟牆面顏色較淺的兩層
樓民宅至今仍在原地。
（甘記豪提供）

1945年6月

昭和20年

　　第38轟炸大隊第823轟炸中隊在清晨出動一架B-25執行武裝氣象觀測任務，從台灣西部繞行到東海岸後，在眞柄、成廣澳、大掃別、新港等地各投下一枚500磅炸彈。

　　第5航空隊當天的重點任務是出動4個大隊的B-24，在4架P-51的護航下轟炸高雄市。第43轟炸大隊第64、65、403轟炸中隊總共出動21架B-24，其中17架在上午10時30分前先以260磅破片殺傷彈轟炸日軍的防空陣地，同時投放金屬帶和啓動雷達反制裝置干擾日軍的雷達。其他3個大隊的B-24接在第43大隊之後，共有第22轟炸大隊第2、19、33、408轟炸中隊的21架，第90轟炸大隊第319、320、321、400轟炸中隊的18架，第380轟炸大隊第528、529、530、531轟炸中隊的19架B-24，對高雄市區、港區投下1000磅炸彈。另有第33與第320轟炸中隊各一架B-24，改在恆春對機會目標投彈。

　　當天另有43架P-38及22架P-51到台灣的東西部對鐵公路運輸進行掃射。

　　第22轟炸大隊第33轟炸中隊在當天晚間派出一架B-24，對基隆投

1945年6月1日，第22、第90、第380轟炸大隊的B-24在第43轟炸大隊壓制日軍防空砲火之後，接續轟炸高雄市區、港區。照片中被轟炸之處現在是鹽埕區。
（AFHRA典藏，中央研究院人社中心GIS專題中心提供）

高雄市

下500磅燒夷彈。第43轟炸大隊第65轟炸中隊一架原本也要轟炸基隆的B-24，改在台東投下500磅燒夷彈。

1945.6.2

第38轟炸大隊第822轟炸中隊於清晨出動一架B-25到台灣執行武裝氣象觀測任務，在東海岸的大掃別一帶投下4枚500磅炸彈。

第38轟炸大隊在上午出動兩批雙機酒精工場打擊任務。第822轟炸中隊負責攻擊明治製糖株式會社蒜頭製糖所，2架B-25從鳳山沿山麓往北飛行，在10時10分對蒜頭製糖所和周邊的兩座防空陣地投下100磅傘降破壞彈。

第二批雙機打擊任務由第405轟炸中隊執行，目標是苗栗製油所，雖然美軍飛機之前曾經轟炸此處，任務中拍攝的照片顯示當地仍有大約十座偽裝過的儲油槽和許多油桶。2架B-25從後龍轉進內陸，在10時55分左右以並排隊形發動攻擊。在投彈之前，一枚地雷爆炸的碎片和地面砲火先後擊中僚機，長機為了閃避而將100磅傘降破壞彈投在距苗栗製油所不遠的苗栗驛內貨運列車，僚機投下的炸彈則大部分落在

明治製糖株式會社蒜頭製糖所

第38轟炸大隊在1945年6月2日出動兩批雙機酒精工場打擊任務，其中第822轟炸中隊的B-25轟炸明治製糖株式會社蒜頭製糖所。
（AFHRA典藏，中央研究院人社中心GIS專題中心提供）

製油所，造成工場、一座油槽、一棟倉庫全燒，石油400石燒失。

第5航空隊的B-24兵分二路，分別轟炸鳳山的日軍營區及北部的基隆港。共有第90轟炸大隊第319、320、321、400轟炸中隊的24架B-24，和第380轟炸大隊第528、529、530、531轟炸中隊的21架B-24，由4架P-51擔任護航，在鳳山上空投下1000磅炸彈，另有一架第531中隊的飛機在盆貿里山區投下炸彈。

第22與第43轟炸大隊的B-24負責轟炸基隆港。不過台灣北部的天氣狀況不佳，第22轟炸大隊第2、19、33、408轟炸中隊的21架B-24利用H2X雷達的輔助從雲層上以1000磅炸彈轟炸基隆港，另有3架飛機在東部的新港、都蘭和南部的恆春投彈。第43轟炸大隊途中在新竹遇到鋒面雲層，決定放棄轟炸基隆港，改爲轟炸高雄港，第64、65、403轟炸中隊合計17架B-24投下1000磅炸彈，不過許多炸彈落入海中。

美國海軍第104巡邏轟炸中隊派出一架PB4Y-2，到台灣執行武裝偵巡任務，在中午12時40分以機槍掃射一輛在富貴角附近公路行駛的卡車，20分鐘後再以機槍攻擊八斗子海邊的一艘小船。

美軍另出動戰鬥機掃蕩台灣東西部的交通運輸，共有45架P-38及25架P-51攻擊各地的列車、倉庫、工場。

當晚，第43轟炸大隊第403轟炸中隊出動一架B-24，於次日凌晨透過H2X雷達的協助，以500磅燒夷彈轟炸基隆港。

1945.6.3

第38轟炸大隊第405轟炸中隊的一架B-25在清晨到

台灣執行武裝氣象觀測任務，於琉球嶼西方海域發現3艘漁船正試圖搜捕一艘美軍救生筏上的人員，於是以機槍掃射漁船，並通知水上飛機前往，成功救起前一日被擊中落海的第71偵察大隊第82戰術偵察中隊P-51飛行員。

第38轟炸大隊稍後由第823轟炸中隊出動2架B-25執行雙機酒精工場打擊任務，目標是花王有機株式會社沙鹿製糖所。雖然低垂的雲層導致能見度降低，2架飛機仍在10時55分以100磅傘降破壞彈轟炸

第90與第380轟炸大隊的B-24在1945年6月2日聯合轟炸鳳山的日軍營區。照片為第90轟炸大隊所拍攝。（AFHRA典藏，中央研究院人社中心GIS專題中心提供）

目標。

　　第90與第380轟炸大隊再次負責轟炸鳳山，由4架P-51擔任護航。不過受到局部的雲層影響，第90轟炸大隊僅有第320與321轟炸中隊的12架B-24在11時20分左右對鳳山投下1000磅炸彈，第319和第400中隊的11架飛機改為轟炸鄰近的高雄。第380轟炸大隊共有第528、529、530轟炸中隊的15架B-24對鳳山投下1000磅炸彈，第531中隊的6架飛機改為轟炸高雄港。

　　由於情報顯示3月被轟炸的日月潭發電所已經恢復到60%的發電量，因此第5航空隊當天指派第22和第43轟炸大隊的B-24再度轟炸，由4架P-51擔任護航。然而日月潭完全被雲層籠罩，所以第22轟炸大隊第2、19、33、408轟炸中隊的22架B-24，和第43轟炸大隊第64、65、403轟炸中隊合計13架B-24，都改在高雄市區和港區上空投下1000磅炸彈，造成台灣肥料會社工場、台灣製鐵會社東工場、台灣船渠高雄工場的損壞。

　　第43轟炸大隊第65轟炸中隊於晚間出動一架B-24，在次日凌晨於台北市上空投下12枚500磅燒夷彈。

1945.6.4

　　第5航空隊的B-25暫時對台灣休兵，進行維修與訓練。當天僅有第38轟炸大隊第71轟炸中隊的一架B-25到台灣執行例行性氣象觀測，但是在北上至彰化、台中一帶後失去聯繫。

　　由於第90與第380轟炸大隊的B-24出動支援第13航空隊在婆羅洲的戰事，當天第5航空隊僅規劃由第22與第43轟炸大隊的B-24在4架P-51的護航下轟炸台北市。第43轟炸大隊先行派出一架B-24觀測氣象，因回報台北地區的天候不佳，第22轟炸大隊第2、19、33、408轟炸中隊的22架B-24，及第43轟炸大隊第64、65、403轟炸中隊的18架

第22與第43轟炸大隊的B-24原定於1945年6月4日聯合轟炸台北市,但因台北地區天候不佳,改為轟炸高雄港驛的車場。照片均為第22轟炸大隊所拍攝。(NARA via Fold3.com)

B-24，都改對高雄港驛的車場投下1000磅炸彈。

當天另有4架P-38在台灣西部攻擊鐵路交通運輸，7架P-51掃射恆春的日軍火砲陣地。

1945.6.5

第38轟炸大隊在清晨派出第823與第71轟炸中隊各一架B-25，分別負責台灣上空的氣象觀測及搜尋前一天失蹤的氣象觀測機。但是台灣完全被濃厚的雲層掩蓋，搜尋的工作無法進行，2架飛機繞行台灣一周後，返回呂宋島投下機上的炸彈。

由於偵照發現有十多架日軍飛機被疏散到龍潭飛行場隱匿，所以第5航空隊規劃由第38轟炸大隊出動24架B-25，在12架P-51掩護下轟炸。第71、405、822、823轟炸中隊各6架B-25緊接在清晨出發的氣象觀測機之後起飛前往龍潭，但是在琉球嶼一帶遭遇惡劣的天氣，領隊決定放棄轟炸龍潭飛行場及預備目標鹿港，返回呂宋島轟炸當地的日軍目標。

第5航空隊另外計畫由第345轟炸大隊出動24架B-25，搭配12架護航的P-51，對據報有十餘架日軍飛機掩蔽的八塊飛行場實施轟炸，同樣因天氣因素取消任務。

當天第22與第43轟炸大隊的B-24負責轟炸台中飛行場上的日機，由4架P-51護航。B-24機群抵達台灣上空後因為天氣太差而無法按計畫轟炸台中飛行場，作為預備目標的高雄同樣天氣不佳，所以各自尋找機會目標轟炸。總計有第22轟炸大隊第2、19、33、408轟炸中隊的15架B-24，和第43轟炸大隊第64、65、403轟炸中隊的17架B-24，在各地投下集束破片殺傷彈（第33轟炸中隊投下260磅破片殺傷彈）。其中以台東落彈最多，共有17架B-24在此集中轟炸，墾丁、火燒島、紅頭嶼也遭轟炸，另有多架飛機在海上拋棄炸彈。

第104巡邏轟炸中隊一架PB4Y-1在1945年6月6日下午攻擊紅頭嶼岸邊的一艘漁船。照片中漁船的位置相當於現在蘭嶼鄉立圖書館前的海岸。（NARA via Fold3.com）

　　當天另外有21架P-51在台灣各地掃蕩交通運輸目標。

　　入夜後，第22轟炸大隊第408轟炸中隊出動一架B-24執行武裝氣象觀測任務，對台北市投下12枚500磅燒夷彈。

1945.6.6

　　第38轟炸大隊在清晨派出一架第822轟炸中隊的B-25到台灣執行武裝氣象觀測，對蘇澳港內的船隻投下3枚500磅炸彈，於南澳再投下另一枚，在離開台灣前以機槍掃射鵝鑾鼻的建築，但被防空砲火擊中，因此迫降海面。

　　由於預報顯示台灣的氣象不佳，當天第5航空隊沒有規劃任何日間對台轟炸任務。

美國海軍第104巡邏轟炸中隊在清晨出動一架PB4Y-1到台灣執行武裝偵巡任務，在下午2時20分對紅頭嶼岸邊的一艘漁船投下5枚100磅炸彈，並以機槍掃射。

當天晚間，第22轟炸大隊第2轟炸中隊一架執行武裝氣象觀測任務的B-24，以500磅燒夷彈轟炸台北市。

1945.6.7

由於預報依然顯示台灣地區的氣象不佳，呂宋島也遭遇惡劣天氣，因此第5航空隊暫停所有日間對台轟炸任務。

當天晚間，第22轟炸大隊第2轟炸中隊出動一架B-24執行武裝氣象觀測，並以12枚500磅燒夷彈轟炸台北市。第43轟炸大隊第65轟炸中隊也在夜間出動一架B-24，於午夜過後轟炸台北。

1945.6.8

第5航空隊再次因為台灣和呂宋島基地的天氣惡劣，暫停所有日間對台轟炸任務，當天的夜間任務也停止出動。

1945.6.9

第5航空隊連續第三天因為台灣和呂宋島的天氣惡劣而暫停日間對台轟炸。

當天晚間，第22轟炸大隊派出一架第408轟炸中隊的B-24執行武裝氣象觀測，在左營地區上空投下12枚500磅燒夷彈。

1945.6.10

第5航空隊連續第四天因為台灣和呂宋島的天氣惡劣而暫停所有日間對台轟炸任務。

第43轟炸大隊第403轟炸中隊上午出動一架B-24到中國的溫州進行氣象觀測，但是在福州附近遇到鋒面而折返，由於主要目標馬公完全被雲層掩蔽，所以透過雲層開口在下午1時10分對風櫃尾投下12枚500磅炸彈。

1945.6.11

第5航空隊連續第五天基於天候因素暫停所有日間對台轟炸任務。

美國海軍第104巡邏轟炸中隊在清晨出動一架PB4Y-1到台灣執行武裝偵巡任務，在上午11時20分以機槍和100磅炸彈攻擊一艘停放在火燒島海灘上的小船。

第43轟炸大隊第65轟炸中隊一架前往中國沿岸做氣象觀測的B-24，因為未發現適合攻擊的海上目標，飛往馬公投下機上的500磅炸彈。

1945.6.12

氣象預報仍顯示台灣的天氣不佳，所以第5航空隊再度暫停日間對台轟炸任務。

第22轟炸大隊第408轟炸中隊派出一架B-24到溫州執行武裝氣象觀測，在回程途中對馬公投下9枚500磅炸彈。

入夜後，第22轟炸大隊第33轟炸中隊出動一架B-24執行氣象觀測，在次日凌晨以500磅燒夷彈轟炸恆春。

　　美國海軍第104巡邏轟炸中隊在清晨派遣一架PB4Y-2到台灣執行武裝偵巡任務，於上午8時10分到8時35分之間分別對楓港、加祿堂、佳冬等地公路上行駛的5輛卡車進行掃射，在11時20分再以機槍掃射停泊在八罩島[1]的一艘小船。同單位另一架在東部海域巡邏的PB4Y-2，於上午10時30分以機槍與100磅炸彈攻擊蘇澳港內的兩艘機帆船。

　　第312轟炸大隊第386轟炸中隊在5月下旬接收3架載彈量可媲美B-29的B-32極重型轟炸機，並從5月29日起展開一連串的實戰測試。美軍於本日在台灣進行第三次實戰測試，目標為恆春飛行場。2架B-32各掛載12枚1000磅炸彈起飛，在上午11時到11時15分之間以單機通過的方式接續投下21枚炸彈，3枚卡在彈架上的炸彈後來在海上拋棄。

　　B-24當天兵分二路，分別轟炸高雄港及左營。其中第22與第43轟炸大隊負責以55加侖汽油彈[2]轟炸高雄港船渠內的木造船隻，美軍曾在前一天以此種汽油彈轟炸香港的同類型目標，高雄港任務是第二次測試。不過當天高雄港完全被雲層覆蓋，所以第22轟炸大隊第2、19、33、408轟炸中隊的23架B-24和第43轟炸大隊第64、65、403轟炸中隊的17架B-24之中，只有8架利用H2X雷達對高雄港投彈，其他飛機各自在南台灣上空尋找雲層的開口對機會目標投彈。台東遭到第64和第403中隊的13架飛機轟炸，是當天落彈最多的地方，枋山、枋寮、楓港、恆春、車城、墾丁、鵝鑾鼻都有零星的B-24投彈。

　　第90和第380轟炸大隊的B-24負責轟炸左營的儲油設施。不過第90轟炸大隊第319、320、321、400轟炸中隊的22架B-24在屏東附

1　現在的望安島。

2　美軍在這型汽油彈裝上兩種不同的引爆裝置，分別能以空氣和水引燃，適合用於轟炸水上的木造船隻。

近因天氣不佳折回，分別在東港、墾丁、恆春、鵝鑾鼻投下1000磅炸彈。第380轟炸大隊第528、529、530、531轟炸中隊的19架B-24中只有2架在左營上空投下1000磅炸彈，其他飛機分散各地尋找機會目標投彈，第531中隊的6架飛機飛到馬公投下炸彈。

當天第22轟炸大隊第408轟炸中隊另外出動一架B-24執行武裝氣象觀測，在馬公投下4枚55加侖汽油彈。

第3空中突擊大隊出動P-51到台灣東西部執行掃蕩任務，其中4架以500磅炸彈與機槍攻擊鳳山，但另外10架飛機未能完成任務，折返到菲律賓攻擊當地的日軍目標。

第43轟炸大隊第64轟炸中隊在晚間派遣一架B-24，利用H2X雷達在台北市上空投下500磅燒夷彈。

1945.6.14

由於預報顯示台灣的天氣狀況不佳，第5航空隊在前一天決定取消14日所有日間對台轟炸任務。

當晚，第22轟炸大隊第2轟炸中隊一架B-24以500磅燒夷彈轟炸台北市。

1945.6.15

美國海軍第104巡邏轟炸中隊於清晨派出一架PB4Y-2到台灣西部海域進行武裝偵巡，在上午10時10分以機槍與集束燒夷彈攻擊停靠琉球嶼岸邊的兩艘機帆船，下午1時30分再以機槍、集束燒夷彈、100磅炸彈攻擊八罩島岸邊約10艘機帆船。

第5航空隊曾計畫在6月5日以B-25轟炸龍潭飛行場與八塊飛行場，但是受到天氣的影響而未能執行，本日捲土重來。負責轟炸龍潭

飛行場的第38轟炸大隊由第71、405、822、823轟炸中隊各出動6架B-25，其中第823中隊的一架飛機在起飛後因發動機故障折返。23架B-25從竹南外海轉進陸地時，發現陸上的雲層過低，因此放棄轟炸龍潭飛行場，轉沿西岸南下，準備轟炸列為預備目標的鹿港飛行場東邊3處倉庫。上午11時10分，4個中隊輪流以5到6架飛機一字排開的隊形，共投下一千多枚23磅傘降破片殺傷彈。由於目標區相對狹窄，所以多數炸彈都落在毫無攻擊價值的鹽田裡，部分炸中專賣局鹿港製鹽所的粉碎鹽工場與倉庫，鄰近的民宅也被波及。

負責轟炸八塊飛行場的第345轟炸大隊派出第498、499、500、501轟炸中隊各6架B-25，第500中隊的一架飛機起飛後發生故障，由另一架飛機護送返航。其餘22架B-25在16架P-51的護航下從淡水西南方轉進陸地，從11時15分開始，以3到4架為一組，對八塊飛行場投下23磅傘降破片殺傷彈，第500中隊其中一架B-25在投彈過程中墜

第38轟炸大隊的B-25原定在1945年6月15日轟炸龍潭飛行場，因天候不佳，改為轟炸鹿港飛行場東邊3處倉庫。由於目標區相對狹窄，所以多數23磅傘降破片殺傷彈都落在毫無攻擊價值的鹽田裡。（甘記豪提供）

毀爆炸。所有B-25脫離目標區後，一架第501中隊的飛機將剩下的炸彈對湖口驛構內車場的機關車和列車投下。

　　第312轟炸大隊第386轟炸中隊再次出動2架B-32到台灣進行第四次實戰測試，各掛載8枚2000磅炸彈，目標是位於台東的明治製糖株式會社馬蘭製糖所。第一架B-32於上午11時40分投彈，但是炸彈全數落到卑南大溪的河床上。第二架飛機在十分鐘後投彈，所有炸彈都落在製糖所的範圍內，造成石灰室大破、鍋爐室小破、一座煙囪全壞。

　　第5航空隊出動4個B-24大隊聯合轟炸台中飛行場。第22轟炸大隊第2、19、33、408轟炸中隊的22架B-24先以260磅破片殺傷彈轟炸日軍的防砲陣地。第43轟炸大隊第64、65、403轟炸中隊的18架，第90轟炸大隊第319、320、321、400轟炸中隊的22架，第380轟炸大隊第528、529、530、531轟炸中隊的20架B-24，接續在第22大隊之後對台中飛行場投下大量集束破片殺傷彈。另有一架第321中隊的飛機因

桃園大圳

第345轟炸大隊的B-25在1945年6月15日以23磅傘降破片殺傷彈轟炸八塊飛行場。照片中的水道是桃園大圳，右側成排的高壓送電鐵塔位置現在是國道3號八德路段。（甘記豪提供）

機械故障提早返航，途中對大樹房投下炸彈。

　　第49戰鬥機大隊第7戰鬥機中隊出動16架P-38，以1000磅炸彈轟炸火燒島。

　　第22轟炸大隊第408轟炸中隊一架在夜間執行氣象觀測的B-24，對台北市投下12枚500磅燒夷彈。同一大隊第33轟炸中隊的氣象觀測機，以100磅炸彈轟炸馬公的儲油設施。

1945.6.16

　　第312轟炸大隊第386轟炸中隊進行B-32實戰測試的第五次任務，旗下3架B-32全數出動，各掛載40枚465磅集束燒夷彈，目標是台東的市區。每架B-32進入目標區之前，先施放金屬干擾帶，接著在10時30分將全部120枚集束燒夷彈以100英尺的間隔投下，台東的中心陷入火海。兩小時後，完成轟炸基隆港的第43轟炸大隊返航途中，仍可在25英里外目視台東的方向冒出濃煙。

　　第5航空隊出動4個大隊的B-24轟炸基隆港，由8架P-51擔任掩護。第22轟炸大隊第2、19、33、408轟炸中隊的24架B-24，與第43轟炸大隊第64、65、403轟炸中隊的19架B-24，以260磅破片殺傷彈轟炸港內的小型船隻，另有一架第64中隊的飛機因為延誤起飛而改在高雄市投彈。第380轟炸大隊第528、529、530、531轟炸中隊共有16架B-24以1000磅炸彈轟炸基隆港的設施，但是第528中隊有3架飛機改在高雄投彈。第90轟炸大隊僅有一架第400中隊的飛機在基隆港投下1000磅炸彈，其他第319、320、321、400轟炸中隊的22架B-24改在高雄市投彈。當天的轟炸造成台灣船渠株式會社位於基隆大正町的工場原動機室與電氣工場各一棟半壞，基隆驛構內鐵路有5處破壞。

　　第43轟炸大隊第65轟炸中隊出動一架B-24執行中國沿海的日間武裝氣象觀測，途中對馬公投下500磅炸彈。

第22轟炸大隊的第19與第33轟炸中隊各派出一架B-24執行夜間武裝氣象觀測任務，途中以500磅燒夷彈轟炸台北市。

1945.6.17

第5航空隊連續第二天出動B-24轟炸基隆港，但由於第90與第380轟炸大隊被抽調前往支援第13航空隊在婆羅洲巴厘巴板（Balikpapan）的戰事，所以由第22與第43大隊負責執行。第22轟炸大隊第2、19、33、408轟炸中隊的23架B-24與第43轟炸大隊第64、65、403轟炸中隊的18架B-24，以1000磅炸彈轟炸基隆的工業設施和車場，另有一架第33中隊的飛機在台灣南端的大樹房投下炸彈。基隆驛的一棟機關庫全燒，構內的鐵軌有100公尺遭破壞。負責掩護B-24轟炸機的8架P-51在完成護航任務後，對東部的鐵路交通進行掃蕩。

第49戰鬥機大隊第7、8、9戰鬥機中隊出動44架P-38，以草屯的一座鐵路橋梁為目標，測試跳彈轟炸、滑翔轟炸、俯衝轟炸等不同戰術。第9中隊先以260磅破片殺傷彈轟炸日軍防空陣地，另外兩個中隊再運用各種戰術以1000磅炸彈轟炸鐵路橋，總計有43架P-38投彈，並攻擊兩輛機關車。

第43轟炸大隊第403轟炸中隊的一架B-24完成到溫州的日間氣象觀測任務後，於下午3時20分以500磅炸彈轟炸馬公港。

入夜之後，第547夜間戰鬥機中隊出動2架P-61夜間戰鬥機，以500磅炸彈轟炸屏東。第43轟炸大隊第65轟炸中隊的一架B-24在午夜過後，對台北市投下12枚500磅燒夷彈。

1945.6.18

美國海軍第104巡邏轟炸中隊於清晨出動一架PB4Y-2執行武裝偵

基隆港

第5航空隊在1945年6月16日出動4個大隊的B-24聯合轟炸基隆港。照片為第22轟炸大隊所拍攝。（AFHRA典藏，中央研究院人社中心GIS專題中心提供）

基隆港

第22與第43轟炸大隊的B-24在1945年6月17日
聯合轟炸基隆港。照片為第22轟炸大隊所拍攝。
（AFHRA典藏，中央研究院人社中心GIS專題中心提供）

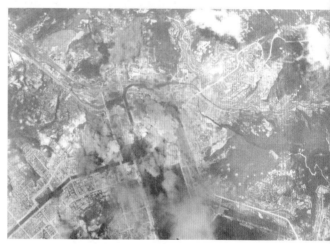

第22與第43轟炸大隊的B-24在1945年6月18日
再次聯合轟炸基隆港。照片為第43轟炸大隊所拍
攝。（AFHRA典藏，中央研究院人社中心GIS專題中心提
供）

巡任務，在澎湖海域對大嶼[3]的兩個地點以機槍、100磅炸彈、100磅集束燒夷彈攻擊兩艘停泊的船隻。

第5航空隊連續第三天出動B-24轟炸基隆港。負責的兩個大隊盡全力派出妥善的飛機，第22轟炸大隊第2、19、33、408轟炸中隊共有31架B-24，協同第43轟炸大隊第64、65、403轟炸中隊的22架B-24，以1000磅炸彈轟炸基隆港殘存的設施及南側的商業住宅區。第403中隊的其中一架飛機在返航途中，將卡在彈架上的2枚炸彈對龜山島西岸的聚落投下。

第49戰鬥機大隊與第475戰鬥機大隊合計出動115架P-38，準備以汽油彈火攻佳里。總計有第49戰鬥機大隊第7、8、9戰鬥機中隊的39架飛機，及第475戰鬥機大隊第431、432、433戰鬥機中隊的48架飛機，在正午前對目標區投下165加侖汽油彈，美軍也損失4架P-38。不過美軍在次日發現被轟炸的並非原定的目標佳里，而是鄰近的鹽水。

第35戰鬥機大隊出動第39、40、41戰鬥機中隊的51架P-51，攻擊公館飛行場的西跑道，其中38架飛機投下260磅破片殺傷彈。

第3空中突擊大隊的第3與第4戰鬥機中隊出動30架P-51，以500磅炸彈轟炸桃園飛行場。

當天第22轟炸大隊的第408轟炸中隊另外派出一架B-24執行日間武裝氣象觀測任務，對馬公投下40枚100磅炸彈。

這一天參與日間空襲行動的飛機總計多達250架次，再創下第5航空隊對台空襲以來的新高。

入夜之後，第43轟炸大隊派出一架第65轟炸中隊的B-24，由第547夜間戰鬥機中隊的P-61護航，前往轟炸台北市。P-61在宜蘭附近因為油料不足先折返，在屏東一帶投下500磅炸彈，B-24則在次日凌晨4時以H2X雷達協助，對台北市投下12枚500磅炸彈。

3　現在的七美。

　　美軍決心將基隆港摧毀殆盡，所以連續第四天出動B-24轟炸。第22與第43轟炸大隊再次盡全力出動所有妥善的飛機，共有第22轟炸大隊第2、19、33、408轟炸中隊的28架B-24，與第43轟炸大隊第64、65、403轟炸中隊的23架B-24，以1000磅炸彈轟炸基隆港僅存的設施，造成台灣肥料株式會社基隆工場的一棟工場及一棟木材倉庫全燒。當天另有一架第19中隊的飛機改在宜蘭投彈，一架第33中隊的飛機在恆春投彈。

　　第475戰鬥機大隊的P-38負責攻擊大肚溪鐵橋。旗下的第432戰鬥機中隊12架P-38先以260磅破片殺傷彈壓制日軍防空砲火，第431與第433戰鬥機中隊各14與15架飛機再以1000磅炸彈轟炸鐵橋，造成上行線破壞。

　　第312轟炸大隊第386轟炸中隊進行B-32的第七次實戰測試，以1000磅炸彈轟炸台東線鐵路跨越卑南溪、鹿寮溪、北絲鬮溪[4]的3座橋梁。3架B-32各分成3次投彈，部分炸彈的落點非常接近目標，但都沒有直接命中。

　　第43轟炸大隊另外出動一架第403轟炸中隊的B-24，執行中國沿海到溫州的日間武裝氣象觀測任務，在中午經過澎湖時，先以24枚250磅炸彈轟炸日軍在馬公存放彈藥的掩體。

　　第38轟炸大隊派出第71、405、823轟炸中隊各6架B-25轟炸彰化驛的車場。18架飛機在沒有戰鬥機護航的情況下，從枋寮轉進內陸，沿著中央山脈的山麓直飛彰化。中午12時20分，第71中隊6架飛機先投下100磅與250磅傘降破壞彈，第405中隊在進入目標區前有2架飛機在空中擦撞，只有5架飛機投下250磅傘降破壞彈，殿後的第823中

4　現在的鹿野溪。

隊6架飛機在爆炸的硝煙中投下250磅傘降破壞彈，造成跨線橋大破。

當天夜間，第22轟炸大隊派出一架第408轟炸中隊的B-24到台灣進行氣象觀測，並在H2X雷達的協助下對新竹投下破片殺傷彈。

1945.6.20

位於蘇澳的宜蘭線車場是第312轟炸大隊第386轟炸中隊B-32第八次實戰測試的目標，由2架各掛載4枚2000磅炸彈的B-32執行。不過蘇澳完全籠罩在雲層之下，因此2架飛機折返至台東線鐵路，改為轟炸在擺子擺附近跨越北絲鬮溪的橋梁。第一架B-32在11時15分投下炸彈前，目標恰巧被雲層遮掩，所以並未炸中。於是第二架飛機改往南飛，於12時5分對太麻里的兩座倉庫投下炸彈，命中其中一座。

結束對基隆港的連日轟炸後，第22與第43轟炸大隊的B-24聯手轟炸新竹飛行場。儘管目標被雲層完全遮蔽，第22轟炸大隊第2、19、33、408轟炸中隊的21架B-24與第43轟炸大隊第64、65、403轟炸中隊的20架B-24仍透過H2X雷達，在雲層之上投下各式集束破片殺傷彈。另有一架第408中隊的飛機因為發動機故障，以目視方式在恆春上空將炸彈投下。

當天另有16架P-51到台灣掃蕩鐵公路運輸和變電設施。

第43轟炸大隊第64轟炸中隊當天晚間派出一架B-24，在次日凌晨1時35分以集束破片殺傷彈轟炸新竹飛行場。

1945.6.21

由於台灣上空雲層籠罩，第5航空隊取消當天所有轟炸機的日間轟炸任務。

第3空中突擊大隊仍出動13架P-51，在雲層下低空掃蕩台灣西岸

的鐵公路運輸,其中12架飛機在後龍與台中地區投下500磅炸彈,造成豐原驛的驛舍小破、上屋倉庫全燒。

　　第22轟炸大隊第19轟炸中隊出動一架B-24執行氣象觀測任務,在途中以500磅炸彈轟炸澎湖地區。

　　第43轟炸大隊第64轟炸中隊在夜間出動一架B-24,從次日凌晨1時15分開始,以260磅破片殺傷彈對左營地區進行長達兩小時的間歇性騷擾轟炸。

1945.6.22

　　第312轟炸大隊第386轟炸中隊出動B-32進行第九次實戰測試,目標是台灣製糖株式會社位在屏東的阿緱製糖所。參與測試的2架B-32飛抵屏東後,先由其中一架以260磅破片殺傷彈轟炸防空砲火陣地,另

第六海軍燃料廠高雄施設

第22與第43轟炸大隊的B-24在1945年6月22日聯合轟炸第六海軍燃料廠高雄施設,黑煙直竄數千呎高。照片為第43轟炸大隊在外海拍攝。(AFHRA典藏,中央研究院人社中心GIS專題中心提供)

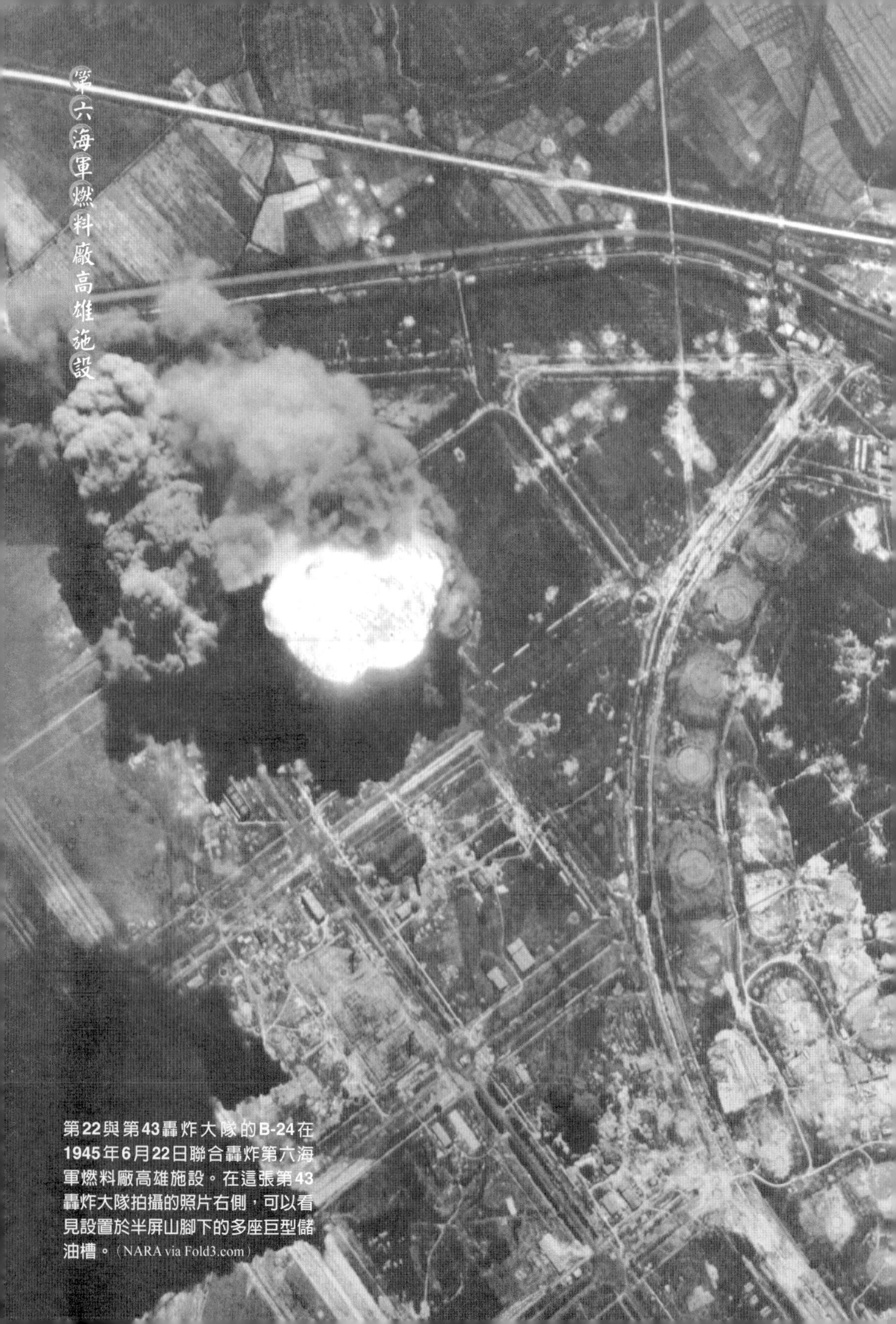

第六海軍燃料廠高雄施設

第22與第43轟炸大隊的B-24在1945年6月22日聯合轟炸第六海軍燃料廠高雄施設。在這張第43轟炸大隊拍攝的照片右側，可以看見設置於半屏山腳下的多座巨型儲油槽。（NARA via Fold3.com）

一架再以500磅炸彈轟炸製糖所，引發數千呎高的濃煙。

第49戰鬥機大隊第7、8、9戰鬥機中隊的42架P-38，協同第475戰鬥機大隊第431、432、433戰鬥機中隊的44架P-38，在上午10時30分左右以165加侖汽油彈轟炸麻豆，街上陷入一片火海，明治製糖株式會社總爺工場的包裝室、乾燥室、結晶室各一棟全燒。

第22與第43轟炸大隊再次協同作戰，目標是位於左營的第六海軍燃料廠高雄施設。第22轟炸大隊第2、19、33、408轟炸中隊總計23架B-24先以260磅破片殺傷彈壓制日軍的防空砲火，同時施放金屬干擾帶，並動用雷達反制干擾。第43轟炸大隊當天的妥善率不佳，第64、65、403轟炸中隊僅能出動12架B-24，其中一架起飛後故障折返，只有11架飛機對第六海軍燃料廠投下1000磅炸彈，原油蒸餾工場被炸中，冒出的黑煙高達數千呎。

當天夜間，第22轟炸大隊出動第19與第408轟炸中隊各一架

日糖興業株式會社虎尾製糖所

第43轟炸大隊的B-24在1945年6月23日轟炸日糖興業株式會社虎尾製糖所。位於照片左半邊的虎尾製糖所已被濃煙遮蔽，照片中央隱約可見兩支煙囪。
（AFHRA典藏，中央研究院人社中心GIS專題中心提供）

B-24，以500磅燒夷彈轟炸左營的日軍營舍。

1945.6.23

　　第5航空隊計畫以18架B-24轟炸日糖興業株式會社虎尾製糖所的酒精工場，由8架P-51掩護，這是第5航空隊首次指派B-24轟炸台灣的製糖所或酒精工場。由於第22轟炸大隊也被徵調前往支援婆羅洲的戰事，空襲虎尾製糖所的責任就落到第43轟炸大隊的肩上。不過第43大隊的妥善率依然不理想，第64、65、403轟炸中隊僅能共同派出15架B-24，其中第403中隊的2架途中又因為故障而改將炸彈投在台東和澎湖兩地，所以只有13架B-24在10時50分前後對虎尾製糖所投下1000磅炸彈。虎尾製糖所損失慘重，砂糖倉庫有7棟全燒、16棟全壞，第一與第二工場的建物與機械大破，酒精工場與一棟製品倉庫、一座酒精儲存槽全燒。

　　當天第43轟炸大隊另外派出一架第64轟炸中隊的B-24執行中國沿海到溫州的日間氣象觀測，途中對鹽水港製糖株式會社大和工場投下7枚100磅炸彈。

　　第3空中突擊大隊第3戰鬥機中隊的8架P-51負責掃蕩交通運輸，對嘉義的列車投下500磅炸彈。

1945.6.24

　　因為第22、90、380轟炸大隊持續在婆羅洲執行任務，第43轟炸大隊則休兵進行修護和訓練，當天第5航空隊無任何日間對台轟炸任務。

　　美國海軍第104巡邏轟炸中隊出動一架PB4Y-2執行武裝偵巡，於上午8時35分以100磅集束燒夷彈、100磅炸彈和機槍攻擊大約三十艘

停泊在琉球嶼的機帆船，又於下午1時40分對八罩島的兩艘機帆船以100磅炸彈和機槍進行攻擊。同一單位的另一架PB4Y-1在上午9時從高空對南方澳的3艘機帆船投下4枚500磅炸彈。

第43轟炸大隊出動一架第64轟炸中隊的B-24執行中國沿海到溫州的日間氣象觀測任務，在回程途中以250磅炸彈轟炸馬公。

1945.6.25

第312轟炸大隊第386轟炸中隊進行B-32的第11次實戰測試，目標是八堵的一座鐵路橋梁，以切斷基隆與台北之間的交通。2架掛載1000磅炸彈的B-32從台灣東岸北上，第一架B-32利用雲層間隙對目標橋梁投下全部9枚炸彈，但未命中。由於雲量增多，第二架飛機改尋機會目標轟炸，將12枚1000磅炸彈對宜蘭投下，不過炸彈實際落在羅東，造成22棟房屋全燒、26人死亡，明治國民學校4間教室全燒。這也是B-32實戰測試計畫的最後一次任務。

第43轟炸大隊由第65轟炸中隊出動一架B-24到廈門與溫州之間的中國海岸進行日間氣象觀測，回程時以500磅炸彈轟炸馬公。

第547夜間戰鬥機中隊在晚間出動6架P-61，對鹽水港製糖株式會社大和工場投下8枚75加侖汽油彈。

1945.6.26

第43轟炸大隊再次執行轟炸製糖所的任務，目標是大日本製糖株式會社潭子製糖所。第64、65、403轟炸中隊一共出動18架B-24，其中2架B-24因故障而折返，飛抵台灣後又有一架必須折返，在途中將1000磅炸彈投在恆春。上午10時40分左右，15架B-24在金屬干擾帶與雷達反制的支援下，以1000磅炸彈轟炸潭子製糖所，造成工場小

破，13棟砂糖倉庫全燒。

第3空中突擊大隊派出20架P-51前往台中、豐原一帶掃蕩，掩護執行轟炸任務的B-24。其中第4戰鬥機中隊的5架P-51沿台灣東岸北上，準備從花蓮一帶橫越中央山脈發動奇襲，之中3架飛機在鯉魚池北方進入雲層後撞山。

第547夜間戰鬥機中隊當天晚間再度出動，3架P-61以4枚75加侖汽油彈轟炸鹽水港製糖株式會社壽工場，造成一棟事務所全燒，一棟酒精蒸餾室半燒。

1945.6.27

第5航空隊當天沒有規劃任何轟炸台灣的任務。

第43轟炸大隊由第65轟炸中隊的一架B-24執行中國沿海到溫州的氣象觀測任務，在途中對馬公投下12枚500磅炸彈。

1945.6.28

美國海軍第104巡邏轟炸中隊在清晨出動一架PB4Y-1執行武裝偵巡任務，上午9時50分以機槍及一枚100磅炸彈攻擊八罩島的一座「營區」[5]。

第43轟炸大隊第64、65、403轟炸中隊各派出6架B-24，由9架P-51護航，前往轟炸鹽水港製糖株式會社溪州製糖所。上午11時左右，18架B-24在金屬干擾帶與雷達反制的支援下投下1000磅炸彈。溪州製糖所的結晶室、散糖室、工務室各一棟全燒，一棟精糖工場、10棟砂糖倉庫全燒，6座糖蜜儲存槽全壞。

5　任務中拍攝的照片顯示這座「營區」其實是望安國民學校的校舍。

第104巡邏轟炸中隊一架PB4Y-1在1945年6月28日執行武裝偵巡任務途中，先以機槍掃射八罩島的一座「營區」，揚起一片煙塵（上）。幾秒後，這架飛機投下的一枚100磅炸彈爆炸（下）。照片中其實是望安國民學校的校舍。（NARA via Fold3.com）

第43轟炸大隊另外由第65轟炸中隊派出一架B-24執行日間氣象觀測，途中以250磅炸彈轟炸馬公。

入夜之後，第547夜間戰鬥機中隊派出3架P-61，以75侖汽油彈轟炸明治製糖株式會社南投製糖工場。第43轟炸大隊第63轟炸中隊一架B-24在前往上海執行夜間轟炸途中因無線電故障而折返，回程中將500磅炸彈投在馬公。

1945.6.29

第5航空隊計畫由第43轟炸大隊第64、65、403轟炸中隊出動18架B-24，在8架P-51護航下轟炸第六海軍燃料廠新竹施設。不過當天僅有12架B-24起飛，其中一架在途中因機械故障先將1000磅炸彈投在馬公後返航，其餘11架飛機在上午10時35分左右以1000磅炸彈轟炸第六海軍燃料廠，爆炸竄起的濃煙高達一萬英尺。

第43轟炸大隊第65轟炸中隊派出一架B-24執行中國沿海到溫州的日間氣象觀測任務，在回程中對馬公投下12枚250磅炸彈。

當天晚間，第547夜間戰鬥機中隊派出2架P-61，以75侖汽油彈轟炸台灣合同鳳梨株式會社南投工場，造成工場及3棟倉庫全燒。

1945.6.30

第5航空隊計畫由第43轟炸大隊第64、65、403轟炸中隊出動18架B-24轟炸位於屏東的台灣製糖株式會社阿緱製糖所，8架P-51負責護航。不過當天只有15架B-24起飛，其中一架在抵達台灣前因漏油而將炸彈拋棄後返航，其餘14架B-24在上午10時10分左右以1000磅炸彈轟炸阿緱製糖所。

美國海軍第104巡邏轟炸中隊於清晨派出一架PB4Y-2執行武裝偵

巡任務，在上午11時15分以機槍與2枚100磅炸彈攻擊停泊在東吉嶼岸邊的機帆船。

第43轟炸大隊第403轟炸中隊出動一架B-24執行到福州的日間氣象觀測任務，在正午之前對溪州製糖所投下7枚1000磅炸彈，但是都落到製糖所的空地，未造成損害。

第345轟炸大隊第498與第499轟炸中隊各派出一架B-25，到台灣東岸搜尋船隻伺機攻擊，在花蓮港北方以機槍掃射數艘漁船，並以100磅炸彈轟炸都蘭的一座工場與石門的一處雷達站。

第547夜間戰鬥機中隊在晚間出動2架P-61，以75加侖汽油彈轟炸帝國石油株式會社位於牛肉崎 **6** 的天然氣田。

---

6 位於台南的東山。

東吉嶼

第104巡邏轟炸中隊一架PB4Y-2在1945年6月30日執行武裝偵巡任務途中，以機槍與炸彈攻擊停泊在東吉嶼岸邊的機帆船。（NARA via Fold3.com）

1945年7月

昭和20年

1945.7.1

第5航空隊當天未規劃任何日間對台轟炸任務。

第43轟炸大隊的第64轟炸中隊派出一架B-24執行中國海岸到溫州的日間氣象觀測任務，於去程途中在馬公投下22枚250磅炸彈，回程又在台灣最南端的水泉一帶投下剩餘的2枚炸彈。

1945.7.2

第22轟炸大隊在6月30日結束支援婆羅洲戰事的行動，返回原駐地克拉克機場之後，經過一天的休息，出動第2、19、33、408轟炸中隊合計17架B-24，對公館飛行場的掩體與飛機疏散區投下四千多枚20磅破片殺傷彈，以摧毀在當地發現的二十餘架飛機，負責護航的9架P-51隨後以機槍掃射飛行場。鄰近的神岡庄遭到池魚之殃，一棟落花生榨油工場及一棟繩製造工場全燒。

第22轟炸大隊當天另外出動2架B-24執行日間氣象觀測任務，其中第19轟炸中隊的一架B-24以500磅炸彈轟炸鹽水港製糖株式會社大和工場，另一架第2轟炸中隊的飛機則對馬公投下250磅炸彈。

第547夜間戰鬥機中隊的2架P-61在晚間向明治製糖株式會社的南投製糖工場投下4枚75加侖汽油彈。

1945.7.3

當天第5航空隊並未規劃日間對台轟炸任務。

一架執行日間氣象觀測任務的第22大隊第33中隊的B-24，在途中對羅東的「製鎂工場」[1]投下500磅炸彈，造成事務所及營繕工場倉庫半壞。

第22大隊第33中隊的一架B-24在夜間氣象觀測任務中，以100磅燒夷彈轟炸馬公港。

1945.7.4

第5航空隊原本計畫以24架B-24在8架P-51的掩護下轟炸公館飛行場，3架B-32轟炸位於鳳山郡大寮庄的台灣製糖株式會社大寮製糖所，另外出動16架P-51掃蕩交通運輸。然而由於天候不佳，轟炸大寮的任務取消，16架P-51起飛後被迫折返。第22轟炸大隊第2、19、33、408轟炸中隊20架B-24飛抵台灣後，也受天氣影響而無法轟炸原定目標公館飛行場，改對左營的營房及鐵路投下大量的集束破片殺傷彈，其中一架B-24改在琉球嶼投下炸彈。

美國海軍第104巡邏轟炸中隊於清晨出動一架PB4Y-2執行武裝偵巡任務，在下午2時過後以100磅炸彈和機槍對停泊在將軍澳嶼及大嶼的小型船隻發動三波攻擊。

當天第22轟炸大隊第33中隊另有一架B-24執行日間氣象觀測任務，途中對馬公投下500磅炸彈。

當天晚間，第22轟炸大隊第19中隊派出一架B-24執行氣象觀測，並以100磅燒夷彈轟炸馬公。

1945.7.5

第22轟炸大隊第2、19、33、408轟炸中隊的20架B-24在P-51的護航下，以集束破片殺傷彈轟炸台北南飛行場[2]。另一架B-24則改在新

1　其實是台灣興業株式會社的二結製紙工場。
2　即後來俗稱的南機場。

化一帶投下炸彈。

第380轟炸大隊負責轟炸日前逃過一劫的公館飛行場，在P-51的護航下，第528、529、530、531轟炸中隊的19架B-24投下大量的集束破片殺傷彈，豐原籾摺工場受到波及，有一棟工場中破。另一架B-24改在高雄上空投彈。

第22轟炸大隊第408轟炸中隊出動一架B-24執行武裝氣象觀測，在途中以250磅炸彈轟炸鹽水港製糖株式會社的大和工場，炸中工場本館及備付機械。

第22大隊第19轟炸中隊出動一架B-24執行夜間氣象觀測任務，途中以500磅燒夷彈轟炸馬公。

1945.7.6

第312轟炸大隊第386轟炸中隊出動3架B-32執行兩天前因天候不佳而取消的大寮製糖所轟炸任務。不過當天仍然受到天候的影響，3架B-32無法轟炸大寮製糖所，而改對東港飛行場投下1000磅炸彈，多數炸彈落入海中。

第22轟炸大隊負責轟炸桃園飛行場，但只有第33轟炸中隊的6架B-24克服天氣因素飛抵桃園飛行場，以集束破片殺傷彈實施轟炸。第2、19、408轟炸中隊的17架B-24都放棄轟炸桃園，改在屏東飛行場投下集束破片殺傷彈。

第90轟炸大隊負責轟炸龍潭飛行場，共有第319、320、400轟炸中隊的16架B-24順利飛抵目標，投下集束破片殺傷彈。第321中隊的6架飛機轟炸時受到雲層的影響，無法對龍潭飛行場投彈，折返到台灣南部轟炸屏東飛行場。另一架第400中隊的B-24改在高雄上空投彈，造成日本鋁株式會社高雄工場的一棟倉庫半壞。

第3轟炸大隊的第8、13、89、90轟炸中隊合計出動6架A-26輕型

轟炸機，以500磅炸彈攻擊台東驛構內的車場，這是美軍的A-26首次空襲台灣。

墨西哥空軍的第201戰鬥機中隊[3]在這一天首度到台灣執行戰鬥任務，8架P-47從上午11時到11時30分在高雄一帶掃蕩。由於天氣不佳，8架飛機未發現任何空中目標。

第22大隊第33轟炸中隊在日間與夜間各派出一架B-24執行武裝氣象觀測，途中分別以250磅炸彈與500磅燒夷彈轟炸馬公的碼頭。

1945.7.7

第5航空隊計畫以兩個大隊的B-24分別轟炸台北市的兩座飛行場。第90轟炸大隊負責轟炸台北南飛行場，由P-38護航。當天僅有第319、320、400轟炸中隊合計17架B-24，以集束破片殺傷彈轟炸台北南飛行場，第321轟炸中隊的6架飛機受到局部的天氣影響，改在彰化飛行場投下集束破片殺傷彈。

第380轟炸大隊負責轟炸位於松山的台北飛行場，共有第528、529、530、531轟炸中隊23架B-24投下集束破片殺傷彈，另一架第531中隊的飛機改在鳳山上空投彈。

第38轟炸大隊的第71、405、822、823轟炸中隊各派遣6架B-25，前往轟炸位於后里的大日本製糖株式會社月眉製糖所。24架飛機沿台灣西岸北上，在大甲北方轉向進入陸地，各中隊於11時30分左右以6機並排的隊形先後投下500磅與250磅傘降破壞彈，造成3棟砂糖倉庫全燒。一架第71中隊B-25的右發動機在轟炸過程中因不明原因起火，導致右機翼斷裂，在大甲溪出海口墜地爆炸。

第345轟炸大隊第498、499、500、501轟炸中隊各出動9架

3　隸屬第5航空隊第58戰鬥機大隊之下。

B-25，以紅頭嶼為目標，實施轟炸訓練。除了一架第501中隊的B-25因為發動機故障，由另一架B-25伴隨先行返航，其餘34架飛機輪流以機槍與100磅炸彈進行攻擊，第501中隊的B-25並試射8枚火箭。當天另有69架P-38也以紅頭嶼作為訓練的場所，以機槍、炸彈、火箭輪番攻擊。

墨西哥空軍的第201戰鬥機中隊派出10架P-47到高雄一帶執行戰鬥機掃蕩任務，過程中雖曾目視4架日機，但因距離太遠而未接戰。飛經紅頭嶼上空時，發現島上一片火海。

第22大隊第2轟炸中隊派出一架B-24執行氣象觀測任務，途中以500磅炸彈轟炸鹽水港製糖株式會社大和工場。

1945.7.8

第22轟炸大隊與第380轟炸大隊的B-24聯手轟炸新竹飛行場僅存的設施和飛機，由P-38擔任掩護。第22轟炸大隊第2、19、33、408轟炸中隊共有22架B-24投下集束破片殺傷彈，第380轟炸大隊第528、529、530、531轟炸中隊的22架B-24混合以250磅及500磅炸彈實施轟炸。

第49戰鬥機大隊第7與第8戰鬥機中隊的27架P-38，以1000磅炸彈轟炸牛肉崎油田。

墨西哥空軍第201戰鬥機中隊再次出動10架P-47到高雄一帶執行戰鬥機掃蕩任務，但未與日機接戰。

第22大隊第19與第33轟炸中隊分別在日間與夜間派出一架B-24執行氣象觀測任務，在途中分別以500磅炸彈與500磅燒夷彈轟炸馬公。

　　第22轟炸大隊負責轟炸八塊飛行場的飛機疏散區，期望以密集的彈幕炸中日軍藏匿的飛機，計有第2、19、33、408轟炸中隊的21架B-24投下集束破片殺傷彈。

　　第90轟炸大隊的目標是公館飛行場，然而受到雲層的影響，僅第320與第321轟炸中隊的10架B-24對目標投下集束破片殺傷彈，第319與第400轟炸中隊的12架B-24折返高雄上空投下炸彈。

　　第3轟炸大隊第13、89、90轟炸中隊合計7架A-26，以500磅炸彈轟炸花蓮港的倉庫。

　　墨西哥空軍第201戰鬥機中隊再度出動10架P-47，至高雄一帶執行戰鬥機掃蕩任務，但未遭遇日軍飛機。

　　第22大隊第33轟炸中隊出動一架B-24執行日間氣象觀測任務，途中對彰化飛行場投下260磅破片殺傷彈；同大隊第408轟炸中隊的一架B-24執行同類型任務時，以250磅炸彈轟炸八塊飛行場。

　　當天夜間，第22大隊第19轟炸中隊一架B-24完成中國沿岸的氣象觀測任務後，在馬公上空投下100磅燒夷彈。

1945.7.10

　　第22轟炸大隊負責轟炸台南飛行場，由4架P-38護航。第2與第19轟炸中隊的9架B-24先以100磅白磷燒夷彈轟炸日軍的防空砲火陣地，後攻的第33與第408轟炸中隊準備投下集束破片殺傷彈時，目標正好被移入的雲層遮掩，所以9架B-24改為轟炸高雄市，造成日本鋁株式會社高雄工場的勤勞部事務所大破。另有一架第408中隊的飛機在恆春投下炸彈。

　　第345轟炸大隊出動8架B-25到台灣沿岸掃蕩船隻。負責東岸的

花蓮港

新竹飛行場

第22轟炸大隊的B-24在1945年7月11日轟炸新竹
飛行場,試圖摧毀日軍藏匿在此的飛機。幾架在棚
廠或露天掩體內的日機被炸中,冒出長長的黑煙。
（NARA典藏,中央研究院人社中心GIS專題中心提供）

第3轟炸大隊的A-26在1945年7月9日轟炸花蓮港
的倉庫。（甘記豪提供）

第498轟炸中隊4架飛機在上午11時到11時30分之間，以250磅炸彈轟炸兩艘停泊蘇澳港的機帆船及數艘建造中的船隻，造成蘇澳造船所的一棟工場全壞，事務室和3棟工場半壞。負責西岸的第499轟炸中隊4架飛機一路從台南搜索到基隆均無所獲，跨海到澎湖仍未發現可攻擊的船舶，於是在12時45分以250磅炸彈轟炸朴子一帶的建築及糖鐵車站。

第22大隊第19轟炸中隊一架執行日間氣象觀測任務的B-24，在途中以500磅炸彈轟炸八塊飛行場。同一大隊第408轟炸中隊的一架B-24在夜間氣象觀測任務中，對澎湖投下55加侖汽油彈。

1945.7.11

第22轟炸大隊的B-24在P-38的護航下轟炸新竹飛行場，試圖摧毀日軍藏匿在此的飛機。第2、33、408轟炸中隊合計15架B-24以1000磅炸彈實施轟炸，第19中隊的6架飛機投下集束破片殺傷彈。另一架第2轟炸中隊的B-24在折返途中於恆春投下1000磅炸彈。

第345轟炸大隊連續第二天在台灣沿岸掃蕩船隻。負責搜索東海岸的第500轟炸中隊4架B-25從台灣南端飛到基隆均無發現船舶目標，於回程途中在11時35分對三貂角燈塔投下5枚250磅炸彈，造成燈罩與反射鏡破損，塔體也略有損毀。這4架飛機再往南飛到北方澳上空時遭到地面防空砲火射擊，所以投下4枚炸彈，但仍有一架B-25被擊落墜毀在現場。

負責西岸的第501轟炸中隊4架B-25在澎湖僅發現數十艘舢舨和小船，以機槍掃射後折回台灣本島搜索。整個西海岸均未發現值得攻擊的船舶目標，所以隨機對梧棲一帶的倉庫和幾艘繫泊的小船投下250磅炸彈，造成新高築港造船所的一棟工場及數棟倉庫的損壞。4架飛機在南返途中，又對王功海邊的幾棟小屋投下炸彈。

第22轟炸大隊第33轟炸中隊在日間出動一架B-24執行氣象觀測任務，在途中以500磅炸彈轟炸大寮製糖所。同一中隊另一架執行氣象觀測的B-24，則對馬公港投下500磅炸彈。

1945.7.12

第380轟炸大隊第528、529、530、531轟炸中隊合計26架B-24，由P-51護航，以500磅炸彈轟炸第六海軍燃料廠高雄施設。一架第528中隊的B-24被日軍防空砲火擊中，機組員在恆春外海棄機跳傘逃生。

第3轟炸大隊出動A-26到東部掃蕩鐵路運輸。第13與第90轟炸中隊各3架A-26以250磅炸彈轟炸玉里驛，造成驛舍、保線區事務室、機關庫、修理工場半壞，構內鐵軌有300公尺破損。同大隊第89轟炸中隊的3架A-26則以250磅炸彈轟炸玉里南方的富里驛。

第3空中突擊大隊第3戰鬥機中隊的8架P-51到台灣西部掃蕩鐵路交通，以500磅炸彈轟炸新竹市一帶的目標。

第22轟炸大隊第19轟炸中隊出動一架B-24執行氣象觀測任務，以500磅炸彈轟炸馬公。

1945.7.13

第22轟炸大隊的B-24負責轟炸蘇澳港，由P-51擔任掩護。其中第2與第19轟炸中隊的8架B-24以260磅破片殺傷彈轟炸港內的船隻，第33與第408轟炸中隊的8架B-24則以1000磅炸彈轟炸港口設施。另一架第33中隊的飛機因故將炸彈改投在其他地點的鐵路目標。

第22轟炸大隊當天另由第2轟炸中隊派出一架B-24執行日間氣象觀測，以1000磅炸彈轟炸羅東的一座「樟腦工場」[4]。

4　其實是台灣興業株式會社羅東製紙工場，當天鍋爐室與變電室全燒，一具煮沸釜全壞。

花蓮港驛

第3轟炸大隊的A-26在1945年7月13日以250磅傘降破壞彈轟炸花蓮港驛。

（甘記豪提供）

第3轟炸大隊的第8、13、89、90轟炸中隊合計8架A-26，以250磅傘降破壞彈轟炸花蓮港的市區及鐵路設施。

入夜後，第22轟炸大隊第2轟炸中隊一架B-24以500磅燒夷彈轟炸馬公。

1945.7.14

美國海軍第104巡邏轟炸中隊上午出動一架PB4Y-2執行武裝偵巡任務，先在10時15分以機槍攻擊台東金崙附近海岸公路上的一輛卡車。一個小時後，再以機槍掃射台東新港內的船隻。

第3轟炸大隊的第8、13、89、90轟炸中隊再度出動9架A-26，以250磅炸彈轟炸花蓮港製糖所大和工場。

第3空中突擊大隊第4戰鬥機中隊出動12架P-51掃蕩台灣西部的

第104巡邏轟炸中隊一架PB4Y-2在1945年7月14日執行武裝偵巡任務途中，以機槍掃射台東新港內的船隻。（NARA via Fold3.com）

鐵路運輸，以500磅炸彈轟炸苗栗郡內兩座隧道和一座車站，造成縱貫線公司寮第一隧道附近的150公尺的鐵軌彎曲。

第22轟炸大隊第33轟炸中隊執行日間氣象觀測的一架B-24以500磅炸彈轟炸馬公。到了夜間，同一大隊第19轟炸中隊的一架B-24再於氣象觀測任務途中以500磅炸彈轟炸馬公。

1945.7.15

由於第5航空隊研判台灣已無值得出動B-24轟炸的目標，所以即日起暫停B-24的日間對台轟炸任務。

第3空中突擊大隊第3戰鬥機中隊出動12架P-51掃蕩交通運輸，並以500磅炸彈轟炸高雄市的南日本化學工場及東吉嶼的機會目標。

第22轟炸大隊持續派出B-24執行氣象觀測任務，旗下第19轟炸中隊一架執行日間任務的B-24以250磅炸彈轟炸馬公，同一大隊第2轟炸中隊執行夜間任務的一架B-24再以500磅炸彈轟炸馬公。

1945.7.16

第3空中突擊大隊第4戰鬥機中隊出動12架P-51掃蕩交通運輸，以500磅炸彈轟炸一座橋梁及其他鐵路設施。

第22轟炸大隊第408轟炸中隊派出一架B-24執行氣象觀測任務，在途中以500磅炸彈轟炸新營郡的目標。

1945.7.17

由於台灣的天氣不佳，第5航空隊取消戰鬥機的對台掃蕩任務。

第22轟炸大隊負責的氣象觀測任務持續進行，第2轟炸中隊的一

架B-24在任務途中以500磅炸彈轟炸明治製糖株式會社烏樹林製糖所。

1945.7.18

第5航空隊在14日拍攝的4座日軍飛行場偵察照片中發現35架堪用的飛機,其中16架戰鬥機位於龍潭飛行場,因此出動第22轟炸大隊的B-24前往轟炸。不過由於龍潭飛行場上空有雲層遮掩,第2、19、33、408轟炸中隊的21架B-24在兩次嘗試後仍決定放棄,轉向到有4架飛機藏匿的台北飛行場投下集束破片殺傷彈。

當天另有5架P-38在北台灣的宜蘭到新竹之間掃蕩交通運輸。

第22轟炸大隊第33轟炸中隊一架執行日間氣象觀測任務的B-24,在前往中國溫州的途中以1000磅炸彈轟炸新營的一座製鋁工場[5]。

1945.7.19

第5航空隊旗下的轟炸大隊與戰鬥機大隊即日起停止所有對台空襲行動,準備移防。

1945.7.20

美國海軍第104巡邏轟炸中隊在清晨出動2架PB4Y-2,到台灣周圍執行武裝偵巡任務。其中一架飛機於上午10時以機槍和100磅炸彈攻擊石門的一艘戎克船。另一架飛機先在澎湖群島以機槍和100磅炸彈攻擊3個地點的船隻,之後跨海到台灣西岸,在正午前後以機槍掃射苗栗

5　可能是鹽水港紙漿工業株式會社新營工場。

郡及大甲郡內的3輛機關車。

1945.7.21

美軍當天無任何對台空襲行動。

1945.7.22

美國海軍第104巡邏轟炸中隊在清晨出動一架PB4Y-2執行武裝偵巡任務,於上午10時40分以機槍攻擊彰化郡沿岸的船隻,然後在下午1時40分以機槍掃射停泊在將軍澳嶼的船隻,接著在2時45分以機槍和100磅炸彈攻擊停放琉球嶼岸邊的十餘艘船隻。

1945.7.23

美軍當天無任何對台空襲行動。

1945.7.24

美軍當天無任何對台空襲行動。

1945.7.25

美國海軍第104巡邏轟炸中隊在清晨出動2架PB4Y-2執行武裝偵巡任務。其中一架飛機於上午9時以機槍和100磅炸彈攻擊停泊在琉球嶼港口內的船隻。另一架飛機在下午1時30分以機槍掃射停放在大嶼岸邊的船隻,之後跨海到台灣西岸,在下午2時後以機槍與100磅炸彈

第104巡邏轟炸中隊一架PB4Y-2在1945年7月25日執行武裝偵巡任務途中，以機槍與100磅炸彈攻擊停放琉球嶼岸邊的十餘艘船隻。（NARA via Fold3.com）

攻擊停放琉球嶼岸邊的十餘艘船隻。

1945.7.26

　　美國海軍第104巡邏轟炸中隊在凌晨出動一架PB4Y-2執行武裝偵巡任務，先於上午7時40分以機槍和100磅炸彈攻擊嘉義郡海岸的船隻，再於上午10時40分以機槍與100磅炸彈攻擊琉球嶼的船隻。

1945.7.27

　　美國海軍第119巡邏轟炸中隊於凌晨出動一架PB4Y-2執行武裝偵巡任務，在上午6時以機槍與集束燒夷彈攻擊停靠琉球嶼岸邊的數艘船

隻。之後沿海岸北上，在8時30分以機槍掃射基隆港外的船隻。於沿東岸南下的過程中，再掃射龜山島附近海面的一艘大型機帆船及蘇澳港內、南方澳南面海上的船隻。

1945.7.28

美國海軍第104巡邏轟炸中隊於凌晨出動一架PB4Y-2執行武裝偵巡任務，在上午9時10分以機槍和100磅炸彈攻擊在北斗郡附近海面航行的一艘戎克船，之後以機槍掃射停放東石岸邊的幾艘戎克船及琉球嶼岸邊的一艘戎克船。

1945.7.29

美軍當天無任何對台空襲行動。

1945.7.30

美國海軍第104巡邏轟炸中隊於凌晨出動一架PB4Y-2執行武裝偵巡任務，在上午9時15分以機槍和100磅炸彈攻擊繫泊在貢寮海岸的一艘帆船。

1945.7.31

美軍當天無任何對台空襲行動。

1945年8月

昭和20年

1945.8.1

　　美國陸軍第13航空隊第5轟炸大隊第23、31、72、394轟炸中隊合計23架B-24，從菲律賓薩馬島基萬機場起飛，以500磅炸彈轟炸高雄市。這是第13航空隊的轟炸機首次空襲台灣。

1945.8.2

　　美軍當天無任何對台空襲行動。

1945.8.3

　　美國海軍第104巡邏轟炸中隊在上午派出一架PB4Y-2執行武裝偵巡任務，於下午2時50分以機槍和100磅炸彈攻擊台東新港內的船隻。

1945.8.4

　　美國海軍第119巡邏轟炸中隊清晨出動一架PB4Y-2執行武裝偵巡任務，在上午11時50分以機槍與100磅炸彈攻擊白沙島北方海面的數艘戎克船。

1945.8.5

　　美國海軍第104巡邏轟炸中隊在清晨派出一架PB4Y-2執行武裝偵巡任務，在下午1時以機槍、傘降破片殺傷彈和100磅炸彈攻擊停放在大嶼岸邊的船隻。

1945.8.6

美軍當天無任何對台空襲行動。

1945.8.7

美國海軍第104巡邏轟炸中隊在清晨先後派出2架PB4Y-2執行武裝偵巡任務。其中一架在上午9時30分以機槍掃射停放琉球嶼岸邊的船隻，一個小時後以機槍及100磅炸彈攻擊佐佐木島上的燈台，於下午1時再以機槍和100磅炸彈攻擊漁翁島上的一艘大型登陸艇。另一架PB4Y-2在上午9時35分以機槍和100磅炸彈攻擊在東吉嶼近岸航行的一艘船隻。

第5轟炸大隊第23、31、72、394轟炸中隊的23架B-24以500磅彈轟炸小港飛行場。

美國陸軍第7航空隊第11轟炸大隊第431轟炸中隊於夜間出動一架B-24執行騷擾轟炸任務，以500磅炸彈轟炸基隆。

1945.8.8

墨西哥空軍第201戰鬥機中隊派出8架P-47，前往轟炸花蓮港。2架飛機因油料不足而提早折返，其他6架P-47在上午10時30分到10時40分之間以1000磅炸彈實施轟炸，但未造成損害。

第5轟炸大隊第23、31、72、394轟炸中隊總計22架B-24，在中午以500磅炸彈轟炸新竹飛行場。

新竹飛行場

第5轟炸大隊的B-24在1945年8月8日
轟炸新竹飛行場。(甘記豪提供)

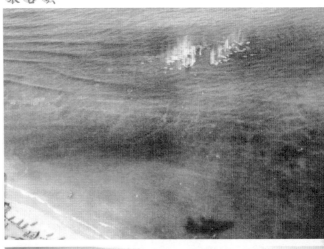

第104巡邏轟炸中隊的一架PB4Y-2在1945年8月7日的武裝偵巡任務中,攻擊在東吉嶼近岸航行的一艘船隻(上),但這艘船最後仍成功靠岸(下)。
(NARA via Fold3.com)

1945.8.9

第5轟炸大隊第23、31、72、394轟炸中隊合計22架B-24以500磅炸彈轟炸松山的台北飛行場，並波及附近的總督府立養神院，造成精神病院的一棟病棟半壞。

1945.8.10

第5轟炸大隊第23、31、72、394轟炸中隊合計21架B-24以500磅炸彈轟炸新竹的頭前溪鐵橋，鐵路上下線各有一處遭破壞，鐵橋上連接新竹與台北的電話線也被切斷。

1945.8.11

第5轟炸大隊第23、31、72、394轟炸中隊合計24架B-24以500磅炸彈轟炸屏東飛行場。

1945.8.12

駐防沖繩島東岸泡瀨機場的美國海軍陸戰隊第33陸戰飛行大隊首度執行對台戰鬥任務，旗下的第312與第322戰鬥機中隊各出動17架與8架F4U戰鬥機，每架掛載8枚5吋火箭，前往攻擊台北飛行場。第322戰鬥機中隊另外派出7架F4U擔任掩護，第323戰鬥機中隊則以8架F4U為PBM救援機護航。負責攻擊的25架F4U於上午10時飛抵台北飛行場，輪番以火箭及機槍攻擊地面的日軍飛機、營房等目標，其中一架飛機並掃射基隆一帶公路上的卡車。擔任掩護的其中4架F4U接續在後掃射台北飛行場，之後再掃射松山與淡水兩地的鐵路運輸目標，造

嘉義飛行場

第5轟炸大隊的B-24在1945年8月12日轟炸嘉義飛行場。（AFHRA典藏，中央研究院人社中心GIS
專題中心提供）

高雄驛

第5轟炸大隊在1945年8月12日的最後一次轟炸台灣任務中，另有4架B-24改為轟炸高雄驛
東側的車場。照片左上角可見高雄驛及驛前廣場。（甘記豪提供）

成淡水驛的一輛機關車與一輛客車中破。

第5轟炸大隊第23、31、72、394轟炸中隊總計19架B-24在中午過後以500磅炸彈轟炸嘉義飛行場，鄰近的水上庄役場全壞，高壓電線數處被切斷。另有4架B-24改炸次要目標，對高雄驛東側的車場投彈。

1945.8.13

美軍當天無任何對台空襲行動。

1945.8.14

美國海軍第119巡邏轟炸中隊清晨出動一架PB4Y-2執行武裝偵巡任務，在上午10時10分以機槍與100磅炸彈攻擊停泊在吉貝嶼的一艘機帆船，下午1時50分再以機槍與100磅炸彈攻擊停靠東吉嶼岸上的一艘機帆船。

1945.8.15

日本昭和天皇在中午透過錄音廣播向全國發表《終戰詔書》，宣布日本政府決定無條件投降。

後記

「史料會自己跑出來找它要找的人，只是遲早的問題而已。」
——國立台灣師範大學地理學系洪致文教授

我對二戰期間的台灣感到興趣，一開始是受到中研院在網站上公開的美軍偵察空照影響，常利用 Google Earth 的疊圖功能找出日軍在台灣各地興建飛行場的位置，並且畫了不少飛行場的平面圖，公開在我的部落格上。後來慢慢轉為研究美軍在空襲任務中拍攝的照片，不但試圖找出精確的拍攝地點和角度，也透過美軍的作戰任務報告了解空襲的過程。不過這些都是宅男的興趣，順便跟網友分享而已。

在一個偶然的情況下，我在日本的國立國會圖書館網站上發現了《Report No. 1, Listing of Target Bombing Card by Country, by Target, by Day for Each of the Following Air Forces: Fifth, Seventh, Tenth, Eleventh, Thirteenth, Fourteenth, Twentieth, and Navy.》這份光是名稱就非常驚人的文件，多達數百頁的內容全是密密麻麻的資料表。但神奇的是，我竟然沒有被這大量的數字、字母、代碼嚇著，而且還從其中找到了有關台灣的頁數。然後又發生一件神奇的事：我在另一份名稱看起來完全不相干的文件裡發現各種代碼的解釋，讓我可以看懂資料表裡每個欄位代表的意義。我才驚覺之前找到的資料表就是美國陸軍航空隊轟炸台灣任務的紙上版資料庫（海軍的部分僅涵蓋日本本土的空襲），包括地點、日期、單位、機種與架數、任務類型、投彈高度、投下彈種與總重。我直覺這是上天要分派一項使命給我，刻意讓我找到又看懂這份

文件，所以我決定著手撰寫這本書。

　　由於這個紙上資料庫是根據轟炸地點的第一個英文字母排序，我還得按照日期順序用筆抄錄到筆記本上。這三本抄得滿滿的筆記本就像日記一樣，一天一頁，但是密碼般的內容卻又讓它們看起來像是每天結帳的帳本。我了解這些資料充其量只能描繪出一個粗略的框架，而且資料本身也有疏漏，仍需要其他軍種單位的空襲資料及敘述性的內容才能寫出一本可讀的書。所以我開始搜羅執行空襲任務各單位的作戰報告或月報，以便參考其中對每次空襲目的與過程的描述。

　　這時又各有美國和澳洲的一份檔案文件像是自動鎖定目標似的找上我，這兩份文件基本上就是盟軍在太平洋地區的每日作戰行動快報，其中不僅包括台灣戰場，也涵蓋了其他軍種飛機空襲台灣的概況。只不過因為它們是每天匯總的速報，沒有部隊番號的資訊，而且戰場上資訊的傳遞難免會有落差和缺漏，所以還要跟其他的文件交叉比對，才能正確描繪出盟軍這方的空襲行動。

　　除了盟軍方面的史料，我在大約一年半的寫作過程中也經常參酌日本方面的《臺灣空襲狀況集計》，以確認盟軍的記載及空襲行動造成的損害。不時出現在這個漫長過程中的小確幸，就是發現空襲任務中的各方資料完全可以兜在一起，然後在心裡得意的喊出 Aha ！

　　我在研究所讀的科系是電機工程系，開始上班謀生後，卻都從事資料分析的職業，早期這類工作稱為資料採礦（Data Mining），最近幾年則號稱是大數據（Big Data）分析。我在工作上經常需要幫企業分析會員的消費行為資料，經過複雜的處理與運算，然後解讀這些由數字構成的分析結果，再用語言文字將各種不同會員客群的樣貌描繪出來。從這角度來看，寫這本書跟我的專業工作十分類似，因為這個過程就像是軍事史的資料採礦或大數據分析。只不過分析企業的資料庫有功能強大的人工智慧軟體可用，整理這本書所用的紙上資料庫僅能依靠我自己的工人智慧。

雖然這是一本敘述台灣歷史的書，我所參考的材料卻幾乎完全從國外的來源取得，僅有極少數的單位月報來自中央研究院的網站。拜現代科技之賜，我不必出國就可以取得這些國外的電子檔案；即使我參考的紙本專書，也都是用網購買到。不過讓我感慨的是，身為戰敗國的日本從美國方面取得大量的二次大戰期間檔案文件，數位化後放在國立國會圖書館網站上免費供人下載閱覽。反觀台灣在這方面的數位典藏內容仍嫌貧乏，查詢及提供運用的方式也不夠便利大方，我認為還有很大的進步空間。

　　洪致文教授說我寫這本書是在做功德，其實我的出發點是很宿命的，我只是覺得很榮幸能為台灣補上這一段日記的內容。

張維斌

2015 年 7 月 12 日

附錄
英文中譯對照表

英文	中譯
5th Air Force	第5航空隊
13th Air Force	第13航空隊
14th Air Force	第14航空隊
20th Air Force	第20航空隊
Air Commando Group	空中突擊大隊
Armed Search and Reconnaissance	武裝偵巡
Armed Weather Reconnaissance	武裝氣象觀測
Avenger	復仇者
Baguio	碧瑤
Balikpapan	巴厘巴板
Binmaley	賓瑪雷
Bombardment Group	轟炸大隊
Bombardment Squadron	轟炸中隊
Bombing	轟炸
Borneo	婆羅洲
Carrier Air Group	艦載機大隊
Catalina	卡塔利娜
Chinese-American Composite Wing	中美混合團
Clark	克拉克
Corregidor	克里基多
Corsair	海盜
Detachment	分遣隊
Fighter Group	戰鬥機大隊
Fighter Squadron	戰鬥機中隊
Fragmentation Bomb	破片殺傷彈
Fragmentation Bomb Cluster	集束破片殺傷彈
General Purpose Bomb	通用炸彈
Guiuan	基萬
Heavy	重型

Heckling	夜間騷擾
HMS Illustrious	光輝號
HMS Indefatigable	不倦號
HMS Indomitable	不屈號
HMS Victorious	勝利號
Incendiary Bomb	燒夷彈
Ipo	伊波
Leyte	雷伊泰
Light	輕型
Lingayen Gulf	仁牙因灣
Luzon	呂宋
Mangaldan	曼嘉丹
Medium	中型
Mindoro	明多羅
Mine-laying	佈雷
Napalm Bomb	汽油彈
Night Fighter Squadron	夜間戰鬥機中隊
Operation Iceberg Oolong	「冰山烏龍」行動
Parachute Demolition Bomb	傘降破壞彈
Parachute Fragmentation Bomb	傘降破片殺傷彈
Parademo Bomb	傘降破壞彈
Parafrag Bomb	傘降破片殺傷彈
Patrol Bombing Squadron	巡邏轟炸中隊
Primary Target	主要目標
Reconnaissance Squadron	偵察中隊
Samar	薩馬
San Jose	聖荷西
San Marcelino	聖馬賽利諾
Secondary Target	次要目標
Strike	打擊
Sweep	掃蕩
Tacloban	獨魯萬
Tactical Reconnaissance Group	戰術偵察大隊
Target Combat Air Patrol	目標區空中戰鬥巡邏

Target of Opportunity	機會目標
Task Force 38	第38特遣艦隊
Task Group	特遣支隊
Torpedo Squadron	魚雷機中隊
USS Belleau Wood	貝露森林號
USS Bunker Hill	碉堡山號
USS Cabot	卡伯特號
USS Canberra	坎培拉號
USS Cowpens	考本斯號
USS Enterprise	勇往號
USS Essex	艾塞克斯號
USS Franklin	富蘭克林號
USS Hancock	漢考克號
USS Hornet	大黃蜂號
USS Independence	獨立號
USS Intrepid	無畏號
USS Langley	蘭利號
USS Lexington	列克星頓號
USS Monterey	蒙特利號
USS Princeton	普林斯頓號
USS San Jacinto	聖哈辛托號
USS Ticonderoga	提康德羅加號
USS Wasp	胡蜂號
USS Yorktown	約克鎮號
Very Heavy	極重型

參考資料

美國檔案

- Bomb Damage Survey. Report No. 32-a(1), USSBS Index Section 6.
- Combat Operations Journal, Vol. III. (1 Oct - 9 Nov) Report No. 1-a(14), USSBS Index Section 6.
- Command Summary of Fleet Admiral Chester W. Nimitz, USN, Vol. 6 (1 January 1945 to 1 July 1945).
- Commander in Chief, U. S. Pacific Fleet, War Diaries.
- Fifth Air Force War against Japan, September 1942-August 1946 (Supplementary Data). Report No. 1-f(2), USSBS Index Section 6.
- Fleet Air Wing 17, War History.
- Headquarters of the Commander Aircraft Northern Solomons, War Diaries.
- Index of Pacific Reports and Distribution Record of Tabulations. Report No. 2n(1), USSBS Index Section 7.
- Report No. 1, Listing of Target Bombing Card by Country, by Target, by Day for Each of the Following Air Forces: Fifth, Seventh, Tenth, Eleventh, Thirteenth, Fourteenth, Twentieth, and Navy. Report No. 2n(2), USSBS Index Section 7.

日本檔案

- 《10月10日及10月12日及至14日 空襲被害綜合情報》，國立公文書館檢索號：C12120299900。
- 《昭和20年1月中 台湾空襲狀況集計》，國立公文書館檢索號：C11110408500。
- 《昭和20年2月中 台湾空襲狀況集計》，國立公文書館檢索號：C11110408600。
- 《昭和20年3月中 台湾空襲狀況集計》，國立公文書館檢索號：C11110408700。
- 《昭和20年4月中 台湾空襲狀況集計》，國立公文書館檢索號：C11110408800。
- 《昭和20年5月中 台湾空襲狀況集計》，國立公文書館檢索號：C11110408900。
- 《昭和20年6月中 台湾空襲狀況集計》，國立公文書館檢索號：C11110409000。
- 《昭和20年7月中 台湾空襲狀況集計》，國立公文書館檢索號：C11110409100。
- 《昭和20年8月中 台湾空襲狀況集計》，國立公文書館檢索號：C11110409200。

英國檔案

- Admiral Sir Bruce A. Fraser, The Contribution of the British Pacific Fleet to the Assault on Okinawa, 1945.
- Vice Admiral, Second in Command, British Pacific Fleet, Report of Operations against the Ryukyu Islands and Formosa, 3/26/45 to 4/20/45 and 5/4-25/45.

澳洲檔案

- Combined Operational Intelligence Centre, Daily Naval Summary.
- RAAF Unit History Sheets (Form A50), Number 20 Squadron, Aug 41 - Mar 46.
- RAAF Unit History Sheets (Form A50), Number 43 Squadron, May 43 - Mar 46.

專書、論文

- Brown, J. D. *Carrier Operations in World War II*. Barnsley, South Yorkshire, UK: Seaforth Publishing, 2009.
- Craven, Wesley F. and Cate, James L., Eds. *The Army Air Forces in World War II*. Volume V. Washington, DC, USA: The Air Force History Office, 1983.
- Gaylor, Walter, Evans, Don L., Nelson, Harry A., and Hickey, Lawrence J. *Revenge of the Red Raiders*. Boulder, CO, USA: International Research and Publishing Corp., 2006.
- Hammel, Eric. *Air War Pacific Chronology*. Pacifica, CA, USA: Pacifica Military History, 1998.
- Mann, Robert A. *The B-29 Superfortress Chronology, 1934-1960*. Jefferson, NC, USA: McFarland, Incorporated Publishers, 2009.
- Maurer, Maurer. *Air Force Combat Units of World War II*. Washington, DC, USA: The Air Force History Office, 1983.
- Odgers, George. *Australia in the War of 1939-1945: Air*. Vol. 2, Air War Against Japan, 1943-1945. Canberra, Australia: Australian War Memorial, 1957.
- Sturzebecker, Russell L. *The Roarin' Twenties: A History of the 312th Bombardment Group*. Kennett Square, PA, USA: KNA Press, 1986.
- Vega Rivera, José G. *The Mexican Expeditionary Air Force in World War II: The Organization, Training, and Operations of the 201st Squadron*. The Research Department, Air Command and Staff College, March 1997.

- Wolf, William. *The Fifth Fighter Command in World War II*. Volume II. Atglen, PA, USA: Schiffer Ltd., 2012.
- Young, Edward. *Air Commando Fighters of World War II*. New Branch, MN, USA: Specialty Press, 2000.

網站

- 3rd Attack Group, http://www.3rdattackgroup.org/
- 38th Bomb Group Association, http://www.sunsetters38bg.com/
- 345th Bomb Group Association, http://www.345thbombgroup.org/index.php
- 380th Bomb Group Association, http://380th.org/380.html
- 8th Attack Squadron Association, http://8thattacksqdnassoc.tripod.com/WWIIa.html
- Aircraft of World War II - Warbird Forums, http://www.ww2aircraft.net/forum/
- Aviation Archaeological Investigation and Research, http://www.aviationarchaeology.com/default.htm
- Fold3, http://www.fold3.com/
- HyperWar, http://www.ibiblio.org/hyperwar/
- Internet Archive, https://archive.org/
- Ken's Men: 43rd Bomb Group (H) 5th AAF, http://kensmen.com/index.html
- Mexican Air Force Squadron 201, http://old.sjvls.org/bens/bf006mx.htm
- National Archives of Australia, http://www.naa.gov.au/
- Pacific Air War Archive, http://pacificairwar.org/
- Royal Australian Navy, https://archive.org/
- The Flying Knights of WWII, http://www.flyingknights.net/
- 中國軍艦博物館，http://60-250-180-26.hinet-ip.hinet.net/home.html
- 台灣製糖工廠百年文史地圖，http://map.net.tw/
- 臺灣百年歷史地圖，http://gissrv4.sinica.edu.tw/gis/twhgis/
- 国立公文書館アジア歴史資料センター，http://www.jacar.go.jp/
- 国立国会図書館デジタルコレクション日本占領関係資料，http://dl.ndl.go.jp/#senryo

國家圖書館出版品預行編目（CIP）資料

空襲福爾摩沙：二戰盟軍飛機攻擊台灣紀實 / 張維斌著.
-- 初版. -- 台北市：前衛，2015.08.15
368面；17x23公分
ISBN 978-957-801-757-3（平裝）
1.第二次世界大戰　2.空戰史　3.台灣

712.84　　　　　　　　　　　　　　　　104014636

空襲福爾摩沙
二戰盟軍飛機攻擊台灣紀實

作　　　者	張維斌
責任編輯	陳淑燕
美術編輯	余麗嬪
出 版 者	前衛出版社
	10468台北市中山區農安街153號4樓之3
	Tel: 02-2586-5708　Fax: 02-2586-3758
	郵撥帳號：05625551
	e-mail: a4791@ms15.hinet.net
	http://www.avanguard.com.tw
出版總監	林文欽
法律顧問	南國春秋法律事務所
出版日期	2015年8月15日初版一刷
	2017年6月初版三刷
總 經 銷	紅螞蟻圖書有限公司
	台北市內湖區舊宗路二段121巷19號
	Tel: 02-2795-3656　Fax: 02-2795-4100
定　　　價	新台幣400元

©Avanguard Publishing House 2015
Printed in Taiwan ISBN 978-957-801-757-3
★「前衛本土網」http://www.avanguard.com.tw
★ 請上「前衛出版社」臉書專頁按讚，獲得更多書籍、活動資訊
　http://www.facebook.com/AVANGUARDTaiwan